U0817498

上古汉语及物动词的多维度研究

高迎泽　张瑾　著

燕山大学出版社
YANSHAN UNIVERSITY PRESS
·秦皇岛·

图书在版编目（CIP）数据

上古汉语及物动词的多维度研究 / 高迎泽，张瑾著
. —2 版. — 秦皇岛：燕山大学出版社，2018.6（2019.5 重印）
ISBN 978-7-81142-640-3

Ⅰ. ①上… Ⅱ. ①高…②张… Ⅲ. ①古汉语－及物
动词—研究 Ⅳ. ①H141

中国版本图书馆 CIP 数据核字（2018）第 115105 号

上古汉语及物动词的多维度研究

高迎泽　张瑾　著

出 版 人：陈　玉
责任编辑：柯亚莉
封面设计：吴　波
出版发行：燕山大学出版社 YANSHAN UNIVERSITY PRESS
地　　址：河北省秦皇岛市河北大街西段 438 号
邮政编码：066004
电　　话：0335-8387555
排　　版：中国标准出版社秦皇岛印刷厂
印　　刷：北京建宏印刷有限公司
经　　销：全国新华书店

开　　本：700mm×1000mm　1/16　　印　　张：18.25　　字　　数：260 千字
版　　次：2018 年 6 月第 2 版　　印　　次：2019 年 5 月第 2 次印刷
书　　号：ISBN 978-7-81142-640-3
定　　价：46.00 元

本书的出版得到燕山大学博士基金项目
“上古汉语及物动词研究”的资助，
立项时间 2011 年 7 月

序

我1995年在南开大学中文系开始主讲“古代汉语”课程，迎泽贤棣是我教的第一届学生当中的一个。毕业后他去青海支教一年，回来后成了我的研究生。我印象里迎泽打本科阶段起就不算是一个很用功的学生，但是他勤于思考，但凡他自己没想明白的问题，不轻易相信别人的观点，这一点很对我的脾气。研究生毕业后他在燕山大学找到了一份工作，那个时候年轻人较少愿意到大学教书的，迎泽义无反顾选择了高校，我心里很为他骄傲，其实也是在为我自己骄傲。迎泽在燕山大学教了几年书之后，回南开来找我，说想继续念书，我说你是“教然后知不足”了吧，师徒俩相顾莞尔。迎泽考上我的博士之后，因为他的师姐杨作玲选择上古汉语单论元动词作为毕业论文选题，所以我就让他做上古汉语及物动词——也就是多论元动词的研究。这本书就是在他博士论文一部分内容的基础上修改增删而成的。

在任何语言里，动词在形态句法上的地位都是最重要的，上古汉语当然也不例外，上古汉语形态句法的问题太半与动词有关，而在上古汉语语法研究领域里对动词的研究却是非常薄弱的。这是我让杨作玲和高迎泽选择上古汉语动词作为博士论文选题的主要原因。此外，由于某些历史原因，以往的上古汉语动词研究一直忽视《经典释文》著录的“去声别义”“清浊别义”现象与上古汉语动词的形态句法之间的关联，尤其忽视“去声别义”现象与上古汉语动词的形态句法之间的关联，因此我让作玲、迎泽做上古汉语动词研究，一个很重要的目的是想看看“去声别义”现象与上古汉语动词的形态句法到底有无关联，如果有关联，究竟有多大关联，究竟表现为哪些方面的关联。

上古汉语及物动词研究做起来谈何容易！首先，汉语及物动词是根据汉语的语法理论（主要是现代汉语语法理论）定义出来的，按照汉语语法理论的通行认识，在一个句子中，出现在动词前面的名词或名词性短语是主语，出现在动词后面的名词或名词性短语是宾语，凡是带宾语的动词就是及物动词。

照这样的理论框架，汉语里不能带宾语的动词是非常少的，也就意味着绝大多数动词都是及物动词，那岂是一篇博士论文所能研究清楚的？因此要研究及物动词，必须重新审视及物动词的确立标准问题，必须找到契合上古汉语动词语义呈现和形态句法呈现的分析方法和分析标准。其次，不管按何种标准确立上古汉语的及物动词，其数量都是相当庞大的，其中只有一部分及物动词是活跃的，有比较多的文献根据，而大多数及物动词则是不活跃的，文献根据不足。若想将上古汉语及物动词全部囊括进来进行研究，就会遇到很多及物动词文献不足征的问题。此外，《经典释文》所著录的与动词有关的“去声别义”“清浊别义”现象是否都是上古汉语动词的形态句法的反映也需要甄别。面临以上三个方面的问题，迎泽的工作难度可想而知。

好在 20 世纪 90 年代以来国际上的动词词汇语义学理论及相关的研究成果为迎泽的研究提供了一个非常好的研究视角和理论基础。他以 Levin B. 和 Rappatort Hovav M. 的系列动词词汇语义学研究成果所采用的动词语义分解理论为主要研究方法，重新确定了动词及物与不及物分别的划分标准。根据新确立的标准选择了近百个文献根据比较充分的义项动词作为考察对象，从义项动词的核心语义出发，逐一分析了这些义项动词的句法表现及其语用制约因素，使我们看到了上古汉语动词及物性的语义根源和语用作用。动词的及物性问题不是纯粹的形态句法问题，而首先是由动词的核心语义决定的。谓词分解理论就是抓住动词的核心语义来研究其论元成分及其句法呈现的，迎泽从义项动词的核心语义出发，理论选择是正确的，但他的创造性在于不止步于动词核心语义规定的论元数量的分析，而是结合形态句法和语用参数来观察这些及物动词在上古汉语文献中的实际形态句法表现，这就让我们不仅了解到及物动词的语义规定性，也了解到在实际形态句法运作过程的形态句法因素和语用因素所起的作用，看到了上古汉语及物动词真实的形态句法呈现状况，这就大大提升了研究工作的理论价值。

遗憾的是，由于上古汉语与“去声别义”相关的形态句法问题迎泽自己认为还没有搞得十分清楚，因此在这本书里他将博士论文中涉及与“去声别义”相关的形态句法部分全部抽掉了，这使得我们无法通过这本书来了解上古汉语动词的形态句法在多大程度上影响到动词的句法表现。不过，没搞清楚的问题不轻易表态，是迎泽一贯的治学态度，这是一种严谨的治学态度，是值得称赞的。希望在不久的将来，迎泽能把上古汉语动词与“去声别义”相关的问题搞清楚，拿出有分量的研究成果。此外，本书所考察的上古汉语动词近百个，但都是义项动词，也就是只考察了这些动词的本义所规定的论元结构，而未将这些动词的所有义项都纳入考察范围。也希望迎泽将来能把这些动词的所有动词义项规定的论元结构都考察一遍，看看其中发生了哪些论元结构变化，影响论元结构变化的因素都有哪些，这对充分认识上古汉语及物动词的论元结构以及形态句法和语用因素对动词论元结构是否具有根本性影响都是非常必要的。迎泽还需要努力！

是为序。

洪　波

于京城四毋斋

2016 年 7 月 10 日

目　　录

1 绪 论[①]

1.1 动词研究的重要性

动词是句子的核心，也是句法研究的核心，“普方古”[②]皆然。

语言类型学的研究表明，古往今来的任何语言都有名词和动词这两个词类。在这两个词类当中，动词无疑具有举足轻重的作用。因为人类语言的目的是为了交流，而交流的主要内容就是事件(Event)，任何一个事件当中都必须包含动词以及与之相关的名词性成分。Givón(1984:31)说句子就是要告诉别人“谁，在哪儿、什么时间、为什么、如何、对谁，做了什么”[③]。在这当中，做了什么无疑是最重要的。吕叔湘(1982:53)也有类似的说法，他认为动词是句子的核心，“句子的重心就在那个动词上，此外凡动作之所由起，所于止，以及所关涉的各方面，都是补充这个动词把句子的意义说明白，都可称‘补词’。”

吕叔湘先生可以说是“动词中心说”的倡导者和实践者。[参看吴为章(1994)]吕叔湘先生(1987)说：“动词为什么重要，因为在某种意义上，动词是句子的中心、核心、重心，别的成分都跟它挂钩，被它吸住。”胡裕树、范晓先生(1995)也认为：“动词研究是汉语语法中的第一号重要课题，……动词在句法结构中活动能力最强，大部分词类都要跟它发生一定的关系；动词是一般句子里最重要的部分。”

动词的深入研究直接关系到语法系统的建立。任何一种语言或方言的

---

① 本章部分内容基于作者已发表的论文《前修未密，后出转精——〈古书虚词通解〉评介》，见参考文献[165]。

② 邢福义语，指普通话、方言、古语。参看邢福义《现代汉语语法问题的两个“三角”研究》，语言教学与研究，1991(3)。

③ Who did what to whom, when, where, why, how, ect.

语法研究，如果缺少了对动词的描写、分类和分析，都是不可想象的。关于动词研究的重要性可以参看王葆华(2003)的前言部分，这里不再赘述。

上古汉语也不例外，动词研究是上古汉语语法研究中一个不可或缺的方面。可以不夸张地说，如果上古汉语的动词研究得不充分，那么上古汉语的语法系统就无法建立。但是就目前情况来看，上古汉语动词研究还远没有达到让人满意的程度。

1.2 上古汉语动词研究需要面对和解决的问题

1.2.1 及物不及物之分

及物不及物之分是汉语研究界的一个老大难问题，古汉语情况更甚。

简单来说，带宾语就是及物动词，不带宾语就是不及物动词，但实际情况却远非这么简单。比如“死”一般认为是一个不及物动词，但却会出现“召忽死之”这样的说法，这里的“死之”不能分析为使动用法，更不是意动，有人笼统地用词类活用来解释，但从动词到动词并不是词类的活用。于是，“死”到底是及物动词或者不及物动词就成了问题。另外，及物动词也可以不带宾语，会面临相同的问题。

《马氏文通》是最早提出及物不及物之分的(即内动、外动)，但马氏也会碰到两难的困境，很多字既可以是内动字，也可以是外动字，如“出”“平”等字；而且很多马氏认为的形容词(静字)也可以带宾语。对于这种现象，《马氏文通》用“活用”和“假借”来进行解释：“内动字无止词，固已。然有内动字用若外动字者，则亦有止词矣。……若是，动字之用有两歧者，亦时见于书。”又说：“诸字，本皆静字，今假借为外动字矣。”[①]这样会使人产生疑问：古汉语动词到底能不能分及物不及物？分及物不及物到底有没有意义？又有什么样的意义？不只古汉语，现代汉语恐怕也要面临相同的问题。

谢质彬(1982)说：“就汉语的实际情形来看，单凭能不能带宾语这个标准，是难以划清及物动词与不及物动词的界限的。至少古汉语如此。在古汉

① 参看宋亚云(2005：2.1.1)。

语里，不及物动词也可以带宾语。”确实，如果只从形式上可以带名词性成分的角度来看，上古汉语的动词就很少是不及物的了。

归结起来，问题的核心是：根据什么确定及物动词和不及物动词？又如何看待不及物动词带宾语和及物动词不带宾语？

1.2.2 词类活用和特殊述宾关系

古汉语语法一直沿用“使动”“意动”“为动”等术语，用来表示特殊的述宾关系，也有人概之以词类活用。这里起码有三个问题需要讨论。

首先，“使动”等特殊述宾关系是不是词类活用？答案是否定的。因为词类活用首先要词类不同，而“特殊述宾关系”不仅有时不涉及词类转换，而且当涉及词类转换时也只是其他词类转入动词。所以“特殊述宾关系”和词类活用既不能等同，也不能隶属，只是有些交叉罢了。

其次，特殊述宾关系有多少种？特殊述宾关系的种类是很多的，“使动”“意动”和“为动”只是其中比较容易识别和表述的。洪波(2005)先生提出七种：

使动关系：苦其心志，劳其筋骨。(《孟子·告子下》)

意谓关系：不吊吾丧，不忧吾哀，是死吾君而弱其孤也。(《吕氏春秋·悔过》)

服务关系：晋解张御郤克。(《左传·成公二年》)

与事关系：吴人曰：“宋百牢我。”(《左传·哀公七年》)

目标关系：武安侯新欲用事为相，卑下宾客。(《史记·魏其武安侯列传》)

工具关系：褚师出，公戟其手曰：“必断而足。”(《左传·哀公二十二年》)

原因关系：夫人，常死其所不能，败其所不便。(《吴子·治兵》)

杨伯峻、何乐士(2001)中的“动宾关系”共有20种，其中从第3类到第16类即“关系宾语”“施事宾语”和“主题宾语”都可以认为是特殊的述宾关系。之所以提出这么多种“特殊述宾关系”，原因是只认为“施受关系”是正常的述宾关系，而其他不能分析为施受关系的就都是“特殊”的了。

其实，动词和宾语的关系是说不完的，而且同一个动词可以有多种宾语，如现代汉语的"吃",可以"吃苹果",也可以"吃食堂",还可以"吃大碗""一锅饭吃十个人",除"吃苹果"外,都可以说是特殊述宾关系。古汉语的"死"也是如此,既可以单用"死",也可以"死吾父""死吾君",还可以"召忽死之",这些都是特殊述宾关系。俞敏先生在《古汉语的"所"字》中说了一段话,颇能道出动宾关系的复杂性:

我讲的是词和词的关系,这是语法的事。有人讲"动宾",常是讲动词反映的"事件"跟"宾语"反映的事物的关系。这是百科全书的事。我佩服这样人的勇气。可是怕听这些话。有人说"外动"是"射及他物"的动作,"宾"是挨射的,我老想不通"他有个大哥"的"有"是怎么个射法。"盖房子"里的"盖"又怎么射呢?您"盖"的时候还没有房子,等有了房子,也就用不着"盖"了。我更不懂"打枪"是射敌人呢,还是射枪。一句话:汉语的"动宾"关系跟印欧语不一样。我更闹不明白介词从来不表示"射",凭什么带宾语。(1999:380)

所以,除了极少数是"施受关系"外,大多数的动宾关系都可以认为是"特殊述宾关系"了。可见,应该排除只有施受关系是正常述宾关系的成见,考察动词用法何时是正常的,何时是不正常的即特殊的,特殊述宾关系是由什么原因引起的,为什么有的词容易有特殊述宾关系,而有的词却从来不这样用。

1.2.3 被动表示法

《马氏文通》里面谈到"受动字",即后来所说的被动。马氏认为古汉语中表达被动的方式有六种:(a)以"为""所"两字先乎外动者;(b)唯以"为"字先于外动者;(c)外动字后以"于"字为介者;(d)以"见""被"等字加于外动之前者;(e)"可""足"两字后动字,概有受动之意;(f)外动字单用,先后无加,亦可转为受动。需要注意的是《马氏文通》说的"受动字"都和"外动字"有关,它对"受动字"的定义也是在"外动字"的基础上来进行的:"外动字之行,有施有受。受者居宾次,常也。如受者居主次,则为受动字,明其以受者为主也。"在谈到内动字时他说:"凡行之留于施者之内者,曰内动字。内动者之行不及乎外,故无止词以受其所施,内动之不得转为受动者此也。"可见,马氏认为只有外动字可以变为受动,而内动字是不可以的。

《国文法草创》说他动字有两个特征:"其一,原则上不得更转为致动,至于意动,尤其性质上所不许转用;其二,除特种外概可转为被动。"可见及物动词和被动关系密切。

此后关于古代汉语被动表达的论述都是在此基础上的修正和改进。王力《汉语史稿》认为只有有形式标志的被动句才是真正的被动句,所以上古汉语的被动句一直以来只有"见"字式、"于"字式和"为"字式三种。谢质彬(1996)认为古汉语中有无标记都是被动句,没有标记的是意念被动,如"邯郸围"是由"围邯郸"转化而来的。外动词都有被动用法。

从高名凯(1957)开始就有人对上古汉语动词的主动被动进行质疑,高先生认为汉语动词没有主动被动之分。此后姚振武(1999)提出:(a)"于"字式只是普通意念被动的扩展,"于"字不负担任何被动义信息;(b)"见"字只是诸遭受义动词句中的一种;(c)"为"字式中的"为"字后面的谓词性成分指称化,转指受事主语的句子中的一部分。这样一来,上古汉语的被动表示法就成为了研究的重点,而从动词分类的角度来观照上古汉语受事主语句自然就备受关注。刘承慧(2006)主张搁置传统的主动与被动对立的观点,从动词的类别来观照上古汉语的被动表示法。她先从语义和句法上对动词进行了分类,认为"表态"是先秦受事主语句和意念被动句的功能,其中,状态/使动词表示"结果状态",它们构成的句子是受事主语句,而意念被动句的谓语表示"行为结果",当是少数行为动词因类推而产生的表态用法。同时她认为,以前被认为是被动标记的"见""于"是用来标记人际关系的,和被动表示法并没有太大的关系。洪波(2009)进一步认为周秦汉语没有主动态和被动态的对立,以前被认为是被动标记的几个词,"见"是遭受义动词,"为"是判断义的关系动词,"于"是全能介词,从而提出先秦汉语没有被动语态。

其实,有没有被动语态和有没有被动表示法是两个不同的概念。先秦汉语可能正如有些学者所言没有被动语态,但不见得就没有被动表示法。任何一种语言都要表达被动的概念,而且手段都可能不止一种。所谓被动语态可能只是高度语法化了的手段而已。比如"君伐,焉归?"(《左传·昭公十年》)虽然可能不是被动语态,但通过语序的改变还是表达了被动的意思。

需要关注的问题是,先秦汉语的被动表示法都有哪些?有没有高度语法化或者形态化的成分在其中起作用?被动和什么样的动词相联系,又有怎样的联系?为什么有的词能用于被动表达而有的词却不能?

1.2.4 其他问题

此外,与及物动词相关的问题还有很多。比如及物动词后介词"于"的隐现问题、宾语的省略问题,以及形态问题等。

总之,古代汉语中的很多问题都和动词有关,所以对动词的深入研究显得尤为重要。以上所说的问题在本研究中都将有所涉及。

1.3 本研究的目的

1.3.1 如何确定和分析及物动词

从带宾语的角度来讲,下面几个动词"伐、适、叛、怒"都可以认为是及物动词:

(1) 北戎伐齐。(左桓 6[①])

(2) 司马牛致其邑与圭焉而适齐。(左哀 14)

(3) 诸侯叛齐。(国语·晋语四)

(4) 若二子怒楚,楚人乘我,丧师无日矣。(左宣 12)

但问题也随之产生。因为根据我们的感觉,"伐"和"叛"是及物动词,"适"不好确定,而"怒"则万不能是及物动词的。也就是说,我们的感觉和我们面对的实际情况或者说和定义是不相符的。如此,则要么我们的感觉是错的,要么定义是错的,要么二者都是错的,需要进行重新审视。根本性的问题是我们根据什么来确定一个动词是及物的还是不及物的,为什么说"伐""叛"是及物动词,而"怒"是不及物动词?这些问题都需要深入考虑。

与此相关的还有另外一个问题。"齐""楚"作为专有名词,本身并无差别,为什么在(1)里被认为是受事宾语,在(2)里是处所宾语,在(3)里是对象宾语,在(4)里却成了使动宾语?是什么在决定着我们将这些本无区别的名

① "左桓 6"表示《左传·桓公六年》,下仿此。

词贴上这样或那样的标签？这可能和动词本身有关。“伐”这个动词要求一个施事，一个受事；“适”则要求一个施事，一个处所；“叛”要求一个施事，一个对象；“怒”是一个形容词，本身只能说明一个事物的状态，但在(4)里一个额外的动作“使得”楚怒了。可见，分析动词或者及物动词还是要从动词本身出发，这是解决问题的根本途径。

1.3.2 如何面对和解释及物动词句法表现的多样性

观察动词时，会发现不论是我们认为的及物动词或者不及物动词，其句法表现都是多种多样的。上面说过的现代汉语的“吃”、古代汉语的“死”都是这样的情况。下面我们以“伐”和“怒”为例来进一步阐述这种情况。

(5) 苏子叛王即狄，又不能于狄，狄人伐之。(左僖 10)

(6) 随侯惧而修政，楚不敢伐。(左桓 6)

(7) 平国以礼不以乱，伐而不治，乱也。(左宣 4)

(8) 古者明王伐不敬。(左宣 12)

(9) 君伐，焉归？(左昭 10)

(10) 韦顾既伐，昆吾夏桀。(诗・商颂・长发)

(11) 随之见伐，不量力也。(左僖 20)

(12) 醉而不出，是谓伐德。(诗・小雅・宾之初筵)

例(5)是我们认为的及物动词用法，但例(6)和(7)没有宾语，难道它又成了不及物动词？有人认为是省略，那么为什么要省略？例(9)(10)(11)都可以认为是被动，但它们的表现又不尽相同，有没有什么规律？例(12)的“伐”有人认为是“败坏”，这样的话，它就成了使动，此时它还是不是及物动词？

(13) 公怒，乃止。(左隐 5)

(14) 执宛春以怒楚。(左僖 28)

(15) 谓其二子无顾，顾曰：“赵傁在后。”怒之，使下。(左宣 12)

(16) 赵旃求卿未得，且怒于失楚之致师者，请挑战。(左宣 12)

(17) 大国不可怒也。(左昭 22)

例(13)是“怒”的不及物动词用法，比较好理解。例(14)和例(15)带了宾语，此时的“怒”如果根据能带宾语就是及物动词的话，就可以认为是及物动词。但我们并没有这么做，而是认为(14)中的“怒”是不及物动词的使动用法，而例(15)中“怒之”的“之”要被分析为原因宾语。例(16)的“失楚之致师者”也是原因，但前面却多了介词“于”，那么“失楚之致师者”就不能认为是“怒”的宾语了。例(17)中的“怒”如果按照《马氏文通》受动字的分析的话，应该属于外动字了，因为只有外动字才可以转为受动。“怒”既可以不带宾语，也可以带宾语，而且还可以带不同类型的宾语，还可以形成被动，那么它到底是不及物动词呢，还是及物动词？

几乎每一个动词的句法表现都是多样的，如何面对这些问题，分析这些现象，是我们需要解决的问题。

1.3.3 小结

与动词相关的方面有很多，我们的研究主要关注以下几个方面的问题：如何确定及物动词，如何分析及物动词，什么因素会影响到及物动词出现多种句法表现。

2 上古汉语及物动词研究及存在的问题

2.1 传统的句法分类

2.1.1 最初的分类

传统的及物不及物之分以《马氏文通》和《国文法草创》为代表，采用的标准是句法和语义相结合。

《马氏文通》："凡动字之行仍存乎发者之内者，曰内动字，省曰内动。""凡动字之行发而止乎外者，曰外动字，省曰外动。"这是从动词的语义来说的，"发乎内"意思是动作只停留在动作者本身，"发而止乎外"意思是说动作不只涉及动作者本身，还要对其他事物有所影响。"故凡外动字概有止词，而其意始申，以其行之必及乎外也。内动字皆无止词，以其行之不通乎外也。"这是句法标准，及物动词都有宾语，而不及物动词都没有宾语。关于"止词"，《马氏文通》说："而凡受其行之所施者，曰止词，言其行之所自发者，曰起词。……然则动字之行，可以'施''受'二字明之者，有由矣。"

动词的语义分类是指动词是"发乎内"还是"止乎外"，句法分类就是看动词能不能带宾语（止词），以及能带几个宾语。能带宾语的是及物动词，能带两个宾语的是双及物动词，不能带宾语的是不及物动词。

这样的分类并不能得到理想的结果，因为有的内动词也可以带宾语，马氏就用内动假借为外动来解决："内动字无止词，固已。然有内动字用若外动者，则亦有止词矣。"而且有的词有时带宾语有时不带宾语，如"天下无道，以身殉道，未闻以道殉乎人者也"（《孟子·尽心下》）。马氏说："同一'殉'字，乃一曰'殉道'，一曰'殉乎人'，即一为止词，一为转词。"对这样的情况，马氏也承认"若是，动字之有两歧者，亦时见于书"。

陈承泽《国文法草创》承《马氏文通》将动词分为自动字和他动字，“动字不及物者(谓于物无支配的关系者)，曰自动字。”“动字之及物者曰他动字。通常之他动字，大抵只具一个目的语。亦有具两个目的语者，或谓之双的他动字，如‘赠’‘与’等字。又有于目的语外须更有补足语者，通称为不完全他动字，如‘使’‘遣’等字。”这里的标准仍然是双重的，有无“支配的关系”是意义，有无“目的语”是形式。同《马氏文通》一样，根据动词后宾语的有无，一个动词可以既是自动字，也是他动字，“动字之中有兼具自动他动两性者，如‘耕’字为自动字也，孟子‘以铁耕乎’，杨辉文‘耕田治产’，则为他动字矣。……此外尚多，不胜枚举。”

《马氏文通》和《国文法草创》关于及物动词和不及物动词的分类可以总结如下表。可以看出，二者的差别不大。

	《马氏文通》	《国文法草创》
内动字/自动字	动字之行止乎内；无止词；可以有转词；不得转为受动。	不及物者，即于物无支配的关系；无目的语；可以附有补足语。
外动字/他动字	动字之行发而止乎外；概有止词；可以有转词；有些动词可以有两止词；可以转为受动。	及物者，即于物有支配的关系者；有目的语；可以有两个目的语；可以附有补足语；不得转为致动和意动；概可转为被动。

2.1.2 对宾语类型的关注

《马氏文通》提出外动词概有止词，内动词概无止词。但古汉语中不及物动词也能带宾语，于是，能带什么性质的宾语就成为判断动词及物不及物的一个新的突破口。谢质彬(1982)提出古代汉语中及物动词能带宾语，不及物动词也能带宾语，二者的区别在于宾语的性质。“不及物动词原则上只能带施事、使动、目的、原因、对象、方所等非受事宾语，不能带受事宾语；而及物动词则恰恰与之相反，原则上只能带受事宾语，不能带非受事宾语。”[1]

---

[1] 赵元任(1979:292)有相同的看法：“我们分别及物动词和不及物动词，不是按照能否带宾语来区分，而是按照带什么种类的宾语来区分。”

程湘清等(1991:88)将[(主语)·动宾]这一句式中的动宾关系分为两大类十八小类,动词后(按:即宾语前)不能加入语义介词的,其宾语是直接受事;能加入语义介词的,其宾语是间接受事。直接宾语和间接宾语的分别是形式标准。

《古汉语语法及其发展》(杨伯峻、何乐士 2001:520-558)将宾语分为受事宾语、关系宾语、施事宾语、主题宾语和其他宾语五大类,这五类当中又有许多小类,加起来共有二十类之多(见该书 547～548 页)。宾语分类的标准是语义标准。

该书认为及物动词能带受事宾语,也能带非受事宾语,而不及物动词和形容词作谓语,一般只能携带非受事宾语,也就是所谓关系宾语。具体来讲是(见该书 556 页):

及物动词。受事宾语和存在、等同、类似三种宾语只有及物动词可带。要注意的是及物动词还可以带部分关系宾语,如目的宾语、对象宾语、处所宾语;也可带施事宾语和主题宾语。

不及物动词一般不带宾语,如果带了宾语,往往就是关系宾语(除了工具宾语和给与宾语两小类)或施事宾语,或主题宾语中的意动宾语。在各类宾语中以使动施事宾语最多。

能带受事宾语的动词(按:即及物动词)是一个开放的类,有两种:一是表示主语动作行为的动词(大部分都带受事宾语,省略宾语的情况是少数),一是表示思想感情等比较抽象心理活动的动词(其中有一部分兼及物和不及物两类)。

这个分类问题很多,但最起码有一个基本的问题需要回答:及物动词和不及物动词都可以带"关系宾语"和"施事宾语",那么二者如何区分?

李佐丰(1999,2004)利用变换(又叫"转换""转成"等)的方法确定了止词、转词和致动等,区分了"直接宾语""间接宾语""使动宾语"和"于字补语"等,并据此将动词分为两大类(及物动词和不及物动词)、四小类(真自动词、准自动词,真他动词、准他动词),及物动词包括真、准他动词,不及物动词包括真、准自动词。

不及物动词：特点是不可以带直接宾语。

真自动词：不带或极少带宾语。

准自动词：有时可以带使动宾语、间接宾语。准自动词有两个特点：

(1)准自动词的宾语(主要是使动宾语)可以无条件地变换为主语。如：

怒楚＝楚怒，死吾父＝吾父死，亡虢＝虢亡，败齐＝齐败。

(2)准自动词的宾语可以变换为"于"或"与"的宾语作补语或状语。如：

宣子田于首山。(左传·宣公二年)VS王田北山。(左传·昭公二十二年)

祭仲与宋人盟。(左传·桓公十一年)VS(景公)盟国人于大宫。(左传·襄公二十五年)

及物动词：特点是可以带直接宾语。

直接宾语：当动词有支配意义时，直接宾语表示受事，在直接宾语中，受事宾语最多。但直接宾语并不限于受事，除了与事外，只要是行为、活动所经常指向的人、物都可能由直接宾语表示。直接宾语有两个特点：

(1) 直接宾语不可以无条件地变换为主语，这是直接宾语和使动宾语的区别。少数动词能变换是有条件的：a. 宋君见执；妻子为戮；兄弟被侵。(增加某些词语)b. 鲁酒薄而邯郸围，圣人生而大盗起；龙逢斩，比干剖，箕子狂，恶来死，桀纣亡；先令者杀，后令者斩。(对偶、排比句及律令条文)

(2) 绝大多数直接宾语不可以变换为介词"于"或"与"的宾语。及物动词带"于"字补语有两种情况：a. 逢蒙学射于羿。b. 尧学于君畴。

真他动词：经常并只带直接宾语。有几点说明：(1)真他动词不带宾语的条件有：省略；在动词之前加否定词或"难、易、自、相"等词。(2)有些真他动词，如"言、谋、怨、占"等，有少数不带宾语的例句。(3)只要某个动词带直接宾语的数量明显多于不带宾语的数量，便属于真他动词。

准他动词：具有不及物动词某些特点的及物动词。特点：

(1) 既能带直接宾语，又能带间接宾语或使动宾语。有三种情况：a. 先带直接宾语，再带直接宾语，构成双宾语。君赐之玉环。我欲中国而授孟子室。劝之事亲。吾语汝至道。真他动词也可带双宾语，但先带直接宾语，再带间接宾语。取地河东。射之车上。b. 先带使动宾语，再带直接宾语。饮桓公酒。食大夫鼋。枕之股而哭之。c. 可以分别带直接宾语和间接宾语，但不能带双宾语。

间接宾语可以变换为“于”的宾语，直接宾语不能。我竭力耕田；古者舜耕历山；昔者舜耕于历山。

带直接宾语和间接宾语时词义不同。齐侯亲鼓；公将鼓之；伯牙鼓琴。

(2) 带直接宾语和不带直接宾语同样常见，甚至不带宾语更为常见：齐侯驾；弥子矫驾君车以出。/郑武公娶于申；娶东郭姜。

(3) 经常带直接宾语，不带宾语的数量不多，另外还可以带少量“于”字补语；带宾语和带补语时语义差别不大。成衍奔平畤；单子亡，乙丑，奔于平畤。/阳虎……及稷门之内；剑及于寝门之外。

这个分类中，宾语的类型是按照形式和意义两个标准确定的，直接宾语包含了受事和除与事之外的成分，这是意义；于字补语又是从形式上和直接宾语相区别的。转换是对动宾关系的确定，这又是从语义入手了。总之，这是一个混合的标准。这个分类的结果是：“从上述情况可以看出，在及物和不及物动词之间并不存在一条明晰的界限，它们之间的界限是模糊的。具有上述文章中所述特点的部分动词正处在这亦此亦彼的模糊界限之中。”

除此之外，很多专书语法研究都采用了从宾语出发来对动词进行分类的方法，有的采用《古汉语语法及其发展》的标准，如管燮初的《左传句法研究》。有的采用李佐丰的标准，如殷国光的《吕氏春秋词类研究》等。如此甚多，不胜枚举。

2.1.3 传统分类的困境

《马氏文通》和《国文法草创》的相同之处在于，二者都将及物动词的范围规定得相当小，总起来说是：动词后必须出现一个或两个名词性成分，此名词性成分和动词之间有支配关系，且不用介词引介。这三个条件一旦有一个不符合，动词便被划入不及物动词。但这三个条件并不能起到理想的效果，一个上古汉语动词到底属于及物动词还是不及物动词，并不能因此而显得很了然。可见，从及物不及物分类的一开始，它就存在着比较严重的问题。下面我们将从上述三个条件入手来分析古汉语动词及物不及物之分的不足之处。

(一)条件一:及物动词要求其后必须出现至少一个名词性成分。这个条件会受到两个方面的挑战。

首先,有的动词被认为是及物动词,但它后面的宾语却可以不出现。比如上面《国文法草创》所举诸例,包括“耕、孕、娶、龀”。这些动词可以从两个角度进行解释,一个是说这些词本身从语义上已经蕴含了宾语,“耕”的一定是“地”,“孕”的一定是“子”,“娶”的一定是“妻”,“龀”的一定是“齿”,所以它们的宾语可以出现,也可以不出现。另一种解释是这些动词出现宾语是正常的,宾语不出现是省略了,或者叫做宾语悬空。即使省略了,它们也还是及物动词。古代汉语中还有些词也有这样的用法,比如“食”“饮”等动词。现代汉语中的“吃”也可以做这种解释。但另外一些词却不能做这种解释,比如“听”,在作“听从”讲时,“听”有下列几种用法:

(1) 又使栾黡,辞曰:“臣不如韩起。韩起原上赵武,君其听之。”(左襄13)

(2) 三月,陈成公卒。楚人将伐陈,闻丧乃止。陈人不听命。(左襄4)

(3) 君令、臣共,父慈、子孝,兄爱、弟敬,夫和、妻柔,姑慈、妇听,礼也。(左昭26)

(4)“君人者,将祸是务去,而速之,无乃不可乎!”弗听。(左隐3)

(5) 与夫人绣衣,曰:“听于二子。”(左闵2)

(1)和(2)中的“听”后面都有名词性成分,可以认为是及物动词;但(3)和(4)“听”的后面都没有名词性成分,而且(3)不能认为是省略了宾语,这样一来,“听”是不是成了不及物动词?(5)中“听”后面虽然出现了名词性成分,但却用了介词引介,“听”是不是也成了不及物动词?

“听”的用法让我们左右为难,而古汉语中这样的动词是大量存在的。

另外一个挑战就是,上古汉语几乎所有的动词都能带宾语。谢质彬(1982)说:“可是就汉语的实际情形来看,单凭能不能带宾语这个标准,是难以划清及物动词与不及物动词的界限的。至少古汉语如此。在古汉语里,不及物动词也可以带宾语。”如果只从形式上可以带名词性成分的角度来看,确实上古汉语的动词就很少是不及物的了。

(二)条件二:动词和其后的名词性成分之间有支配关系。这是及物动词得以确立的一个很重要的条件，因为根据《马氏文通》和《国文法草创》，不及物动词后也可以出现名词性成分，但仅仅因为动词与其之间不是支配关系而不被认为是及物动词。

但一个最根本的问题是：什么是“支配”关系？《马氏文通》说的是“及于他物”，而且说“然则动字之行，可以‘施’‘受’二字明之者，有由矣”，可见“及于他物”就是动词和其后名词性成分之间有“施受关系”。《国文法草创》说的是“动字之及物者（为于物有支配的关系）”，很不明确。而且即便认为“支配”或者“及于他物”就是“施受关系”，也会遇到很大的挑战，因为大家对“施受”和“支配”的理解是很不一样的。

“尧独忧之”的“忧”，《马氏文通》认为是“外动”，“之”是止词。从语义的角度看，“忧”并没有作用于“之”，反而是“之”使得尧“忧”，正好反过来了。

另外就是活用的问题。比如：

(6) 若二子怒楚，楚人乘我，丧师无日矣。（左宣 12）

“怒”的是“楚”，这二者之间很难说有支配关系。

动词和其后宾语之间的语义关系是复杂的，《汉语语法分析问题》说：“按定义，能带宾语的是及物动词，不能带宾语的是不及物动词；……问题在于‘宾语’的范围：是不是动词后边的名词都是‘宾语’？要是这样，汉语里的动词，就真的像有些语法学者所说，很少是不及物的了。如果把‘宾语’限于表受事的名词，那么及物不及物的分别还有点用处，虽然‘受事’的范围也还需要进一步确定。”吕先生还谈到，宾语“品种相当多，活动能力相当强，是最值得研究的一种句子成分”。

那么，动宾关系即宾语的类型到底有多少种呢？《古汉语语法及其发展》分成五大类二十小类，可以说很多了，但此后还有人不断补充，比如高小方(2000)、谢质彬(2004)就提出了一些补充类型。谢质彬说：“宾语的品种，主要是由动词和宾语的语义关系来决定的。有多少种动宾关系，就有多少种宾语类型。”

但仅仅依靠语义关系又很难确定动词的及物不及物，因为大家可以见仁见智。比如“之”“适”等粘宾的运动动词(motion verbs)，《马氏文通》认为是内动字，《国文法草创》认为是关系自动字，但李佐丰(1994)却认为是及物动词中的真他动词，这真是有天壤之别了。可见，单纯关注动词和其后名词性成分之间的语义关系，会导致及物不及物之分的淡化和不确定性的增加。

到底带什么类型的宾语才算是及物动词呢？谢质彬(1982)说："在古代汉语里，不及物动词是具有带宾语的功能的。及物动词能带宾语，不及物动词也能带宾语，那么二者的区别何在呢？区别在于宾语的性质。不及物动词原则上只能带施事、使动、目的、原因、对向、方所等非受事宾语；而及物动词则恰恰与之相反，原则上只能带受事宾语，不能带非受事宾语。"这又回到了前面的基本问题：什么是受事？

这种根据宾语类型确定动词及物不及物的方法存在着循环论证的弊端。请看下面的例子：

(7) 北戎伐齐。(左桓6)

(8) 司马牛致其邑与圭焉而适齐。(左哀14)

(9) 诸侯叛齐。(国语·晋语四)

三个例子中"齐"都位于动词后，都是名词性成分，都可以叫做宾语。(7)中的"齐"叫受事宾语，因为它跟在了"伐"的后面。(8)中的"齐"叫处所宾语，因为它跟在了"适"的后面。(9)中的"齐"跟在"叛"后面叫对象宾语。可见，宾语的类型是由动词决定的，也就是说因为"伐"，所以"齐"是受事宾语；因为"适"，所以"齐"是处所宾语；因为"叛"，所以"齐"是对象宾语。如果反过来又说因为后面跟了"受事宾语"，所以"伐"是及物动词，因为后面跟了"处所宾语"，所以"适"不是及物动词，因为后面跟了"对象宾语"，所以"叛"是及物动词。——这样就成了循环论证。可见，根据宾语的类型来确定动词的及物不及物，存在着循环论证，有很大的缺陷。

(三)条件三：动词后的名词性成分不能用介词引介，如果用介词引介，动词就不是及物动词而成为不及物动词了。这个条件同样会面临一些挑战。

首先，有的动词后的名词性成分有时用介词引介，有时不用。上面的"听"就有这种情况。再比如：

(10) 乙丑，赵穿攻灵公于桃园。(左宣2)

(11) 子曰："攻乎异端，斯害也已。"(论语·为政)

(12) 臣不如韩起，韩起愿上赵武，君其听之。(左襄13)

(13) 君薨，百官总己以听于冢宰三年。(论语·宪问)

(14) 卫侯欲叛晋，诸大夫不可。(左定7)

(15) 晋之取鼓也，既献而反鼓子焉，又叛于鲜虞。(左昭22)

"攻、听、叛"这些动词是及物还是不及物？难道它们也是及物不及物两属的？按照李佐丰的分类应该属于"准他动词"了，但"攻"作为及物动词是谁也无法否定的。如果语言研究的结果和语言使用者的认识不符，那么这个研究无疑是失败了。

其次，"与"等给予类动词的间接宾语，有时用介词引介，有时不用，其表达的意思是相同的。《马氏文通》认为是转词：

(16)《孟·公下》：子哙不得与人燕。——"人"，名也，单字"与"字之转词，今先于"燕"。"燕"，"与"之止词也，盖犹云"子哙不得与燕于人"也。

(17) 又：我欲中国而授孟子室。——"授孟子室"者，犹云"授室于孟子"也，今"孟子"转词，先乎"室"之止词，介字不用。

(18)《孟·万章上》：天子不能以天下与人。——犹云"天子不能与天下于人"也，"人"为转词，今易为止词，位后"与"字。"天下"本为止词，今为"以"字司词，置诸"与"字之先。

(19)《左·僖二十四》：及河，子反以璧授公子曰。——犹云"子反授璧于公子"也。

《国文法草创》却认为是双宾语(双的他动字)：

(20) 动字之及物者曰他动字。通常之他动字，大抵只具一个目的语。亦有具两个目的语者，或谓之双的他动字，如："赠""与"等字，是也。

问题在于双及物动词中的指人宾语"人""孟子""公子"等，它们可以用介词引介，也可以不用介词引介，到底是不是宾语呢？这个问题一直困扰着汉语研究界。

看来，用不用介词引介并不能决定一个名词性成分是不是宾语或者一个动词是不是及物动词。

传统的分类方法主要关注宾语的有无和宾语的性质，这本无可厚非。问题是按照这样的标准任何一个动词都不能有很好的归宿，直接导致了及物不及物之分意义的淡化。

2.2 配价及其问题

关于配价或价的研究在现代汉语研究中一度成为热点和焦点，古代汉语研究中也有人进行实践，成果最多的是殷国光，主要集中在《庄子》各类动词及形容词的配价研究上，如殷国光(2003)，殷国光、华建光(2008)等一系列文章都是谈论《庄子》动词配价的。另外就是一些博硕士论文，如弋丹阳(2005)、刘道峰(2008)等。

运用配价理论对上古汉语动词进行研究是一种很好的尝试，试图通过语义和句法的对应关系来研究动词的句法表现。但配价理论自身有明显的缺陷，比如配价是一种什么性质的范畴，是句法的还是语义的，还是句法—语义的；在什么样的句法框架内提取价的指数，即按照哪种句式确定动词的价；到底有多少个语义角色，即一个动词到底有多少个价是不是确定的等。这些都是配价无法解决的根本问题[①]。

一般认为，一个动词会有很多种价的实现方式，动词的价是一个简单句中与动词共现的必有名词性成分。如：

(21) 予之法制，告之训典。(左文 6)

(22) 若我伐宋，诸侯之伐我必疾，吾乃听命焉，且告于楚。(左襄 11)

(23) 晋以江故告于周。(左文 3)

(24) 伯州犁以公卒告王。(左成 16)

(25) 王人来告丧。(左僖 8)

(26) 卫齐恶告丧于周。(左昭 7)

上面的几个句子都可以算作简单句，但很难判断与动词“告”相联系的名词性成分哪个才是必有成分。而且，同样是“与事”，在(22)(23)(26)中实现为于字短语，在(21)(24)中却实现为宾语。

配价理论无法处理这些现象，只能借助动词语义和动宾关系以及省略等来进行跨类交叉的分类，结果是动词的类别愈发混乱。比如殷国光、华建光(2008)根据动词的语义特征，将动词分为动作动词、状态动词和关系动词；根

① 参看王葆华(2003:192)；徐烈炯、沈阳(1998)。

据动词的语义价，即动词在由它所构成的语义结构中所能支配的不同类型的语义角色的数量，将动词分为一价动词、二价动词、三价动词；根据动词的句法向，即动词在以它为述谓中心的基础结构中不借助于介词所能关联的处于主宾语位置上的不同类型的语义角色的数量，将动词分为单向动词、双向动词、三向动词。综合上述三种分类法，《庄子》中的动词共分为 9 个次类，如一价单向动作动词、一价单向状态动词、二价单向动作动词等。这种分类，标准过多且相互重合，有的动词兼类较多，已经失去了配价研究的初衷和目标，意义并不大。

近年来，配价研究有和句式结合的倾向，但根本问题无法得到解决。如：

(27) 公语之故，且告之悔。(左隐元)

(28) 南蒯语叔仲穆子，且告之故。(左昭 12)

(29) 公以晋诟语之。(左定 8)

(30) 建以语康王。(左昭 20)

(31) 郑公子曼满与王子伯廖语，欲为卿。(左宣 6)

(32) 王出，复语。(左昭 12)

弋丹阳(2005)承袁毓林(1998)的思想认为上面“语”的各种句法表现中，(27)是基本式，也就是说“语”是一个三价动词，其他的用法都是从这一基本式中派生、转换而来的。这又有点走老路子，因为转换只是为了研究和对比的方便，而不是分类的标准或者描写的凭借。

配价研究通过关注与动词相关的名词性成分的数量和性质来研究动词，但它不能控制数量，也不能控制性质。不是不想控制，而是动词要携带哪些名词性成分并不是一成不变的。配价研究试图对动词进行分类，但一个动词可以属于几类，使分类显得毫无意义可言。其实，传统分类法所面临的问题和配价语法所面临的问题没有实际的区别，都是动词带不带宾语和带什么宾语的问题，配价只是换了个说法而已。如果这个问题不解决，动词的及物不及物之分就没有必要，也没有意义。

决定动词句法表现的因素才是研究的关键，简单的分类并不能说明问题。比如“语”，认为它是个三价动词并没有错，要做的工作是解释它为什么会有其他那么多种“转换”和“派生”的方式，而不是说它“变价”了。也就是说，动词是几价动词可能是固定的，如果变化了，就有其他的原因，这属于两个或者多个层次上的问题。这一点后面还要详细论述。

2.3 及物性及其困境

及物性是 Hopper 和 Thompson(1980)提出的，句子的及物性可以通过十个标准来判断，大体来讲有三个方面：第一，动词的特征，如动词的动作性；第二，动作参与者及其性质，如参与者的数量、意志性、施动性、宾语受影响程度、宾语个体化程度；第三，句子的时体特征，如体、瞬时性、肯定性、方式。

这个理论的基础是认为及物动词是个原型范畴(prototype)，也就是说，动词的及物性有差别，而且同一动词的不同句法表现其实也是及物性不同的表现，有的高些，有的低些。从认知的角度来说，几乎所有的范畴都是原型范畴，及物动词应该也不例外。这样的说法作为一种认识可以，但它能解决什么问题呢？这个理论本身不是为了给动词分类，所以，在动词分类方面用到这个理论的不多。

刘承慧(1994)部分地运用这一理论来研究上古汉语动词，她将先秦动词分为高及物性动词、低及物性动词、使役动词和作格动词。高及物性动词需要两个论元(participants)，低及物性动词需要一个论元。使役动词通过使动程序从低及物动词派生而来。作格动词是一小部分已经固化的使役动词，可以随意携带一个或两个论元。作格动词的基本特征是当携带两个论元时的宾语相当于携带一个论元时的主语。高及物性动词和使役动词都和两个论元相联系，二者具有相似性。但二者又在主语、宾语等方面具有不同，其核心是高及物性动词与动作行为(physical actions)联系密切，而使役动词和结果状态(resultive states)相联系。这个分类并没有直面对动词多种多样的句法表现，所以它同样不能解决及物不及物之分的问题。

从根本上讲，及物性应当指动词本身的句法表现，句子与事件有关，只有叙述和描写的不同，和及物性没有太大的关系。而且，即使说“I drink beer”比“I drink some beer”及物性高，也没有什么实际意义。再比如，“他吃了”似乎并不比“他没吃”的及物性高多少。从另外的角度来讲，上述的前两个方面即动词的特征和动作的参与者及其性质是动词本身的语义可以预知的，句子的时体特征只能在一定程度上改变动词的及物性，并不能规定动词的及物性。比如："挂一幅画"和"挂着一幅画"，"着"表示"挂"是一种状态，已经没有了动作特征，从而改变了动词"挂"的及物性。

及物性是动词本身固有的特征，其他因素可以影响动词的及物性，但并不能规定它。也就是说在描述动词及物性时必须考虑动词语义本身的及物性，即动词的语义本身蕴含了动词能携带哪些论元。在实际的句子中，由于交际的需要，其他一些手段和因素可能会影响和改变动词的及物性。比如：

(33) 宣子田于首山。(左宣 2)

(34) 宋昭公将田孟诸。(左文 16)

(35) 公田，姬置诸宫六日。(左僖 4)

(33)"首山"用"于"引出，(34)"孟诸"没有用"于"引出，李佐丰(1994)据此将"田"归入"准他动词"。"田"是"狩猎"的意思，从事件的角度来看，"狩猎"这一活动包括了"狩猎者""狩猎"的动作和"猎物"。地点并不是动词"田"本身蕴含的论元，它实现为宾语或"于字短语"应当是句法运作的结果或另有他因。另外，"田"的对象不用说出，"田"本身已经蕴含了"猎物"这一论元，是个不及物动词，或者说及物性很低。在上古汉语中，(35)的用例很多，正说明了这一点。

动词的及物性和动词语义相关，但在考察动词及物性时必须区分语义的及物和句法的及物。语义的及物是动词本身的语义规定它必须携带什么样的论元，而在实际的句法实现过程当中，动词语义的及物会被改变。比如，"项伯杀人，臣活之"中的"活"，从其语义本身来讲并不蕴含受事论元，是一个不及物动词，但在句法实现过程当中，由于它进入了特定的句式，使它可以携带一个额外的论元，从而具有了及物动词的性质。

2.4 作格动词和中性动词

Cikoski(1978)主张将古汉语的动词分为中性动词(neutral verb)和作格

动词(ergative verb)两类。[①] 中性动词的特点是不管带不带宾语，主语和谓语之间的施受关系并不改变，主语总是施事。如：

秦子梁子以公旗辟于下道。(左传·庄公九年)

将焉辟之。(左传·僖公九年)

作格动词的特点是不带宾语时，主语表示施事(agent)；带宾语时，主语表示使事(causer)，宾语表示施事。如：

曰：君免乎？曰：君免矣。(左传·成公二年)

若从君惠而免之。(左传·僖公三十三年)

这是一个二分的格局，古汉语的动词都被归入了这两个类别中。但这个分类其实包含了很多情况，可以用句型框架表示如下：

中性动词：

【1】NP1＋V＋NP2/NP1＋V(宾语可以省略的及物动词，NP1 为施事)

秦子梁子以公旗辟于下道。(左传·庄公九年)

将焉辟之。(左传·僖公九年)

【2】NP1＋V(不及物动词，NP1 为施事)

晋昭公卒。(左传·昭公十六年)

【3】NP1＋V＋NP2(宾语不能省略的及物动词，NP1 为施事)

子谓子贡曰。

作格动词：

【4】NP1＋V＋NP2/NP2＋V(NP1 为使事，NP2 为施事，动词为不及物动词)

曰：君免乎？曰：君免矣。(左传·成公二年)

若从君惠而免之。(左传·僖公三十三年)

【5】NP1＋V/NP1＋V＋NP2(带宾语时 NP1 为使事，NP2 为施事，动词为不及物动词)

魏莹怒。(庄子·则阳)

---

① 此处的论述及例子大体根据大西克也(2004)，体例和用例一仍其旧。

若二子怒楚，楚人乘我，丧师无日矣。（左传・宣公十二年）

【6】NP1＋V＋NP2/NP2＋V（NP1 为施事，NP2 为受事，动词为及物动词）

今不封蔡，蔡不封矣。（左传・成公二年）

这个分类是有问题的，如“伐”Cikoski 认为属于中性动词，但在古籍中“伐”既有【3】的用例也有【6】的用例：

君伐，焉归？（左传・昭公十年）

有的动词如“诛”既有【1】的用例，也有【6】的用例，会导致分类陷入困境：

吾父再奸王命，王弗诛，惠孰大焉。（左传・昭公十三年）

彼窃钩者诛，窃国者为诸侯。（庄子・胠箧）

赞同这个分类的是大西克也（2004）。他选取《史记》中的四十个动词来考察，考察的内容是上述的【1】、【4】、【6】三项，即经常出现在“NP1＋V＋NP2”中的动词，看它们只携带一个论元（NP＋V）时，动词前的 NP 是指向施事还是指向受事。考察的结果是，这些动词可以分为两类，一类是中性动词，NP 指向施事，指向受事是有条件的；另一类是作格动词，NP 指向受事，指向施事是有条件的。中性动词有：攻、击、征、捕、追、侵、犯、治（处治）、责、赦、召、送、迎、听（听从、允许）、置、妒、慕、畏、疑、笑（讥笑）、怨。作格动词有：斩、诛、戮（僇）、辱、伐、劓、执、拘、囚、系、得、征（召唤）、用、逐（放逐）、抱、葬、幸、爱、嬖。

但作者也说：“我们不得不承认，有的动词不带宾语时，其主语既可作施事，又可作受事，而没有看出区别的条件。”比如“杀”，施事主语句用，受事主语句也用：

斑怒，鞭荦。庄公闻之，曰：“荦有力焉，遂杀之，是未可鞭而置也。”斑未得杀。（鲁周公 1531）

秦信左右而杀，周用乌集而王。（鲁仲连邹阳 2477）

作者最后说：“中性动词和作格动词的区别，可能与动词的词汇意义有一定的关系。作格动词的词义较受事的状态引起某种变化的较多，如‘斩、诛、劓、伐’等。反之，中性动词的受事本身不受变化。例如‘攻’‘击’只表施事的行为，受事被‘攻’‘击’后会怎样，则是另外的事情。但是不表变化的动词不一定是中性动词。同是表示感情的动词，‘妒、畏、疑、怨’等是中性动词，‘爱、嬖、幸’等是作格动词。‘追’‘逐’意义很近，但是‘追’是中性动词，‘逐’是作格动词。古汉语动词的核心意义很难掌握，探讨动词的语义和句型的关系是非常困难的。这方面的研究是以后的课题。”

中性动词和作格动词的区别其实是相同句法结构中动词的语义指向不同。但正如上述所说，它并不是截然的分类。但这种分类很有意义，因为它促使我们考虑哪些动词可以携带不同数量的论元，这些论元的位置，以及它们和动词间的语义关系。

宋亚云(2005)在考察前人分类的基础上对古汉语的动词进行了重新分类，其中最主要的方面就是引入作格这一概念，但进行了改造。该文将古汉语的动词分为三类：及物动词、作格动词和不及物动词。简单来讲，及物动词就是带宾语的动词，作格动词是可带可不带宾语的动词，不及物动词就是不带宾语的动词。具体来讲分类如下(P234-235)：

及物动词：

A 粘宾动词：至于；犹；如；若；谓；曰；譬；譬如；似(像)；言(意思是)。

B 宾语可以有条件悬空的中性动词：秉；被；背；莅；裹；筑；帅；掩；乞；徽。

C 宾语可自由悬空的中性动词：胜；克；卜；食；耕；鼓；驾；学；御；发。

D 可反宾为主的中性动词：斩；剖；烹；劓；围；诛；杀；禽；戮；执。

作格动词：

E 由反宾为主途径形成的作格动词：破；败；折；断；灭；裂；残；穿；覆；毁。

F 由使动用法的途径形成的作格动词：出；归；起；正；困；苦；明；安；固；平。

不及物动词：

G 有少量带宾用法的不及物动词和形容词：死；干；熟；坼；逸；饥；焦；落；陨；坠。

H 无宾动词：崩；薨；殁；卒(死亡)；饥；衰；枯；逝；旱。

该文认为，D 类和 E 类有纠葛，F 类和 G 类有纠葛。这些动词根据其语义层面的及物性和带宾语的能力形成一个连续统，即 B＞C、D＞E＞F＞G＞H。

这个分类乍一看很合理，但它只关注宾语的有无，而且没有说明什么是宾语。我们发现，这里的 A 相当于李佐丰的“真他动词”，B、C、D、E 相当于“准他动词”，F、G 相当于准自动词，H 相当于真自动词。——其实还是老方法，只是换了名称而已。不过，这个分类很有用，它能让我们对古汉语动词有一个相对细致的分类，以利于进一步研究。

2.5 小结

上面的陈述和分析促使我们对一些问题进行重新思考。

首先，及物不及物之分到底有没有意义和必要。这个问题很早就有人讨论过了，可以参看王茂松[1983：二(一)]的相关综述，以及胡裕树、范晓(1995)的综合考察。

动词在语言中占有举足轻重的作用，如果没有动词，我们几乎无法表达任何东西，不能进行正常的交流。每一种语言或方言的语法研究，动词都是绕不过去的，都要进行详细的描写和说明。而且，在语言当中，动词的数量是仅次于名词的。对动词的分类看来是必要的，而语义的分类又显得苍白无力，至多分为简单的几类，如吕叔湘(1982)就根据语义将动词分为几类，但对语法分析用处却不大：

来、去、飞、跳、说、笑、吃、喝等。(活动)

想、忆、爱、恨、怨、悔、感激、害怕等。(心理活动)

生、死、睡、等候、盼望、忍耐、遗失等。(不很活动的活动)

为、是、有、无、似、类、值(值一千)、加(二加二)等。(简直算不上活动)

句法的分类看来很有必要，问题是如何分，按照什么的标准来分。及物不及物之分是个不错的选择，因为它有可以参照的标准——宾语。但是宾语可以有可以没有，有时有、有时没有，可以是受事，还可以是别的，可以有介词引介，也可以没有。太多的因素与此相关，使得及物不及物之分变得“剪不断，理还乱”了。

至此，我们可以有两个选择，要么认为动词的及物不及物之分是不合理的，也就是说它本就分不开，我们试图分开它是徒劳的。再者就是它能分开，只是我们还没有找到合适的方法而已。我们只能相信后者，因为如果相信前者的话，及物不及物之分就不会存在那么长的时间。更重要的是，我们发现在分析句法时它确实很有用。

其次，及物不及物之分如此纠葛的原因是什么？及物不及物之所以不能彻底分开的原因是动词有各种各样的句法表现。根据定义，有宾语的是及物动词，没有宾语的是不及物动词，但总是会有反例。如何面对这些反例成为解决问题的关键。比如“伐”大家都认为是个及物动词，而且在实际用例当中它确实大多数时候都带一个宾语，而且这个宾语是受事。但反例也是有的，比如上面我们举过的例子，它可以没有宾语。此时如果我们对这些反例进行解释和说明而且是系统而完整的解释和说明的话，它就不是反例了。历史语言学曾经有“语音演变无例外”的名言，为什么我们不能把这个原则应用在语法分析上呢？

归根结底，在动词及物不及物之分的问题上，最主要的是如何面对动词纷繁的句法表现，并找出纷繁复杂的语言现象之后的规则。

3 如何研究动词[①]

3.1 配价

3.1.1 配价的定义和内容

最早使用配价理论对汉语进行研究的是朱德熙(1978)。20世纪80年代随着对国外配价理论介绍的加强,用“价”理论研究汉语的学者也逐渐多了起来,到20世纪90年代,配价理论在汉语研究界掀起了高潮,成为汉语研究的焦点和热点问题。

袁毓林(1998:4)指出,价指动词跟一定数目的名词性成分之间的依存关系;其中,动词是支配成分,NP是从属成分。从属成分又叫配价成分,或配项。能跟一个NP组合的动词是一价动词,如“人走”“鸟飞”;能跟两个NP组合的动词叫二价动词,如“他买菜”“鸡啄米”;能跟三个NP组合的动词叫三价动词,如“爸爸给我一本书”“老张借小刘一辆自行车”。袁毓林说:“如此看来,动词好像在它的周围张开了一定数目的空位,让一定数目和一定种类的NP填进去;而动词跟动词在支配能力上的差别,就表现在其周围的空位的多少和类型。”

关于如何确定动词的价,袁毓林(1998:35)说:“动词的配价信息可以从两个方面去衡量:一是价的数量,即动词所能支配的从属成分的数目,简称价数;一是价的质量,即从属成分的形态种类或语义格类型,简称价质。”

简单来说,配价就是想要根据与动词相关的名词性成分的数量和性质来给动词分类,但分歧和争议之处颇多。

---

① 本章内容基于作者已发表的文章《命题、语用与上古汉语动词的分类》,见参考文献[169]。

3.1.2 争议和分歧

据袁毓林(1998:1.4节),关于配价,分歧主要有几个方面。这个问题,还可以参看王伟丽(2000)和尹戴忠(2007)的相关综述。

首先,不论是国内还是国外,都对配价的性质有不同认识,有人认为属于语义范畴,有人认为属于句法范畴,还有人认为属于"句法—语义"范畴。袁毓林(1998:87)说:"动词的价明显地具有深厚的语义基础,或者说动词的支配能力是由动词的词汇意义所蕴含的。那么,为什么大家还要从句法上去确定动词的价呢?……研究配价的目的在于更好地说明句法结构的合格性、说明句法结构跟语义结构的关系。"看来他认为配价属于句法—语义范畴,也就是说,动词的价从根本上来说属于语义范畴,是由动词的语义决定的,而要确定动词的价却要借助于句法表现,因为动词的语义是模糊的,不好确定的。

其次,最大的分歧来自对价数的确定。比如,根据什么句法框架提取动词的价,介词的宾语算不算价等。也就是说,用什么方法来确定配价成分,怎样来确定一个名词性成分该不该计入价数。

关于根据什么句法框架来提取动词的价,袁毓林认为应取最大值,即在动词可以出现的所有句法结构中,选取与之同现的名词数量最多的结构,而且这些名词都是必须出现的,具有句法强制性,没有省略现象。吴为章(1993)认为应选取简单句中与动词同现的必有成分来确定动词的价;简单句就是一个语义上和句法上都自足的最小主谓结构或者一个基本陈述。这两种看法有相同之处,即名词性成分为必有成分;不同之处是一个选取最多,一个选取最少。相形之下,吴为章的做法比较合理,因为"最大"是不可控的。

关于介词宾语属于不属于价,有人认为是,有人认为不是。但是碰到下面这样的句子,比如"我给了他一本书"和"我把一本书给了他",谁也无法否认两个句子中的"一本书"都是配价成分。再比如王力(1984)说的 arrived at Hangchow 和 reached Hangchow,Hangchow 一个有介词,一个没有介词,而它们都是动词不可缺少的成分即必有成分,所以应当计入价数。而且,这个问题是不能一概而论的,有些介词短语只能是可有成分,不能是必有成分,如 I worked in Hangchow 中的 Hangchow。

配价要确定动词的价，但在如何提取价这个基本问题上就遇到了非常大的困难。

另一个问题就是语义角色不好确定。一方面语义角色到底有多少种不好确定，而且“价”本身是有没有和有几个的问题，现在却要关注语义角色，显得与初衷背道而驰了，以至于有人认为这是“攀错了亲家”。[徐烈炯、沈阳(1998)]

另外，有人提出配价的理论假设是一种循环论证。沈家煊(2000)指出：“说‘扔’是三价动词的唯一根据是它能在双宾语句中跟三个名词性成分发生联系，而要说明为什么‘扔’能跟三个名词性成分发生联系，唯一的根据是它是个三价动词。这势必导致‘词无定价，离句无价’的后果。”

此外，配价理论的问题还有很多，可参看王葆华(2003:5.7)和徐烈炯、沈阳(1998)的评述。

3.1.3 解决方法

从袁毓林(1998)的定义来看，配价其实很简单，和一个名词性成分相联系的是一价，和两个名词性成分相联系的是二价，和三个名词性成分相联系的是三价。这是从与动词相关的名词性成分的角度出发来给动词分类。如果能一直坚持这一点，那么只要考察动词的句法表现就可以了，看动词前后有没有名词性成分，有几个名词性成分，就能解决问题。但是，与动词相联系的名词性成分其表现又是很复杂的，所以动词的价似乎很难确定。袁毓林(1998:100)说：“动词的价(valence)指的是一个动词所能支配的名词性成分的数量，这看起来是个十分明确的范畴：一个动词能支配 n 个 NP 就说它是 n 价的。但是，实际做起来却是非常复杂而且不明确。”困难来自上面所说的争论和分歧。

袁毓林提出了一套全新的解决办法，他建立了一个由联、项、位、元四个平面构成的配价层级(valence hierarchy)。联(link)指一个动词在各种句子中所能关联的语义角色不同的名词性成分的数量。项(item)指一个动词在一个句子中所能关联的名词性成分的数量(包括介词宾语)。位(position)指一个动词在一个句子中不借助于介词所能关联的名词性成分的数量。元

(argument)指一个动词在一个简单的基础句中所能关联的名词性成分的数量。“联”具有开放性和模糊性,而“项”和“位”具有客观性和明确性。动词的“元”要在原子句中提取。所谓原子句就是“一种语言里面最简单的直陈的表述结构”,它包含一个谓词(动词或形容词)和至少一个参与者(participant)。其他句子都由原子句派生而来,称为派生句。原子句有几个特点:(1)只有一个动词;(2)句中没有 and,or,but 或其他连接平行成分的作用的连词;(3)原子句里的参与者都只能有最低限度的限制;(4)原子句中不含否定、语气、命令、疑问等二级算子。可见原子句表示的就是一个基本命题(proposition)。

这样,一个动词就好控制了,比如“买”就是一个“五联四项三位二元”动词。这个方法已经不是简单的“价数”和“价质”的问题了,它的最大特点是层级性。“元”处在最底层,相当于一个逻辑上的命题或者一个动词的语义框架。“位”和“项”说的是动词的多重句法表现,这两个内容其实可以合并的,属于同一层次,不过一个关注介词宾语,一个不关注,也可以认为二者之间有转换关系。“联”是个混合体,相当于袁毓林说的“最大值”,即动词所有的句法表现的总和。所以这个分类实际上是两个层次。“元”与原子句相应,“位”“项”与派生句相应。不妨列个表来表示这四项之间的关系:

联:动词句法表现的总和	元:命题中与动词共现的名词性成分	原子句
	位、项:实际句子当中与动词相关的名词性成分	派生句

这个分类很有用,它给我们很好的启示:动词的多种多样的句法表现可能展示的是不同层级的东西。以前的分析之所以没有取得很好的效果,可能就是将不同层面的东西放在一起分析了。

3.2 动词词汇语义学

3.2.1 动词论元实现的多种方式

研究动词时,最开始碰到的就是一个动词有多种句法表现,如菲尔墨著、胡明扬译(2002:33)所举的例子:

(1) John opened the door.(约翰打开了门。)

(2) The door was opened by John.(门被约翰打开了。)

(3) The key opened the door.(钥匙打开了门。)

(4) John opened the door with the key.(约翰打开了门用钥匙。)

(5) John used the key to open the door.(约翰用钥匙打开了门。)

与动词 open 相关的名词性成分有三个:John、door、key,它们是动词 open 的论元,但在不同的句子中却有的出现,有的不出现,而且位置和用法也有不同。

这样的例子在每种语言和方言中都比比皆是,Rappaport Hovav 和 Levin(1998:97-98)也谈了三个动词:sweep、whistle、run,它们都有着比较复杂的论元实现方式,比如 sweep:

(6) Terry swept.

(7) Terry swept the floor.

(8) Terry swept the crumbs into the corner.

(9) Terry swept the leaves off the sidewalk.

(10) Terry swept the floor clean.

(11) Terry swept the leaves into a pile.

动词 sweep 可以及物,也可以不及物,还可以携带很多不同的其他论元,句法表现可谓多样了。而几乎所有的动词都有相同的表现。那么是什么导致了这种现象的出现呢?

3.2.2 句法价和语义价的不对应

上述这种现象有人用句法价和语义价的不对称来描述,如 Van Valin (2004)。他认为,句子当中的成分可以据其句法功能分为三个类别:论元(argument)、修饰语(modifier)和谓词(predicate),比如下面这个句子:

(12) The teacher read an interesting book.

The teacher 和 an interesting book 是论元,read 是谓词,而 the、an 和 interesting 是修饰语。再比如:

(13) Kim is tall.

Kim 是论元,而 is tall 是谓词。

论元是句子当中充当主语、直接宾语和间接宾语的名词短语(NPs)和介词短语(PPs),谓词则表达论元参与的事件状态(state of affairs)。一个动词携带多少论元，携带什么样角色的论元，就是一个动词的论元结构（argument structure），比如：

wash〈agent，patient，instrument〉

give〈agent，theme，recipient〉

put〈agent，theme，goal〉

know〈experiencer，stimulus〉

……

但在实际的句子当中，动词并不总是按照它的论元结构来组织句子，而是有这样或那样的变化，比如：

（14） * Pat put the book.

（15） * Pat put on the table.

（16） Pat put the book on the table.

（17） The dog ran.

（18） The dog ran from the house.

（19） The dog ran from the house to the creek.

（20） The dog ran from the house through the garden to the creek.

（21） Leslie gave the flowers.

（22） * Leslie gave to Chris.

（23） Leslie gave the flowers to Chris.

（24） Kim drank a beer quickly.

（25） Kim drank quickly.

put 要求 theme 和 goal 同时出现，缺一不可；run 却都可以；gave 不允许 theme 不出现；drink 却可以自由省略宾语。

这样的话，论元结构就可以分为两类，一类是语义论元结构，一类是句法论元结构。比如 drink，它的语义论元结构是要求出现喝的人和喝的东西，而它的句法论元结构却是喝的东西可以不出现，即：

drink〈drinker,(drinked)〉——圆括号表示可以不出现。

give 的论元结构可以表示为：

give〈agent,theme,(recipient)〉

看来，语义论元结构和句法论元结构是不对称的。

动词的价是指动词所能携带的依附性论元的数量，比如 drink，要求出现喝的人和喝的东西，是一个二价动词。但动词的价不好确定，因为 drink 在实际使用中也可以不出现喝的东西，又成了一价动词。这样，我们只要认为动词的价也有语义价和句法价的区别就容易多了。

语义价是指与动词相关的语义角色的数量，而句法价指动词可能携带的论元数目。语义价是固定的，而句法价是相对不固定的。动词的语义价和句法价是不对称的：

Verb	Semantic valence	Syntactic valence
Rain, snow	0	1
Die	1	1
Break(transtive)	2	2
Eat	2	1 or 2
Put	3	3
Give	3	2 or 3

但是这样的做法只是描述，并不能解决实际问题。比如 run，它的语义价是 1，是根据什么确定的？它的句法价可以是 2、3、4，这个比较容易确定，但例(20)中的 house、graden、creek 都是 run 的论元吗？它们是语义论元还是句法论元？怎么确定？换句话说，是什么决定了一个动词的语义价和句法价？

3.2.3 动词语义决定说

正如 Rappaport Hovav 和 Levin(1998:97)谈到的那样，从转换生成语法理论开始，到句法—语义界面研究，一直都有一个假设：句子句法结构的很多方面——尤其是论元的句法实现——都是动词和其他谓词性成分的词汇属性的投射。[①] 也就是说，动词的意义决定了它的句法行为。

菲尔墨著、胡明扬译(2002)考察了 hit 和 break 这两个动词。它们都是及物动词，都可以带主语和宾语。但它们在很多方面表现出差异：

（一）使动转换

(26) The boy broke the window with a ball. / The window broke.

(27) The boy hit the window with a ball. / * The window hit.

（二）占有者提升

(28) I broke his leg. / * I broke him on the leg.

(29) I hit his leg. /I hit him on the leg.

（三）介词转换后语义不同

(30) Perry broke the fence with the stick. / Perry broke the stick against the fence.

(31) Perry hit the fence with the stick. / Perry hit the stick against the fence.

Hit 和 break 分别代表了两类动词。造成上述这些差异的原因是这两类动词具有不同的语义特征：hit 类动词表示接触，不表示状态的变化；break 类动词表示状态的变化。也就是说，动词的某些句法特征和动词的语义特征相关，而且有的句法表现对某些语义方面敏感。

Levin 和 Rappaport(1991)讨论了 wipe、clear 和 remove 三类在句法表现上既有重叠又相互区别的动词，也得出了相同的结论，可参看沈园(2007：2.2.3)的引述。

Levin(1993：introduction)分析了 break、cut、hit 和 touch 四类动词，结论也相同，即动词的某些语义特征会导致其句法表现与别的动词相同或者不同。王葆华(2003：1.5)有全面引述。这四类动词在句法表现方面有如下差异：

动词				句法表现
Touch	Hit	Cut	Break	
−	−	+	+	Middle construction
−	+	+	−	Conative construction
+	+	+	−	Body-part possessor ascension alternation

① Many aspects of the syntactic structure of a sentence , in particular, the syntactic realization of arguments , are projected from the lexical properties of the verbs and other predicators in it.

它们的语义差异有以下方面：

Touch——【接触】

Hit——【接触】【位移】

Cut——【接触】【位移】【状态变化】

Break——【状态变化】

而上述句法表现的差异正是由于它们在语义上的差异造成的。

据此，动词的语义可以认为由两个方面构成(据沈园 2007，王葆华 2003 整理)：

	与句法相关的方面	与句法不相关的方面
Jackendoff	概念的	感知的
Grimshaw	语义结构	语义内容
Levin & Rappaport	结构的方面	独特的方面

Rappaport Hovav 和 Levin(1998:106-107)认为，动词与句法相关的词汇语义的表现称为"事件结构"(Event structure)，而与句法不相关的方面即"独特的方面"的功能是用来区别于有相同句法表现的其他动词的，Rappaport Hovav 和 Levin 后来将"与句法不相关的方面"改称 head。王葆华(2003:19-20)用"写"和"画"来说明这种差异：

(32) 他写了一本书。

(33) 他画了一幅画。

"写"的意义包括【某人可能用某种工具(此处没有出现)作(写)了某件事情，导致某个事物出现(一本书)】，"画"的意义包括【某人可能用某种工具(此处没有出现)作(画)了某件事情，导致某个事物出现(一幅画)】。这里的【某人可能用某种工具作了某件事情，导致某个事物出现】就是与句法相关的内容，即事件结构，而除此之外的内容比如"画"和"一幅画"等就是与句法不相关的内容。

3.2.4 事件类型和动词语义分解

Van Valin 和 Randy LaPolla(1997)认为语言是人们在交际当中对客观世界事件状态(state of affaires)的编码(encode)，面对同样的事件，人们可能采用不同的编码方式。他举了 break 的例子来说明这个问题。当面对一个人用石头砸破玻璃这个画面(p87)时,人们可能会用很多不同的句子来描述这个事件(Event):

(34) Fred / Someone/ A boy broke the window(with a rock).

(35) Fred shattered the window(with a rock).

(36) Fred smashed the window (with a rock).

(37) Fred hit the window with a rock, breaking/ shattering it.

(38) A rock broke the window.

(39) A rock shattered the window.

(40) The window broke.

(41) The window shattered.

之所以有这么多不同的句子,或者说动词会有如此多的句法表现,原因是这些句子表现了不同的事件状态(state of affairs)。客观世界的事件状态有四种:

State(situation): static, non-dynamic states of affairs which may involve the location of a participant(a book being on the table), the state or condition of a participant(Maria being tired), or an internal experience of a participant(Fred liking Alice).

Activity(action): dynamic states of affairs in which a participant does something. e. g. Chris singing, the ball rolling, the sun shining, a fire crackling, Yolanda swimming, the ground shaking, Tyrone drinking beer.

Achievement(event): states of affairs seem to happen instantly, e. g. balloons popping, a glass shattering, a building blowing up.

Accomplishment(process): states of affairs which involve change and take place over time, e. g. a change in location(a book falling to the floor), in state or condition(ice melting, water freezing, clothes drying), or in the internal experience of a participant(Tanisha learning Swahili).

这四种事件状态通过三组区别特征相互区别:

State of affairs	Static	Telic	Punctual
State	+	−	−
Activity	−	−	+
Accomplishment	−	+	−
Achievement	−	+	+

而代表这四种事件状态的动词具有不同的逻辑结构(logical structure):

Verb class	Logical structure
State	**Predicate**′(x)or(x,y)
Activity	**do**′(x,[**predicate**′(x)or(x,y)])
Achievement	INGR **predicate**′(x)or(x,y)
Accomplishment	BECOME **predicate**′(x)or(x,y)

State 和 activity 这两类是最基本的,其他两类即 achievement 和 accomplishment 都是在前两类的基础上增加一个表示变化的因素而来。INGR 指"ingressive"(开始),表示瞬时的变化。BECOME 表示延续一段时间的变化。例示如下:

State of affairs	Verbs	Logical structure
States	Leon is a fool.	**be**′(Leon,[**fool**′])
	The window is shattered.	**shattered**′(window)
	Fred is at the house.	**be-at**′(Fred,house)
	John saw the picture.	**see**′(John,picture)
Activities	The children cried.	**do**′(children,[**cry**′(children)])
	The wheel squeaks.	**do**′(wheel,[**squeak**′(wheel)])
	John ate fish.	**do**′(John,[**eat**′(John,fish)])
Achievements	The window shattered.	INGR **shattered**′(window)
	The balloon popped.	INGR **popped**′(balloon)
	John glimpsed the picture.	INGR **see**′(John,picture)
Accomplishments	The snow melted.	BECOME **melted**′(snow)
	The sky reddened.	BECOME **red**′(sky)
	Mary learned French.	BECOME **know**′(Mary,French)

Rappaport Hovav 和 Beth Levin 的一系列文章都提到根据动词的情状类型(aspect or aktionsart)来对动词进行分解。前面提到,他们将动词的语

义分为结构的方面(structural aspects of meaning)和独特的方面(idiosyncratic aspect)两个方面,而动词语义的结构方面可以通过事件结构模板(Event structure template)来体现。Rappaport Hovav and Levin(1998:108):

Activity——[x ACT ‹MANNER›]

State——[x‹STATE›]

Achievement——{BECOME[x‹ STATE ›]}

Accomplishment——【[x ACT ‹ MANNER ›] CAUSE { BECOME [y ‹ STATE ›]}】

Accomplishment——【x CAUSE {BECOME[y‹ STATE ›]}】

这个模板实际上是对动词的语义进行了形式化的分解,与上面 Van Valin 和 Randy LaPolla 的分解大同小异。根据对谓词分解的结果,我们可以观察动词在句子中所描述的事件类型,而且可以观察动词意义的细微变化(subtle change)。

3.2.5 简单事件和复杂事件

Van Valin 和 Randy LaPolla(1997)说 state 和 activity 是基本的,而 achievement和 accomplishment 是在它们的基础上增加变化因素而来的。这说明,事件类型有简单和复杂之分。从 Rappaport Hovav 和 Levin(1998)的模板来看,state、activity 和 achievement 都只涉及一个谓词(predicate),而 accomplishment 涉及两到三个谓词:ACT、CAUSE、BECOME,也说明它们有简单复杂之分。他们(1998:116)谈到两种表示变化的动词,一种是内部致使的变化动词,如:blossom、grow、rot、wilt 等;一种是外部致使的变化动词,如:break,open、dry 等。前者表示简单事件,属于 achievement 类;后者表示复杂事件,属于 accomplishment 类。它们的事件结构也自不同:

Blossom——{BECOME[x‹IN- BLOSSOM›]}

Break——【[x ACT ‹MANNER›]CAUSE {BECOME[y‹BROKEN›]}】

在这四个类别中,state 是简单事件无疑,accomplishment 是复杂事件也是没有疑问的,其他的还要看具体情况。看来,致使事件是典型的复杂事件,[Levin and Rappaport Hovav(2005:113)]因为里面包含了两个子事件(subevent)。Van Valin 和 Randy LaPolla(1997:97)谈到上述四种事件类型都可以使役化(causative):

State	The boy is afraid.
Causative state	The dog frightens/scares the boy.
Activity	The ball bounced around the room.
Causative activity	The girl bounced the ball around the room.
Achievement	The balloon popped.
Causative achievement	The cat popped the balloon.
Accomplishment	The ice melted.
Causative accomplishment	The hot water melted the ice.

上面说过,Rappaport Hovav 和 Levin(1998)举了 sweep 的例子来说明动词句法表现的多样性。Sweep 的多种句法表现可以用复杂事件来进行解释。Sweep 的基本事件结构是:

[x ACT⟨SWEEP⟩y]——Terry swept the floor.

其他的句法表现方式大都和模板扩充(template augmentation)有关:

【[x ACT ⟨SWEEP⟩ y]CAUSE {BECOME[y⟨STATE⟩]}】——Terry swept the floor clean.

【[x ACT ⟨SWEEP⟩ y]CAUSE {BECOME[z⟨PLACE⟩]}】——Terry swept the crumbs into the corner.

但有一个句子:Terry swept. Rappaport 和 Levin(1998:115)的解释是 floor 作为 sweep 的宾语没有出现,是因为在 sweep 这个事件中,floor 作为原型(prototypical)可以不被表现出来。这个解释不见得好,后面我们还要进一步论述。

看来事件复杂化最起码有两种方式:致使化(causative)和增加(augmentation)事件。

词汇语义学理论给我们几点启示:动词是用来表示事件(Event)的,而事件的状态是不同的,所以动词会采用不同的句法表现方式。动词的语义可以根据它所表示的事件状态(state of affairs)来进行分解。事件有简单和复杂之分，复杂事件由简单事件经过一定的途径比如致使、组合等形成的。

3.3 句子信息的层次性和复杂性

3.3.1 词义、命题义和语用义

Givón(1984)提出人类语言主要对三种系统而又相互区别的功能域(functional realms)进行编码(coding)：

词汇语义(lexical semantics)

命题语义(propositional semantics)

篇章语用义(discourse pragmatics)

词汇语义由词汇系统中的词(word)来承载。

命题义包含两个内容：

(ⅰ)state，event，or action——状态、事件或动作。

(ⅱ)participants in the proposition as to their semantic roles vis-à-vis the predicate——参与者相对于谓词所体现的语义角色。

也就是说，命题义表达的就是"who did what to whom，when，where，why，how，etc."(p31)命题义通过句子(sentence)来体现。[①]

篇章语用义大体包含三个方面的内容(p32)：

(ⅰ)Speaker's goals：the speech-act values(information，question，command，etc.)as well as other communicative and pragmatic goals of the speaker；

(ⅱ)Interaction：the social relation between speaker and hearer，what they owe each other，what they know of each other's knowledge，goals，and predispositions；

(ⅲ)Discourse context：what information was processed in the pre-

---

① 俞敏(1957/1999)也有相近的看法。在"昨日晌午啊，德胜门外啊，一个老头儿啊，钓上来一条十斤重的鱼"这个句子里，"昨日晌午"表示时间，"德胜门外"表示空间，"一个老头儿"表示线索，"钓上来一条十斤重的鱼"表示核心。时间、空间、线索和核心合起来"把客观现象反映得最准确"。(p369) ceding discourse, what can be taken for granted, what is likely to be challenged, what is important vs. ancillary information, what is the foreground of new information as against what is background.

语用义和命题义都要通过句子体现，也就是说，一个句子当中既包含了命题义，也包含了语用义。比如：

(42) John killed the lion. ——[information, affirmative, active](陈述)

(43) Did John kill the lion? ——[yes/no question](一般疑问)

(44) What did John kill? ——[object WH question](针对宾语的特殊疑问)

(45) John didn't kill the lion. ——[information, negative](否定)

(46) The lion was killed by John. ——[information, affirmative, passive](被动)

(47) John killed the **lion.** ——[information, affirmative, active, emphatic](强调)

(42)表达的是 kill 的命题义，用的是一个中性的(neutral)、简单的(simple)句子，而这种句子的出现频率是最高的。(43)同(42)相比在主语前增加了 did；(44)中与宾语相应的疑问词 what 出现在句首，而且增加了 did；(45)出现了 didn't；(46)出现了 was，而且 John 用介词 by 引介出现在变成了旁格；(47)lion 的读音有了变化。这些变化的来源都是语用义，比如疑问、否定、被动、强调。就命题义和语用义二者来说，一方的变化肯定会影响到(tamper)另一方发生改变。Givón 称之为"补偿策略"(compensatory strategies)，句法结构的改变——包括词序、形态或重音等——是为了补偿语用义对表达命题义的中性简单句的一种干扰(disruption)。

从上面的例子来看，句子(sentence)其实不是一个内容单一的概念，它里面起码包含了命题义和语用义两个内容。从这个程度上来说，句法(syntax)是一种交际的妥协(communicative compromise)，因为句子一方面要对命题义进行编码(code)，而且同时要用一定的形式或结构(structure)对语用义进行编码，所以只能是二者的妥协。一个句子的意义，是命题义和语用义的混合(bind)，它的结构是在表达命题义基础之上的扭曲。

只携带命题义而不表达语用义的句子是不存在的，我们只能从语言当中找到一些与命题义内容非常接近的句子，它们的特点是在语篇当中表达了新的(new)、前景的(foreground)、主要的(backbone、main-line)信息的句子。

转换生成语法将句子分为核心句(kernel)即简单句(simple sentences)和转换句(transformed)即复杂句(complex sentences),核心句是主要的(main)、陈述的(declarative)、确定的(affirmative)、主动的(active)句子类型,在句法描写中核心句是一个参照点(a point of reference)。其实核心句就是主要表达命题义的句子,而转换句则在表达命题义的基础上混杂了明显的语用义。

所以我们研究句子的时候要将句子的命题义和语用义在一定程度上分开。

3.3.2 以命题义为基础的简单句

前面说过,命题包含两方面的内容:发生了什么(what happened?);参与者(participants)及其角色(case-roles)。总的来说就是"who did what to whom,when,where,why,how,etc."

Givón 认为,发生了什么即情境状况可以分为几类:state,event,action。但 state,event 和 action 这三个不在一个层面上。State 表示的是一个不随时间而变化的情境(existing conditions not involving change across time),也就是一种状态。Event 表示的则是一个随时间而变化的情境(changes across time)。而 Action 是 Event 中的一种,指的是有明确施事的 Event(a responsible agent is identified)。

关于语义角色(case-role),Givón 认为,有多少动词,就有多少语义角色,所以所有的语义角色都只是近似的(most likely)、通用的(most general)语义角色类别。Givón 共定义了 8 种语义角色:agent、dative、patient、benefactive、instrumental、associative、locative、manner。在这 8 种里面,他认为前三种是最重要的,因为它们是必有(obligatory)论元,它们的出现对阐释(explicating)动词的核心意思(core-meaning)非常重要。其他论元都是可选的(optional)。下面是他对这三种必有论元的说明:

(a) patient:(ⅰ) patient of state: the argument whose state is described by the proposition, the one who 'is at state', the one must likely to appear as the subject of state proposition; (ⅱ) patient of change: the argument undergoing the change-of-state; it may either be the subject of an intransitive sentence or the object of a transitive one('action').

(b) dative: the dative is a conscious participant, in addition to being also 'in a state' or 'undergoing change'. When the dative is subject of a change, the state is most likely to be mental, as in 'know', 'want', 'be afraid', 'be angry' etc. Similarly, when the dative is the subject of a change, the change is most likely to be one of mental state, such as 'learn', 'reflect upon', 'listen to', 'get angry', 'become frightened' etc. Dative participants may also be the objects of verbs, and thus most commonly register a change of mental state, be the dative objects of 'tell', 'teach', 'inform', etc. They may also be the dative objects of sentences coding a physical change not directly impacting the dative object, as in the recipient/dative objects of 'give', 'bring' or 'send'. In sentences containing such verbs, the change (in location) is registered upon another argument, and the dative is also the location with reference to which the change occurs. But most commonly the dative is also a conscious goal of the transaction.

(c) agent: the agent is always a conscious participant in an event, since he is a volitional initiator of the change—which is thun referred to as action.

3.3.3 及物动词的类别

Givón(1984:4.2.5)认为，及物动词有原型和非原型之分，原型及物动词有两个特征：

(a) an agent subject

(b) a patient-of-change object

原型动词根据受事发生变化(change)的不同种类可以有很多类型，宾语的变化必须是物理的(physical)、明显的(obvious)、实在的(concrete)、可辨别的(accessible)。如:

(48) He built a house. (created objects)

(49) She smashed the glass. (totally destroyed)

(50) She cracked the pot. (physical change in the objects)

(51) They moved the barn. (change in object's location)

(52) She kicked the wall. (change with an implied instrument)

(53) She washed his shirt. (surface change)

(54) They heated the solution. (internal change)

(55) They murdered her. (change with implied manner)

如果背离上述两个特征(a)和(b)中的一个或两个,一个动词就是非原型的及物动词。比如:

(56) She swam the Channel. =She swam across the Channel. ——宾语 Channel 并没有变化。

(57) Liquor killed him. = He drank liquor, and that killed him——主语 Liquor 不是施事。

3.4 小结:句子的命题义和交际义

3.4.1 动词句法表现多样性的原因

Givón 的分析给了我们很好的启示:动词之所以有那么多的句法表现形式,原因就是句子本身是命题义和语用义妥协的结果。一个句子既要表达命题义,又要表达语用义,于是只能在表达命题义的基础之上进行必要的调节。但是从上面(42)至(47)Givón 所举的例子来看,他说的语用义(discourse pragmatics)和一般意义上的语用义有些出入,我们不妨用一个更宽泛的概念"交际义"(communicative semantics)来代替。这样的话,一个句子的语义就包含两个方面:命题义(proposition semantics)和交际义。在实际交际当中,只表达命题义的句子是没有的。但在研究的时候我们不妨将二者部分地分开,而且也有一定的方法可以做到这一点。

刘丹青(2004:2.2.2)谈到对待语料的三种方法:test(测试)、text(语篇)

和 attest(验证)。结构主义用测试法,功能主义从语篇中选取语料,类型学用验证法。

中国的语法研究有结构主义的传统,最初的开拓者如王力、吕叔湘的一系列早期著作都是从现实语料中选取句子,也就是说句子都要有出处,但他们用的是结构主义的分解法,而不是功能主义的功能和量化的处理方法。后来的研究者逐渐采用内省法,即通过自己造出合格的句子来研究和说明语法的结构,这又有测试(test)的成分在里面。

功能主义主要分析实际语篇中的句子,关注语法结构的出现环境、信息结构、出现频率及其功能,而不考虑句子脱离了语境是否合格。

这两种对待语料的方法哪一种更有道理呢?如果从句子包含命题义和交际义这两个方面来看,都不无道理。但各自的缺陷也是很明显的。先说结构主义的方法,它关注的是命题义,要分析句子的内部结构,如果例子都要有出处,得到的不是命题义,而是过多掺入了交际义的成分;如果采用内省的方法得出例子,也是命题义和交际义的混合。所以,这种研究方法是不纯粹的,也就是说,没有分清句子意义的层次性。再来看功能主义的方法,它选取的是实际交际中的句子,而且关注它们的功能。但实际交际中的句子是命题义和交际义的混合体,如果不将它们分开的话,就不能很好地观察句子所要表达的功能到底有哪些,又是如何实现的。说到底,这两种对待语料的方法似乎都没有错,主要问题是研究过程中没有将命题义和交际义分别对待。

古汉语研究不能采用内省的方法获得语料,只能选取已经存在的句子,因为我们没有语感。但是要注意几个方面的问题,一个是选取的语料尽量时代接近,因为古汉语或者上古汉语是一个很长的时间段,研究的过程中必须选取时代接近的语料,才能得到相对同质的语料。另一个问题是如果能够选取风格接近的语料比如都是口语,或者口语性比较强的语料就更好了。这一点很难,因为上古汉语虽然语料很多,但真正风格接近的并不多。还有最重要的一点就是在研究的过程中必须将句子的命题义和交际义分开,如果不分开,就无法进行必要的描写和深入研究。以往的研究正是因为没有将这二者分开,所以才导致了很多不必要的争论。当然,在实际操作中可能什么是命题义、什么是交际义有时很难分清,但大体分开应该是不成问题的。

3.4.2 句子的命题义和动词

如何确定命题义?前面说过,命题义和交际义不能截然分开,但大体分开是可以的。简单来说,可以认为交际义对句子结构影响不大的句子表达的就是命题义。

袁毓林(1998)分了两类句子:原子句和派生句,Givón(1984)有简单句和复杂句,转换生成语法中有核心句(kernel)和转换句(transformed)。这里的原子句、简单句、核心句就可以认为是基本表达命题义的句子。而派生句、复杂句和转换句表达的则是交际义。

Givón(1984:41-43/83)说简单句(simple clause)的特征是:main(主要的)、declarative(陈述的)、affirmative(肯定的)、active(主动的),而且这种句子的出现频率也是最高的(constantly)。

袁毓林(1998:106-108)提出了原子句的三种测试方法:

(ⅰ)包孕测试法(pregnant test):让待测试的句子作宾语,因为只有基础句可以作小句宾语。

(58) 地铁直达苹果园。——我知道地铁直达苹果园。

(ⅱ)自指测试(self-designation test):把句子转换成一个表示自指的偏正词组,因为只有基础句可以自指化。

(59) 王师傅用芹菜包了饺子。——王师傅用芹菜包了饺子的消息。

(ⅲ)删除测试(deletion test):把句子中不影响句子结构合格性的介词短语删除。

(60) 妈妈在院子里晾衣服。——妈妈晾衣服。

可能还有其他的方法来确定表达命题义的句子,但无论用什么方法,我们要知道得到的句子是表达命题义的句子,分析这样的句子就相当于在分析命题。

Givón(1984)从变化(change)的角度认为句子表达的命题义有三种类型:state、event、action,其中 action 是 event 中的一种,实际上是两种。Van Valin 和 Randy LaPolla(1997)及词汇语义学认为句子所表达的事件状态

(state of affairs)有四种：state、activity、achievement、accomplishment。后一种分法较为合理，因为它不但类型丰富而且从论元结构和谓词分解的角度来看，更便于操作一些。不过要换一种说法，就是把这些事件状态只和表达命题义的句子而不是和所有的句子联系起来，可能更有利于说明问题。

句子命题义表达的事件当中必定有一些参与者(participants)，这些参与者会在事件当中扮演不同的角色。Givón(1984)列了8种，而且说施事、受事和与事是最主要的三种，实际情况可能并不见得如此，因为正如俞敏先生所说的，动宾关系是百科全书式的，是说不完的。Van Valin和Randy LaPolla(1997)列了13种。据Levin和Rappaport Hovav(2005:chapter2)，论元角色表(role-list)每个人都有不同的看法，这涉及每个人对论元角色的概括程度。据Van Valin(2004:chapter2)每一个动词和其论元之间都有独特的关系，概括程度不同，则得到的结果不同。比如，与give相联系的最少有两项，一个是giver，一个是given to，再进一步抽象，可以认为是agent和recipient的不同，再概括一点是actor和undergoer，而且与give相关的theme也可以作同样的概括。最概括的就是主语和宾语了，也就是说主语和宾语其实是最抽象的论元角色。看来，标签并不重要，重要的是每一个表达命题义的动词可能都与一定的论元相联系，我们可以用论元结构来进行表述。如kill可以表示为：

Kill〈agent patient〉

我们可以称之为"命题论元结构"(argument structure of proposition)。每一个动词表达命题义的句子都可以用论元结构来进行描述。

谓词语义分解的实质和论元结构是相同的，不过更加具体。比如eat：

Eat:[x $ACT_{\langle EAT \rangle}$ y]

而且，语义分解会清晰显示动词的语义。比如kill：

Kill:{[x ACT]CAUSE[y $BECOME_{\langle DEAD \rangle}$]}

所以在描写动词命题义时最好论元结构和动词语义分解并举，这样会使表述更加清晰合理。更重要的是，动词语义分解可以更好地说明句子当中动词语义的变化，以及影响变化发生的原因。

总的来说，动词命题义的描写应当包括这几方面的内容：事件状态类型(state，activity，achievement，accomplishment)、论元结构、动词语义分解。

3.4.3 影响动词句法表现多样性的因素

除了表达命题义的句子外，动词的其他句法表现就都属于交际义的范围了，也就是说，在表达命题义的基础上为了表达交际义而对句法进行必要的调整。

那么都有哪些因素在影响动词的句法表现呢？Givón(1984)认为都是语用因素，从广义上来说是对的。他本人的研究也是建立在这个基础之上的。但具体来讲都有什么具体因素还需要进一步研究。

Givón(1984)提出了语用义的三种情况，很全面，但不够细致。刘丹青(2008:70-71)在谈到影响动词、主语、直接宾语组合的顺序时说到了几种影响因素，可以作为进一步研究的参考：

(ⅰ) 名词论元和代词论元的区别；

(ⅱ) 成分的长度和复杂度；

(ⅲ) 指称意义(有定、无定、有指、无指、类指、全量、部分量)；

(ⅳ) 句类(陈述、疑问、祈使、感叹)；

(ⅴ) 情态属性(肯定、否定、可能性、意愿性等)；

(ⅵ) 动词的时体特征；

(ⅶ) 话语篇章属性(问答体、叙述体等的不同)；

(ⅷ) 信息结构(已知信息、新信息、焦点信息、具有篇章连续性的信息和偶现信息等)。

除此之外，可能还有其他因素，比如上面提到的致使化就是一种改变句子句法表现的语用因素。古汉语中形容词可以有使动用法，也可以作这样的解释，如“怒”，本身是一个表示状态的动词，和它相关的只有一个论元。“楚怒”的论元结构和谓词分解结构分别是：

怒：〈楚〉——怒：[楚 $ACT_{〈怒〉}$]

而当他用作使动时，论元结构和谓词分解结构都有所不同，如“齐怒楚”的论元结构和谓词分解结构分别是：

怒:〈齐,楚〉——怒:{[齐 ACT]CAUSE[楚$_{〈怒〉}$]}

看来,致使其实是事件复杂化了。除了致使外,事件可能还可以通过其他的方式复杂化,这一点需要进一步研究,很可能类型是有限的。

另外还有一种现象需要关注,比如“吃”,它的论元结构和谓词分解结构分别是:

吃:〈x,y〉——吃:[x ACT$_{〈吃〉}$y]

但是“吃”的内容即“饭”在口语中却可以经常不出现,其中的原因值得深思。上面说过的 sweep 的例子与此类似。Rappaport Hovav 和 Levin(1998)的解释是原型宾语(prototypical object)可以不出现。Givón(1984:4.2.5.3.2)的解释是无指宾语(non-referential object)相对于有指宾语来说不显著,可以不出现,在有的语言中,这种无指宾语是要并入(incorporation)动词的。这种解释是一种功能的解释,可以归入刘丹青(2008)所述的“指称意义”一类当中。

总之,可以认为除了表达命题义的句子的句法结构以外,动词的其他句法表现都是由交际义引起的或多或少的改变。前面说过,我们认为“语法规律无例外”,表达命题义的句子可以认为是规律,而以前被认为是例外的动词的其他句法表现也有规律。所以除了对句子的命题义进行描述外,我们还要对交际义造成的句法结构的改变寻求规律性的解释。这也是本研究力图贯彻的原则。

4 关于本研究

4.1 什么是及物动词

4.1.1 及物不及物是性质还是用法？

如果认为及物不及物之分是动词的性质，那么“我吃苹果”就是“吃”性质的正常的表现，而“我吃了”里的“吃”没有出现宾语就要寻求别的解释，比如宾语省略。如果认为及物不及物之分是动词的用法，那么“吃”这个动词本无所谓及物不及物，它可以有及物用法“我吃苹果”，也可以有不及物用法“我吃了”。

汉语研究者采用的是第一种，即认为动词的及物不及物是它与生俱来的，如果出现了与它的本来性质不符的现象，则要寻求新的解释，也就是另有原因。从《马氏文通》开始我们的认识一直如此。有关汉语的语言学词典里也单独列出“及物动词”“不及物动词”的词条，并进行定义和例示。如《语言学百科辞典》不但列有“及物”条，而且“及物动词”和“不及物动词”还单列词条：

及物：动词的语法范畴。动作能直接及于客体，而这个客体又是以不带介词的受事宾语的形式出现的，即为及物，具有这种特性的动词称及物动词，如“读(书)”“探望(病人)”。动作不及于客体，或者虽及于客体，但后者是用带介词的受事宾语来表示的，则为不及物，这种动词称不及物动词，如“睡觉”“咳嗽”“合作”。

杨剑桥《古汉语知识宝典》分别列有“及物动词”条和“不及物动词”条：

及物动词：可以带宾语的动词。如“攻、侵、杀、食、知、闻”等。

不及物动词：一般情况下不带宾语的动词。如“走、起、坐、生、去、亡”等。

英语语言学词典里的情况与汉语有些不同。绝大多数的英语语言学词典只列"transitivity"一条,不将"transitive verb"和"intransitive verb"单独列词条,而在"transitivity"下对及物不及物的说明情况也各异。有的说明及物不及物是两类动词,如 *Routledge Dictionary of Language and Linguistics*:

Transitivity: Valence property of verbs which require a direct object, e. g. *read*, *see*, *hear*. Used more broadly, verbs which govern other objects (e. g. dative, genitive) can also be termed 'transitive'; while only verbs which have no object at all (e. g. *sleep*, *rain*) would be intransitive.

有的却要说明同一个动词带不带宾语是及物和不及物的用法(use),如 *A Dictionary of Linguistics and Phonetics*:

Transitivity : A category used in the grammatical analysis of clause/sentence constructions, with particular reference to the verb's relationship to dependent elements of structure. The main members of this category are transitive (tr, trans), referring to a verb which can take a direct object (as in *he saw the dog*), and intransitive (intr, intrans), where it cannot (as in * *he arrived a ball*). Many verbs can have both a transitive and an intransitive use (cf. *we went a mile* vs. *we went*), and in some languages this distinction is marked morphologically.

Longman Dictionary of Language Teaching and Applied Linguistics 在谈到 ergative 时也说 break 有宾语和没宾语分别是它的及物和不及物两种用法(use):

Sentences such as *The window broke* and *The tree broke the window* would be analysed 'ergatively': the subject of the intransitive **use** of broke is the same as the object of its transitive **use**, and the agent of the action is thus said to appear as the 'ergative subject'.

更有意思的是,在英语字典里,一个及物动词是要标明它的不及物(intransitive)用法的,如 hit 是个及物动词,字典里不但要标明它的及物(transitive)用法,而且还有说明它的不及物(intransitive)用法"I hit at the wall"。

可以认为,英语中对及物和不及物的处理是模糊的,也就是说不能很明确地认为及物不及物到底是动词的性质还是用法，或者更倾向于用法。这与汉语研究者的认识有不小的区别，而且这种区别直接关系到语言学词典词条的设立和普通词典中动词释义的分类。

这两种看法所面对的材料是一样的，即一个动词可以有带宾语的用法，也可以有不带宾语的用法。汉语研究者的做法是建立在层次的基础之上的，也就是说，一个动词的带宾语用法和不带宾语用法有基本和派生的区别，一个动词要么属于此类别从而派生出彼用法，要么属于彼类别而派生出此用法，不可能既属于此类别，又属于彼类别。即动词的及物不及物是动词的性质或属性。英语研究者的做法是建立在一个单一层面的基础之上的，也就是说，一个动词的带宾语的用法和不带宾语的用法可以同时存在，它们都是动词的用法，一个动词可以同时具备这两种用法。即动词的及物不及物是动词的用法，而不是属性。

哪一种更合理呢？前面我们说过，句子的意义是有层次的，可以分为命题义和交际义，命题义相对简单而稳定，交际义却复杂而多变。而且命题义和动词语义本身有很大的关系，词汇语义学甚至认为动词语义本身就决定了其句法表现。认为及物不及物是动词性质的看法是一种层级性的看法，和句子意义是有层次的这个看法正好吻合。当句子表达命题义时，动词的句法表现如果是带宾语，就是及物动词；如果不带宾语，就是不及物动词。当句子在表达命题义的基础上还表达了比较明显的交际义时，动词就有可能偏离其原来的句法表现。比如上面说过的 break，当表达命题义时就是 I broke the window，当表达交际义时，其句法表现有了变化，成为 The window broke。

Van Valin(2004)提出动词的语义价和句法价的不对称现象其实也是命题义和交际义的区别。语义价描写的是动词表达的命题义，而句法价却与命题义和交际义二者都相关，所以它们自然是不对称的，也不可能对称。

看来，动词的及物不及物之分应该放在句子的命题义这个层面来认识，在这个层面上，动词的及物不及物是相对稳定的。汉语研究者认为动词判然属于及物或不及物的看法并没有错，只是前人的研究多没有将句子的命题义和交际义分开看待，导致了出发点和结论的龃龉不安。

4.1.2 狭义和广义的及物动词

Givón(1984)根据表达命题义时需要携带直接宾语的动词其宾语的特征将动词分为原型及物动词和非原型及物动词。如果宾语的变化必须是物理的(physical)、明显的(obvious)、实在的(concrete)、可辨别的(accessible),则动词是及物动词,反之则动词是不及物动词。另外,能同时携带直接宾语和间接宾语的动词,如果其直接宾语也具有上述特征,也属于原型及物动词。

从跨语言的角度来讲,原型及物动词的宾语几乎所有的语言都要实现为宾格,在没有形态标记的语言里,就以直接宾语的形式出现,在有形态标记的语言里,则要用宾格或者通格。而非原型及物动词的宾语,在不同的语言里却有着不同的表现方式。有的语言用直接宾语或者宾格,有的语言却要用间接宾语或者其他的格。比如下面的例子[Van Valin(2004:37)],英语 the living 是宾语,而拉丁语中却要用属格:

(1) Latin:Vivor-um memin-i.

Living-GEN remember-1sg.

English: I remember the living.

这样的例子很多,比如汉语说"昨天我去北京了",英语却要说 I went to Beijing yesterday。"北京"在汉语里是直接宾语,而在英语里却是间接宾语。

再比如下面的例子[Van Valin(2004:38),这里补充了汉语的例子]:

(2) Korean:Chelswu-ka Swunhi-lul chayk-ul cwu-ess-ta.

Chelsoo-NOM Soonhi-ACC book-ACC give-PAST-DECL

English:Chelsoo gave Soonhi the book. / Chelsoo gave the book to Soonhi.

汉语:Chelsoo 给了 Soonhi 那本书。/ Chelsoo 把那本书给了 Soonhi。

朝鲜语中直接宾语和间接宾语都用一样的宾格,英语和汉语中直接宾语既可以有相同的格,也可以用不同的格。

give 是原型的及物动词,一般来说,被给与的东西在很多语言中都要实现为宾格,或者是直接宾语——我们不妨称之为狭义的及物动词,或者语义的及物动词,或者表达命题义时原型的及物动词;而给予的对象却可以有不同的表现。remember 是非原型的及物动词,它的内容在有的语言中实现为直接宾语，在有的语言中却要用其他的格——我们不妨称之为广义的及物动词，或者句法的及物动词，或者表达命题义时非原型的及物动词。

古汉语中的“之”“适”等运动动词，《马氏文通》《国文法草创》等早期著作从语义的角度认为是不及物动词，而李佐丰从句法表现的角度认为它们属于“真他动词”。可以说二者都没有错。“之”“适”从语义上来说是非原型的及物动词，从句法表现上来说又有及物动词的句法表现，它们属于广义的及物动词。

《马氏文通·例言》举了一个例子，“爱之能勿劳乎？忠焉能勿诲乎？”并且说“两句之法相似，何为‘之’‘焉’二字变用而不得相通？”“爱”和“忠”也可以认为是广义的及物动词。在古汉语及物动词研究中，“之、适、爱、忠”这样的词不能错过。

古代汉语和现代汉语一样被认为是形态不发达的语言，那么不管是直接宾语还是间接宾语都要通过词序和介词这两种主要的句法手段来体现。如果只按照狭义的及物动词来进行研究，一方面及物动词的数量可能会很少，另一方面也无法全面了解广义及物动词的句法表现，从而无法获得上古汉语句法的全貌。

所以，我们认为及物动词有广义狭义之分，在研究当中我们要研究的对象是广义的及物动词，而不只是狭义的及物动词。

4.2 研究内容及目标

4.2.1 研究内容

（i）及物动词句法表现的描写。本书将在选取一定量语料的基础上，对及物动词的句法表现进行较为全面的描写。

（ii）表达命题义时动词的论元结构及动词的语义分解。在描写动词句法表现的基础上，通过一定的手段和方法确定表达命题义的句子，也就是上面所说的原子句、核心句、基础句或简单句。分析这些核心句的论元结构，确定动词是原型及物动词还是非原型及物动词。同时通过一定的方法对动词的语义进行分解，从而考察动词语义的哪些方面对动词的论元结构有决定性作用，哪些方面对动词的论元结构没有影响或关系不大。

（ⅲ）交际义及其他因素对动词句法表现的影响。核心句之外，由于交际或表达的需要，动词的句法表现可能会产生变化，我们要描写这些变化，对它们进行分类，然后分析哪些因素会影响动词的句法表现发生相对于核心句的变化，又是如何影响的。

4.2.2 研究目标

总的来说，我们的目标是对上古汉语与动词相关的形态句法(morpho-syntactic)现象进行解释。大体包括以下几个方面：

(a) 动词及物不及物的实质。及物不及物之分一直是句法研究的一个症结，如何看待这个问题显得很重要。前面我们分析了一些有关动词的理论，并据此提出了一些看法或者说假设。我们的研究在很大程度上就是对这个假设进行验证，看是不是在命题义这个层面上动词可以分为及物和不及物，是不是有些动词既可以及物也可以不及物，及物动词和不及物动词是不是可以相互转化，在什么层面上可以转化，转化的条件又是什么。

(b) 被动表示法。据一些学者研究，上古汉语没有被动语态。但表达被动范畴是每种语言和方言都要有的功能，而且被动和动词尤其是及物动词的关系是很密切的。那么上古汉语表示被动的手段有哪些，它们之间有什么关系，被动表达和动词尤其是及物动词之间有怎样的关系，这些问题都应该在动词尤其是及物动词研究的基础上得出结论。

(c) 特殊述宾关系的特征和实质。特殊述宾关系的种类是很多的，它的范围应该如何界定，每种特殊述宾关系应该如何界定和认识，又如何来进行分析，特殊述宾关系和词类活用之间的关系如何，和音变间的关系又如何，这些问题也一直困惑着古汉语研究，有必要进行深入发掘。特殊述宾关系和及物动词的关系是最密切的，所以应该在及物动词研究的基础上来进行讨论。

(d)“及物动词＋于＋宾语”的解释。及物动词的宾语如果用介词引出，传统语法就认为是不及物用法。但在古汉语中，有些及物动词不论是原型的还是非原型的，都可以加上介词“于”再引出宾语。这种现象如何看待，和什么因素有关，都需要进行广泛调查和深入分析。

(e) 其他可能的问题。

总之,我们研究上古汉语及物动词的目标就是关注它的共性和个性。也就是说,通过对上古汉语及物动词的深入研究,看上古汉语及物动词相对于其他语言或方言来说有哪些共性,又有哪些独特的方面。这样,一方面能对上古汉语及物动词有一个全面深入的了解,又可以从类型学的角度来对语言研究和语言理论提供一些材料和理论的贡献。

4.3 研究方法和程序

4.3.1 动词的选取及词义分解

词汇语义学理论根据事件状态(state of affairs)的不同对动词进行语义分解,共有 state,activity,achievement 和 accomplishment 四种方式。这种方法是行之有效的方法,但并不全面,因为它只关注与句法相关的方面,而忽视了其他方面。

在词汇学研究的历史上曾经有义素分析法,就是通过对处于同一语义场中的词进行对比从而解析出义素,比如贾彦德《汉语语义学》(1999:191)中就曾经采用过这种方法,"打、拍、捶、敲"这几个词组成一个语义场(x 表示"行为、动作",v 表示"析取"):

(3) 打:x(撞击)[施](人)[工]{(手)v [(手)(器具)]}[受](物体)

(4) 拍:x(打)[工](手掌)

(5) 捶:x(打)[工]{(拳头)v [(手)(棒槌)]}

(6) 敲:x [(打)(使发声)] [施](人)[工]{(手指)v [(手)(工具)]}[受](物体)

通过分析可以看出,这几个词的相同点是"打",不同点是打的方式即[工具],或者结果如"敲"的"使发声"。

蒋绍愚(2007)全面分析了古代汉语、现代汉语和英语的打击义动词,认为"打击"这个概念域(conceptual domain)除了"动作:打击"这个维度外,还包含六个维度:a 打击的工具,b 打击的方式,c 打击的对象/部位("对象"指是人还是不同的物,"部位"指如果是人,那么打击的是什么部位),d 打击的力度,e 打击的速度,f 打击的目的/结果(未实现的是目的,已实现的是结果)。

不同的打击义动词就是这些概念要素的交汇点。比如“夯”,它的词义结构是:

(7) 夯:[动作:打击][对象:物][工具:重物][方式:连续向下][力度:强][目的:使结实]

并不是所有的要素都要表现,如:

(8) 敲:[动作:打击][目的:出声]

(9) 击、打、strike:[动作:打击]

不同语言和方言对要素的词化(lexicalization)可以相同,也可以不同。如古汉语和现代汉语的“拍”基本一样,古汉语的“鞭”和英语的 whip 也一样,现代汉语的“掴”和英语的 smack 也基本相同:

(10) 拍:[动作:打击][工具:手掌][力度:轻][对象:人/物]

(11) 鞭、whip:[动作:打击][工具:鞭子][对象:人]

(12) 掴、smack:[动作:打击][工具:手掌][对象:人][部位:脸]

但更多的是不同,有的是有差别,有的是此有彼无。如英语中有一个和“夯”意思接近的词 tamp,但工具却不一定是重物:

(13) tamp:[动作:打击][方式:连续向下][力度:强][目的:使结实]

古代汉语有“捭”,现代汉语和英语没有相应的词;英语中有 spank,汉语中却没有相应的词:

(14) 捭:[动作:打击][工具:手][对象:人][方式:两手分击]

(15) spank:[动作:打击][工具:手掌][部位:臀]

这些能用词或者熟语表现的不同维度上的要素的组合,蒋先生称之为“义元”(semantic unit):“处在某一概念场的多维网络结构的某一个交会点上的、在某一个语言系统中可以有词汇表现的语义单位。”可见,一个义元对应一个动词或者熟语。

义元分析和义素分析有些相近,不过关注的“维度”更多,而且更加深入了。这两种分析采用的方法都是用同义词或者近义词进行比较,这是一种很好的方法。但这两种方法都不对动词的基本语义要素进行分析,比如义素分析法在分析“打、拍、捶、敲”时不对(打)或者(撞击)进行进一步分析。义元分析法在分析打击义动词时,不对[动作:打击]进行进一步分析。而词汇语义学对动词的语义分解正好可以弥补这个不足。

如果将词汇语义学的谓词分解和义元分析相结合，可能会得到一个动词的比较全面的语义信息。具体来讲，首先应该选取一组近义词（同义词），对它们进行对比分析，得到它们的义元结构，然后对其中的核心义素[动作]作谓词分解，就得到了一个比较理想的结果。比如“打、夯、捭、拍”几个动词可以分析为：

(16) 打：[动作：x ACT〈打击〉 y]

(17) 夯：[动作：x ACT〈打击〉 y] [对象：物][工具：重物][方式：连续向下][力度：强][目的：使结实]

(18) 捭：[动作：x ACT〈打击〉 y] [工具：手][对象：人][方式：两手分击]

(19) 拍：[动作：x ACT〈打击〉 y] [工具：手掌][力度：轻][对象：人/物]

这两种方法的结合，一方面可以对动词的语义有一个全面的展示，另一方面可以进一步观察影响动词论元结构的因素，以及动词句法的不同表现对词义变化的影响。

我们将尽力采用这种方法来描写上古汉语及物动词的词义。

4.3.2 命题句的确定和分析

前面说过，研究动词的句法表现，要在一定程度上分开句子的命题义和交际义。面对一个动词，首先要确定基本上表达命题义的句子——命题句。命题句有几个方面的特征。

Givón(1984)说，命题句在动词所有的句法表现中是出现频率最高的句子，我们可以据此作出判断。表达命题义的核心句有一些特点，核心句是主要的(main)、陈述的(declarative)、确定的(affirmative)、主动的(active)句子类型，而且，命题句只表达一个命题，只有一个动词。这也可以作为判断的标准。袁毓林(1998)提出原子句有四个特点：(1)只有一个动词；(2)句中没有and，or，but或其他连接平行成分的作用的连词；(3)原子句里的参与者都只能有最低限度的限制；(4)原子句中不含否定、语气、命令、疑问等二级算子。原子句可以通过三种测试进行确认：包孕测试、自指测试、删除测试。这更是从具体操作上给予了可行的步骤。有了以上的标准和测试方法，一个动词基本表达命题义的句子就比较容易确定了。

命题句表达的意思是"who did what to whom, when, where, why, how, etc.",那么对于命题句我们要作的分析是,动词和哪些论元相联系,这些论元和动词之间的语义关系如何,相对于动词的位置如何,通过哪些形态句法手段进行标注,比如有没有标记(用不用介词引介、有没有什么形态手段比如音变等等)。例如上古汉语中"伐"是一个及物动词,其命题句或核心句是"郑人伐卫"这样的句子,它的论元结构是:

(20) 伐:〈x(施事)[伐] y(受事)〉

"伐"和两个论元相关,一个是施事,一个是受事,它们相对于动词的位置是,一个在动词前,一个在动词后。

"适"也是一个及物动词,命题句是"子适齐"这样的句子,它的论元结构是:

(21) 适:〈x(施事)[适] y(处所)〉

"适"和两个论元相关,一个是施事,一个是处所,它们相对于动词的位置是,一个在动词前,一个在动词后。

关于论元角色表,我们准备采用 Givón(1984)的分类。上一章我们已经给出了 agent、patient 和 dative 三种的详尽描述,下面我们把所有的都列出来:

Agent: Deliberate initiator of events.

Dative: Conscious participant or recipient in events or states.

Patient: Registering a non-mental state or change-of-state.

Benefactive: Conscious benefiter from an agent-initiated event; most commonly sub-category of dative-recipient.

Instrumental: Unconscious instrument used by the agent in bringing about the event.

Associative: Co-agent or co-dative that is outside the focus of importance.

Locative: Concrete point of spatial reference with respect to which the position or change-in-location of another participant is construed (in some further-specified manner).

Manner:The manner of a state or of an agent-initiated event.

4.3.3 对动词其他句法的分析和解释

除了基本表达命题义的句子外,其他句法表现与命题句不同的句子都是因为交际义的表达造成。可能的因素有很多,比如“伐”除了上面的句法表现外还有:

(22) 随侯惧而修政,楚不敢伐。(左桓 6)

(23) 君伐,焉归?(左昭 10)

例(22)“伐”的宾语没有出现,原因是前面已经出现“随侯”,这里是省略,也可以认为是“零形回指”,“回指”是语用因素。(23)表达的是被动义,施事没有出现,受事“君”成了主语,这是“被动”这种交际义造成的句法变形。按照 Givón 的说法,被动也是一种语用义,或者交际义。

另外,还可能有别的原因,比如致使或者事件组合。

(24) 昔栾氏之乱,齐人间晋之祸,伐取朝歌。(国语·鲁语下)

“伐取”连用,它们共用一个宾语“朝歌”,说明“伐取”表达的不是一个事件,而是两个事件,属于事件组合:

(25) 伐取:[[x ACT〈伐〉(y)]&[(x) ACT〈取〉y]]

我们的研究就是要发现并解释这些交际义引起动词句法表现偏离命题句的变化的现象,看到底是什么因素在起作用,有哪些类别和规律可循。

4.4 语料的选取

4.4.1 选择标准及结果

上古汉语一般是指从甲骨文到汉代一段很长的时期,也就是从有文献开始到纪元前后。这么长的时间内,语言不可能一成不变,而且可能还有方言的差异,以及语言接触的影响。研究上古汉语,很多人将这么长的时间看做一个整体来研究。当然这么做也有一定的道理,因为我们无法准确断定文献的时代,虽然有一些蛛丝马迹可寻,但终究还处于争论或者不确定中。但这样做是很危险的，因为它们确实时代上有差别，比如《尚书》和《诗经》比较早，《左传》比《孟子》早，这些都是可以从文献本身看出来的。而且文章的体裁和风格也有不同，比如《左传》和《战国策》不仅时代不同，而且风格也不同；《论语》和《庄子》不仅时代不同，而且风格也不同，《论语》属于语录体，而《庄子》属于论辩说理体。而《诗经》和《周礼》等礼书的差别更是一看便知了。所以，研究上古汉语，如果能有意规避这些因素，可能会取得更加可信的结果。

有鉴于此，我们准备以《左传》《论语》《孟子》《国语》四部文献为主体来进行句法调查，原因如下：

(a)从语料的量来看，这四部文献已经足够体现动词的句法特征。

(b)风格比较接近。这几部文献都属于叙事体和对话体的范畴，其中口语的成分可能比较多一些。《左传》主要是叙事，但其中有很多对话。《论语》是语录体，基本接近口语。《孟子》虽属于论辩体，但其中叙事和对话的成分占大多数，说理的内容少，不像《韩非子》《荀子》等战国晚期文献。《国语》是记言的著作，里面对话的内容很丰富，也有少量叙事的成分。

(c)时代接近。《左传》是春秋末战国初的文献，《论语》属于战国初，《孟子》时代稍晚。《国语》的时代有争议，但大体认为是春秋末战国初的文献，可参看郭万青(2008)“引言”第1页及注①；而且洪成玉先生(1986)通过考证认为，《左传》和《国语》不但同属一个历史时期，而且《国语》成书可能在《左传》之前。从这四部文献中的个别语言现象来看，它们的成书确实有一定的顺序。比如古汉语中“说”和“悦”是古今字，“说”在前而“悦”在后。这四部书里，《左传》《论语》有“说”而无“悦”，《国语》“说”多而“悦”少，《孟子》“悦”多而“说”少。虽然可能有别的原因，但这个现象能从一个侧面部分地反映出这几部文献的时代顺序：《左传》——《论语》——《国语》——《孟子》。

在研究过程中，为了能说明问题，我们可能还会涉及先秦其他文献。

5　伐、征、侵、袭、攻、围、讨、击

5.1　小引

5.1.1　同义词

著作		同义词	
段德森	简明古汉语同义词词典	攻、讨、袭	征、伐、侵
江必兴等	常用文言同义词辨析	侵、袭、征、伐、讨、攻	
李佐丰	先秦汉语实词	伐、征、讨、侵、攻、袭	
王政白	古汉语同义词辨析	征、伐、侵、袭、讨、攻	
张百栋，邵祖成	古汉语常见同义词辨析	征、伐	侵、袭、伐
周国光，李向农	文言文汇系列手册：同义词	征、伐、讨、诛、攻、袭、侵、犯、寇	
沈锡荣	古汉语常用词类释	征、伐、讨、侵、略、掠、袭	攻、击

5.1.2　词义分解

《左传·庄公二十九年》："凡师，有钟鼓曰伐，无曰侵，轻曰袭。"

李佐丰(2003:336)：伐、征、讨都是含有某种道义成分的军事行为，侵、攻、袭则是比较单纯的军事行为。句法上，前三个词既可以带体词性宾语，也可以带指称化的谓词性宾语；后三个词不带指称化的谓词性宾语。

周国光，李向农(1989)：征、伐、讨、诛为褒义词，攻为中性词，袭、侵、犯、寇为贬义词；征、伐、讨、诛是以某种名义公开进攻，攻不一定，袭、侵、犯、寇则不是公开地宣战；征的词义范围要比其他词大。

据此，这几个动词的核心意思都是"攻击、攻打"，只是在方式上有些差别。它们的词义可以分解如下：

[动作：x ACT〈攻击〉 y][方式：?]

这可以作为它们词义分解的模板，不同的词可以代入不同的方式。也有可能它们还有其他方面的差异，比如在攻击的对象、强度等方面有差别。

5.2 伐

5.2.1 命题义句法表现及论元结构

上古汉语中，“伐”有“攻击”“敲击”“砍伐”“夸耀功劳”等义，这里我们只讨论“攻击”义的“伐”。

在我们调查的四部文献里，出现最多的是下面这样的句子：

(1) 命子封帅车二百乘以伐京。(左隐元)

(2) 命京叛大叔段，段入于鄢，公伐诸鄢。(左隐元)

(3) 齐人伐燕，胜之。(孟子·梁惠王下)

(4) 以万乘之国伐万乘之国，五旬而举之，人力不至于此。(孟子·梁惠王下)

(5) 遂北伐山戎，刜令支、斩孤竹而南归。(国语·齐语)

这些基本表达命题义的句子可以认为是命题句，“伐”的论元结构是：

伐：〈x(施事)[伐] y(受事)〉

这里的“受事”可以是一个国家、民族，也可以是一个人。

5.2.2 交际义造成的句法补偿

5.2.2.1 宾语不出现

(6) 平国以礼不以乱，伐而不治，乱也。(左宣4)

(7) 夫颛臾，昔者先王以为东蒙主，且在邦域之中矣，是社稷之臣也，何以伐为？(论语·季氏)

(8) 中国不振旅，蛮夷入伐，而莫之或恤，无吊者也夫！(左成7)

(9) 今随侯惧而修政，楚不敢伐。(左桓6)

(10) 桓公曰：“吾欲南伐，何主？”(国语·齐语)

(11) 是故天子讨而不伐，诸侯伐而不讨。(孟子·告子下)

(6)(7)(8)(9)属于一类，即零形回指，因为“伐”的受事前面已经出现过了。有人认为是省略。

(10)中的“南”表示方向，从例(5)来看，当宾语是一个名词而且是确定的成分时，就要出现。也就是说，这里“伐”的宾语没有出现，原因是宾语的不确定。

(11)中“伐”的宾语没有出现，是因为宾语是无指的，所以不出现，在有形态变化的语言里，这样的无定宾语有时会并入(incorporation)动词。

5.2.2.2 自+动词[1]

(12) 国必自伐，而后人伐之。(孟子·离娄上)

5.2.2.3 可+动词

(13) 得沈同以其私问曰：“燕可伐与?”(孟子·公孙丑下)

这是《马氏文通》认为的“受动”。受事“燕”处于主语位置，施事没有出现。可以认为这是上古汉语被动表示法的一种，但条件是受事要居于句首。蒲立本(2006:24-25)甚至认为可以根据动词跟助动词“可”共现时的不同特点来给动词分类，只有及物动词才能跟在“可”的后面表示被动意义；表示主动的及物动词、不及物动词则须跟在“可以”的后面表示主动；形容词则要跟在“可以为”的后面。

还可能有另一种解释：“燕”是话题，被提前到主语的位置，施事没有出现是因为前面已经出现了，因此，“燕可伐与?”可以认为是“燕，可伐与?”这种解释可能要比前一种好一些，因为“可+动词”结构不一定都要理解为被动，比如：

(14) 八佾舞于庭，是可忍，孰不可忍也！(论语·八佾)

“是可忍”不是“是可以被忍”，“孰不可忍”也不是“孰不可以被忍”，“是”“孰”是受事，被作为话题提前了，动词后面还留下一个痕迹(trace)，不能认为是被动。

可见，“可+V”的被动理解是由于动词的受事提前做了话题引起的，“可”并不表示被动，“可V”这个结构也不表示被动。

5.2.2.4 被动表示

(15) 曰：“君伐，焉归?”(左昭10)

---

① “自”在洪波主编(2005)以及刘丹青(2008)中归入代词，但它更像副词，与“相”用法相近。吕叔湘(1977)《通过对比研究语法》认为古汉语的“自”和“相”都是“兼有代词性质的副词”。

(16) 君子曰:"随之见伐,不量力也。"(左僖 20)

例(15)一般认为是古汉语中的"意念被动句",或者叫无标记被动句。其实说无标记是不对的,因为起码有词序起标记作用:受事居于动词前了。可以认为这是上古汉语表达被动的一种手法,因为它确实可以表达被动的意思。汉语没有英语那样的被动语态,但被动的意思还是可以表达的,而且是通过语序来表达的。

例(16)这样的表示法在《左传》中只此一例,而且根据孙玉文(2007:310-311),上古汉语文献一直到《论衡》都没有见到"伐"用"见＋伐""受＋伐""被＋伐"这些方式表示被动的。这样的话,可以认为《左传》的这一例是后来窜入的,因为"君子曰"可能根本不是《左传》原有的内容。这是一方面。

另外,就"随之见伐"这个结构来讲,"随"是主语,"见"可能是个得到义的动词,而"伐"是个名词。"伐"在上古是可以用为名词的,如:

(17) 昔者之伐也,兴百姓以为百姓也,是以民能欣之,故莫不尽忠极劳以致死也。(国语·晋语一)

(18) 天下有道,则礼乐征伐自天子出。天下无道,则礼乐征伐自诸侯出。(论语·季氏)

(19)《太誓》曰:"我武惟扬,侵于之疆,则取于残,杀伐用张,于汤有光。"(孟子·滕文公下)

而能和"见"一样用于这个结构的"受""被"正是得到义的动词。也就是说,在"见＋伐""受＋伐""被＋伐"这些结构中,最初"见、受、被"是动词,而紧跟其后的成分是名词。时间长了,"见、受、被"被重新分析(reanalysis)为表示被动的助词,而跟在"见、受、被"后面本来是名词用法的词被认为是动词,于是这些结构就被认为是表示被动的专门的结构了。这种现象是语法化的很好的例子。

5.2.2.5 动词连用

(20) 宋人、蔡人、卫人伐戴。郑伯伐取之。(左隐 10 经)

(21) 昔栾氏之乱,齐人间晋之祸,伐取朝歌。(国语·鲁语下)

(22) 庚子,子皙以驷氏之甲伐而焚之。(左襄 30)

(23) 楚人使顿间陈而侵伐之,故陈人围顿。(左襄 4)

(24) 今君王不察，盛怒属兵，将残伐越国。(国语·吴语)

动词连用以后，如果两个词都是及物的，则只出现一个宾语，这是语言经济性的表现。动词连用其实是两个事件组合在了一起：

伐取：[动作：x ACT〈伐〉 y]& [动作：x ACT〈取〉 y]

伐而焚之：[动作：x ACT〈伐〉 y]& [动作：x ACT〈焚〉 y]

侵伐：[动作：x ACT〈侵〉 y]& [动作：x ACT〈伐〉 y]

残伐：[动作：x ACT〈残〉 y] &[动作：x ACT〈伐〉 y]

但它们并不完全相同，“伐取”的“取”是结果，“伐而焚之”的“焚”既是方式，也是结果，“侵伐”和“残伐”可能只是并列，或者在这里是“浑言”。

5.3 征

5.3.1 命题义句法表现及词义分解

古汉语中“征”有“出行、远征；征伐；争夺、索取；赋税(征收赋税)”等义，这里我们只讨论“征伐”义。

“征”作“征伐”讲时用得最多的是下面这样的句子：

(25) 文公躬擐甲胄，跋履山川，逾越险阻，征东之诸侯。(左成 13)

(26) 穆王将征犬戎，祭公谋父谏。(国语·周语上)

(27) 天子作师，公帅之，以征不德。(国语·鲁语下)

(28) 敌之如志，国之忧也，可以陵小，难以征国。(国语·晋语一)

(29) 越灭吴，上征上国，宋、郑、鲁、卫、陈、蔡执玉之君皆入朝。(国语·吴语)

“征”的论元结构是：

征：〈x(施事)[征] y(受事)〉

这里的“受事”是国家、民族。

5.3.2 交际义造成的句法补偿

5.3.2.1 宾语不出现

(30) 汤始征，自葛载。(孟子·滕文公下)

(31) 南面而征，北夷怨；东面而征，西夷怨。(孟子·尽心下)

(32) 昭王南征而不复，寡人是问。(左僖 4)

(33) 君子是以知秦之不复东征也。(左文 6)

(34) 遂南征伐楚,济汝,逾方城,望汶山,使贡丝于周而反。(国语·齐语)

(35) 吴王夫差既杀申胥,不稔于岁,乃起师北征。(国语·吴语)

(36) 西征攘白狄之地,至于西河,方舟设泭,乘桴济河,至于石枕。(国语·齐语)

5.3.2.2 相互

(37) 昔高辛氏有二子,伯曰阏伯,季曰实沈,居于旷林,不相能也,日寻干戈,以相征讨。(左昭元)

(38) 征者,上伐下也。敌国不相征也。(孟子·尽心下)

5.3.2.3 动词连用

(39) 昔高辛氏有二子,伯曰阏伯,季曰实沈,居于旷林,不相能也,日寻干戈,以相征讨。(左昭元)

“征讨”连用和“征伐”连用是一样的,都是“浑言”。

5.4 侵

5.4.1 命题义句法表现及论元结构

(40) 六年,秦岁定,帅师侵晋,至于韩。(国语·晋语三)

(41) 狄侵卫。(左文 13)

(42) 四月,郑人侵卫牧,以报东门之役。(左隐 5)

(43) 哀侯侵陉庭之田,陉庭南鄙启曲沃伐翼。(左桓 2)

(44) 于是齐人侵鲁疆,疆吏来告。(左桓 17)

(45) 今虢为不道,保于逆旅,以侵敝邑之南鄙。(左文 12)

(46) 冬,楚师侵卫,遂侵我师于蜀。(左成 2)

(47) 楚子辛、郑皇辰侵城郜,取幽丘。(左成 18)

(48) 晋师遂侵方城之外,复伐许而还。(左襄 16)

(49) 晋人曰:“何故侵小?”(左襄 25)

(50) 昔者大王居邠,狄人侵之,去之岐山之下居焉。(孟子·梁惠王下)

(51) 后世子孙,有敢侵蠡之地者,使无终没于越国,皇天后土、四乡地主正之。(国语·越语下)

“侵”的论元结构是:

侵:〈x(施事)[侵] y(受事)〉

这里的"受事"是国家、民族、地方。例(49)就是李佐丰所说的指称性的谓词性宾语。

5.4.2 交际义造成的句法补偿

5.4.2.1 宾语不出现

(52) 甲戌,津人得诸河上。阴不佞以温人南侵。拘得玉者,取其玉。(左昭 24)

5.4.2.2 相互

(53) 晋为盟主,诸侯或相侵也,则讨之,使归其地。(左襄 26)

(54) 颛顼受之,乃命南正重司天以属神,命火正黎司地以属民,使复旧常,无相侵渎,是谓绝地天通。(国语·楚语下)

5.4.2.3 动词连用

(55) 兄弟甥舅侵败王略,王命伐之。(左成 2)

(56) 北戎侵郑,郑伯御之,患戎师,曰:"彼徒我车,惧其侵轶我也。"(左隐 9)【《春秋左传词典》:侵轶,从后突击。】

上面例(54)的"侵渎"也是动词连用。

5.5 袭

5.5.1 命题义句法表现及论元结构

(57) 大叔完聚,缮甲兵,具卒乘,将袭郑,夫人将启之。(左隐元)

(58) 劳师以袭远,非所闻也。(左僖 32)

(59) 遂袭我高鱼,有大雨,自其窦入,介于其库,以登其城,克而取之。(左襄 26)

(60) 子元曰:"妇人不忘袭仇,我反忘之。"(左庄 28)

(61) 国家方危,诸侯方贰,将以袭敌,不亦难乎?(左定 4)

"袭"的论元结构是:

袭:〈x(施事)[袭] y(受事)〉

这里的"受事"是国家、民族、仇敌。

5.5.2 交际义造成的句法补偿

5.5.2.1 动词连用

(62) 越王乃令其中军衔枚潜涉,不鼓不噪以袭攻之,吴师大北。(国语·吴语)

(63) 是集义所生者，非义袭而取之也。(孟子·公孙丑上)

5.5.2.2 袭＋于＋对象

(64) 虢公梦在庙，有神人面白毛虎爪，执钺立于西阿，公惧而走。神曰："无走！帝命曰：'使晋袭于尔门。'"(国语·晋语二)

"尔门"是"袭"的受事，这里用介词"于"引出。"尔门"可以理解为一个处所成分。但从另外的角度看，"及物动词＋于＋宾语"表达的是将要发生的事件，从体(aspect)的角度来说属于未完成体(imperfective)。这一点结论部分有详细论述。

5.6 攻

5.6.1 命题义句法特征及论元结构

(65) 二年春，宋督攻孔氏，杀孔父而取其妻。(左桓2)

(66) 邓人逐之，背巴师，而夹攻之，邓师大败，鄾人宵溃。(左桓9)

(67) 齐侯曰："以此众战，谁能御之？以此攻城，何城不克？"(左僖4)

(68) 遂奉大叔以狄师攻王。(左僖24)

(69) 乙丑，赵穿攻灵公于桃园。(左宣2)

(70) 见可而进，知难而退，军之善政也。兼弱攻昧，武之善经也。(左宣12)

(71) 疾不可为也。在肓之上，膏之下，攻之不可，达之不及，药不至焉，不可为也。(左成10)

(72) 尸而攻盗于北宫，子蟜帅国人助之，杀尉止、子师仆，盗众尽死。(左襄10)

(73) 子我归，属徒，攻闱与大门，皆不胜，乃出。(左哀14)

(74) 五月庚寅，荀偃、士匄帅卒攻逼阳，亲受矢石，甲午，灭之。(左襄10)

(75) 向氏欲攻司城。(左襄27)

(76) 公侵齐，攻廪丘之郛。(左定8)

(77) 晋人欲逐归者，鲁、卫请攻险。(左襄18)

(78) 攻其恶，无攻人之恶，非修慝与？(论语·颜渊)

(79) 以天下之所顺，攻亲戚之所畔，故君子有不战，战必胜矣。(孟子·公孙丑下)

(80) 狄人攻邢，桓公筑夷仪以封之，男女不淫，牛马选具。(国语·齐语)

(81) 狄人攻卫，卫人出庐于曹，桓公城楚丘以封之。(国语·齐语)

"攻"的论元结构是：

袭:〈x(施事)[攻] y(受事)〉

"攻"的受事大部分是具体的人和物，如上面例(65)至(79)所示，而像(80)和(81)中"刑""卫"这样表示国家、民族的宾语比较少一些。可见"攻"在语义上和"征、伐、侵、袭"有差别，表现在受事的类型上。从动作方式的角度来说，"攻"强调"攻击"，而其他几个词强调的是"用军队""大规模"地攻击。

5.6.2 交际义造成的句法补偿

5.6.2.1 宾语不出现

(82) 君子谓是盟也信，谓晋于是役也，能以德攻。(左僖 28)

(83) 右为带甲三万，以势攻，鸡鸣乃定。(国语·吴语)

5.6.2.2 可攻

(84) 晋人侵郑，以观其可攻与否。(左僖 30)

(85) 左师曰："我将亡，夫子存我，德莫大焉，又可攻乎？"(左襄 27)

5.6.2.3 攻＋于(乎)＋对象

(86) 子曰："攻乎异端，斯害也已。"(论语·为政)

此句的解释历来众说纷纭[参看程树德(1990)]，主要集中在两个方面，一个是"攻"到底是"攻击"还是"攻治"，另一个是"已"是动词还是语气词。但不论是"攻击"还是"攻治"，"异端"都是受事而不是别的成分。所以，"攻"是及物动词无疑。

杉田泰史(1998)认为"V＋于＋O"这种格式表达的是一种体意义，如未完成体、起始体、不完全体、进行体、非现实体等，庶几近之。

从"攻乎异端，斯害也已"这个句子来看，整个句子是个假设复句，"攻乎异端"是前一个分句，表示假设，可以认为是"非现实体"，用介词"乎"就在情理之中了。这个问题在"结论"部分还要详述。

5.6.2.4 动词连用

(87) 夫上党之国，我攻而胜之，吾不能居其地，不能乘其车。夫越国，吾攻而胜之，吾能居其地，吾能乘其舟。(国语·越语上)

(88) 越王乃令其中军衔枚潜涉，不鼓不噪以袭攻之，吴师大北。(国语·吴语)

5.7 围

5.7.1 命题义句法表现及论元结构

(89) 于是陈、蔡方睦于卫，故宋公、陈侯、蔡人、卫人伐郑，围其东门，五日而还。(左隐 4)

(90) 巴人伐楚，围鄾。(左哀 18)

(91) 阳人不服，公围之，将残其民。(国语·晋语四)

(92) 冬，王师、秦师围魏，执芮伯以归。(左桓 4)

(93) 南宫牛、猛获帅师围亳。(左庄 12)

(94) 秋，楚子围许以救郑，诸侯救许，乃还。(左僖 6)

"围"的论元结构是：

围：〈x(施事)[围] y(受事)〉

"围"的受事包括"国家""民族""地名"。

5.7.2 交际义造成的句法补偿

5.7.2.1 动词连用

(95) 初，楚武王克权，使斗缗尹之，以叛，围而杀之。(左庄 18)

(96) 乃走晋阳，晋师围而灌之，沉灶产蛙，民无叛意。(国语·晋语九)

5.8 讨

5.8.1 命题义句法表现及论元结构

(97) 郑人伐卫，讨公孙滑之乱也。(左隐 2)

(98) 冬，齐人、郑人入郕，讨违王命也。(左隐 10)

(99) 九月，入杞，讨不敬也。(左桓 2)

(100) 冬，宋人伐曹，讨旧怨也。(左僖 15)

(101) 冬，会于温，讨不服也。(左僖 28)

(102) 宋公不王，郑伯为王左卿士，以王命讨之，伐宋。(左隐 9)

(103) 夏，楚灭黄。王以戎难故，讨王子带。(左僖 12)

(104) 六月，晋讨赵同、赵括。(左成 8)

(105) 己则反天，而又以讨人，难以免矣。(左文 15)

(106) 君谓许不共，故从君讨之。(左隐 11)

“讨”的论元结构是：

讨：〈x(施事)[讨] y(受事)〉

“讨”的受事包括“国家”“人”和具体的缘由三类，这一点和其他词有些不同。

5.8.2 交际义造成的句法补偿

5.8.2.1 宾语不出现

(107) 先君有约言焉。若大国讨，我则死之。(左宣 12)

(108) 鱼石曰：“右师苟获反，虽许之讨，必不敢。”(左成 15)

(109) 既盟，子大叔咎之曰：“诸侯若讨，其可渎乎?”(左昭 13)

(110) 子产弗讨。(左昭元)

(111) 以君命越疆而使，未致使而私饮酒，不敬二君，不可不讨也。(左定 6)

(112) 叛而不讨，何以示威？(左文 7)

(113) 臣逼而不讨，不可谓刑。(左成 17)

(114) 鱼石将止华元，鱼府曰：“右师反，必讨，是无桓氏也。”(左成 15)

(115) 纵不能讨，又免其受盟者，晋何以为盟主矣，必杀叔孙豹。(国语·晋语八)

上面的句子可以分为两种类型，(113)至(115)为一类，“讨”前面没有副词性的成分，后面的句子有的加了否定词“不”“弗”，有的加了能愿动词“能”，有的加了副词“必”。但相同的是：“讨”的宾语之所以没有出现，是因为上文中出现过，或者在上下文中是明确的，属于交际当中的旧信息，不用再说出。

5.8.2.2 自/相＋动词

(116) 先轸曰：“匹夫逞志于君而无讨，敢不自讨乎?”(左僖 33)

(117) 昔高辛氏有二子，伯曰阏伯，季曰实沈，居于旷林，不相能也，日寻干戈，以相征讨。(左昭元)

5.8.2.3 否定句代词宾语前置

(118) 伯有之乱，以大国之事而未尔讨也。(左昭 2)

5.8.2.4 被动表示

(119) 王曰:"令尹之不能,尔所知也。国将讨焉,尔其居乎?"(左襄 22)

5.8.2.5 来讨

(120) 为取郠故,晋将以诸侯来讨。(左昭 13)

(121) 晋人以扈之盟来讨。(左文 8)

(122) 邾人来讨,伐我南鄙,故惠伯伐邾。(左文 14)

(123) 小国无文德而有武功,祸莫大焉。楚人来讨,能勿从乎?(左襄 8)

(124) 莒人来讨,不设备。(左昭 5)

(125) 晋人以公不朝来讨,公如晋。(左文 2)

"来讨"的宾语就是说话者自己,所以不用说出。"来"表明了方向性,和"南伐"的"南"作用相同。但"南伐"的宾语没有出现是因为宾语是无指的。

5.8.2.6 讨+于+宾语

(126) 季文子曰:"齐侯其不免乎!己则无礼,而讨于有礼者,曰:'女何故行礼?'礼以顺天,天之道也。己则反天,而又以讨人,难以免矣。"(左文 15)

(127) 冬,楚子为陈夏氏乱故伐陈,谓陈人:"无动,将讨于少西氏。"(左宣 11)

(128) 清丘之盟,晋以卫之救陈也,讨焉。使人弗去,曰:"罪无所归,将加而师。"(左宣 13)

(129) 不讨有罪,曰将待后,后有辞而讨焉,毋乃不可乎?(左宣 15)

(130) 齐环怙恃其险,负其众庶,弃好背盟,陵虐神主。曾臣彪将率诸侯以讨焉,其官臣偃实先后之。苟捷有功,无作神羞,官臣偃无敢复济。(左襄 18)

(131) 楚观起有宠于令尹子南,未益禄而有马数十乘。楚人患之,王将讨焉。(左襄 22)

(132) 请归之,间而以师讨焉。(左昭 5)

(133) 韩宣子问于叔向曰:"楚其克乎?"对曰:"克哉!蔡侯获罪于其君而不能其民,天将假手于楚以毙之,何故不克?然肸闻之,不信以幸,不可再也。楚王奉孙吴以讨于陈,曰:'将定而国。'陈人听命,而遂县之。"(左昭 11)

(134) 荀跞以晋侯之命唁公,且曰:"寡君使跞以君命讨于意如,意如不敢逃死,君其入也。"(左昭 31)

(135) 梁婴父恶董安于,谓知文子曰:"不杀安于,使终为政于赵氏,赵氏必得晋国。盍以其先发难也讨于赵氏?"文子使告于赵孟曰:"范、中行氏虽信为乱,安于则发之,是安

于与谋乱也。晋国有命,始祸者死。(左定 14)

(136) 乃往,先造于越军,曰:"吴犯间上国多矣,闻君亲讨焉,诸夏之人莫不欣喜,唯恐君志之不从,请入视之。"(左哀 20)

(137) 秦伯谓子桑:"与诸乎?"对曰:"重施而报,君将何求?重施而不报,其民必携。携而讨焉,无众必败。"(左僖 13)

(138) 文嬴请三帅,曰:"彼实构吾二君,寡君若得而食之不厌,君何辱讨焉?使归就戮于秦,以逞寡君之志,若何?"(左僖 33)

(139) 乃及楚平,使王子伯骈告于晋曰:"君命敝邑:'修尔车赋,儆而师徒,以讨乱略。'蔡人不从,敝邑之人不敢宁处,悉索敝赋,以讨于蔡,获司马燮,献于邢丘。今楚来讨曰:'女何故称兵于蔡?'焚我郊保,冯陵我城郭。"(左襄 8)

(140) 遂作中军。自是齐、楚代讨于鲁,襄、昭皆如楚。(国语·鲁语下)

"于+宾语"表达的是一种体(aspect)意义。例(126)至(136)都是将要发生的事;例(137)(138)虽然是假设,也是将要发生的事;例(139)和(140)是起始体。总之,这些句子中的"讨+于+宾语"表达的都是未完成体(imperfective)。

5.9 击

5.9.1 命题义句法表现及论元结构

(141) 戎人之前遇覆者奔,祝聃逐之,衷戎师,前后击之,尽殪,戎师大奔。(左隐 9)

(142) 司马曰:"彼众我寡,及其未既济也,请击之。"(左僖 22)

(143) 君命大事:将有西师过轶我,击之,必大捷焉。(左僖 32)

(144) 我欲击楚,齐、秦不欲,其若之何?(国语·晋语四)

(145) 赵简子曰:"郑人击我。吾伏弢咯血,鼓音不衰。"(国语·晋语九)

(146) 丑父寝于轏中,蛇出于其下,以肱击之,伤而匿之,故不能推车而及。(左成 2)

(147) 中行献子将伐齐,梦与厉公讼,弗胜。公以戈击之,首队于前,跪而戴之,奉之以走,见梗阳之巫皋。(左襄 18)

(148) 子南知之,执戈逐之,及冲,击之以戈。(左昭元)

(149) 将击子车,子车射之,殪。(左昭 26)

(150) 郑人击简子中肩,毙于车中,获其蜂旗。(左哀2)

(151) 是楚一言而有三施,子一言而有三怨。怨已多矣,难以击人。(国语·晋语四)

(152) 令夫农,群萃而州处,察其四时,权节其用,耒、耜、枷、芟,及寒,击草除田,以待时耕;及耕,深改良而疾耰之,以待时雨。(国语·齐语)

(153) 诸侯宗庙之事,必自射牛,刲羊、击豕,夫人必自舂其盛。(国语·楚语下)

"击"的论元结构是:

击:〈x(施事)[击] y(受事)〉

"击"的受事包括两类,一类是"国家""军队",此时"击"的意思是"攻打",相当于"伐";一类是具体事物,如"人、田、羊"等,此时"击"是"打击""攻击"的意思。相对于其他词来讲,"击"的意思要宽泛一些。

5.9.2 交际义造成的句法补偿

5.9.2.1 宾语不出现

(154) 子孔曰:"晋师可击也,师老而劳,且有归志,必大克之。"(左襄9)

(155) 若使先济者知免,后者慕之,蔑有斗心矣。半济而后可击也。(左定4)

(156) 殖绰伐茅氏,杀晋戍三百人。孙蒯追之,弗敢击。(左襄26)

(157) 公曰:"然。今我不击,归必狃。一夫不可狃,而况国乎!"(国语·晋语三)

(158) 十二月戊午,秦军掩晋上军,赵穿追之,不及,反,怒曰:"裹粮坐甲,固敌是求。敌至不击,将何俟焉?"(左文12)

这里的"可击"并没有被动的意思,可见,说"可+动词"表示被动的说法是不恰当的。"可击"的宾语已经提前做了话题,所以不再出现,但留下了语迹(trace),属于零形回指。"否定词+击"没有出现宾语,是因为宾语在前文出现过,已经成为旧信息,不用再出现。

5.9.2.2 动词连用

(159) 督戎从之。逾隐而待之,督戎逾入,豹自后击而杀之。(左襄23)

(160) 昔君之不纳公子重耳而纳晋君,是君之不置德而置服也。置而不遂,击而不胜,其若为诸侯笑何?(国语·晋语三)

5.10 本章小结

5.10.1 命题句是动词句法表现的中心

上述几个动词在表达命题义时句子都是完备的,即都要出现施事、受事等成分,而且一般不附带别的论元成分。它们的论元结构也相同,都是〈施事+动词+宾语〉的模式。但它们所携带宾语的语义类型不同,有的要携带“国家”“民族”,有的要携带具体的人和事物,有的二者兼备。这和动词词化(lexicalization)的内容即动词的词义有很大关系。

当我们想到一个动词是及物还是不及物时,我们一般不会通过句法去验证,而是根据印象来判断,比如“吃”,我们会毫不犹豫地说它是及物动词,而不会考虑它还有“你吃了吗”这样不带宾语的例子即不及物用法。此时,我们的判断根据是动词的语义以及它的“命题义”。这在认知语言学上叫做 ICM(ideal cognitive model),也就是说,我们的脑子里有一个原型的“吃”,它要携带宾语即吃的内容。而“吃”这个动词词化的内容就是一个命题,而不单单是一个动作。这个命题包括了吃的人、吃、吃的东西三个方面的内容。人们在使用“吃”来表达事件的时候,也是按照这个模式来使用的,这也就是为什么表达命题义的句子在一个动词的用法中占大多数的原因。

5.10.2 交际义对句子结构的影响

从上面几个动词的情况来看,影响句子结构或用法相对于命题句产生偏离的因素有以下几个方面:

(一) 宾语不出现

回指(anaphora)。及物动词的宾语可能不出现,原因是在语篇当中(discourse)宾语所指的对象在前文已经出现过了,成为了旧信息,不用再出现,但在动词后留下了语迹(trace),如“他吃过苹果了,你吃了吗?”古代汉语中如“今随侯惧而修政,楚不敢伐。”(左桓 6)中的“敢伐”以及“来讨”等属于这一类。

无指。及物动词的宾语不出现有时是因为宾语是无指的(non-referential),如“你吃了吗”。古代汉语中如“是故天子讨而不伐,诸侯伐而不讨”

(《孟子·告子下》)中的“不伐”“不讨”以及“南伐”“北伐”属于这一类。

宾语话题化(topicalization)。及物动词宾语不出现也有可能是因为动词的宾语被提前放到了句子的开头作为话题,动词的宾语就不出现了。如英语中的特殊疑问句 What did you eat? 现代汉语中的“苹果你吃了吗?”古汉语中有时被认为是被动的“可+动词”“能+动词”其实也是宾语话题化了,如“燕可伐与?”(《孟子·公孙丑下》)现代汉语中也有类似的用法,就不认为是被动,比如“这事我不能干”“这活可(以)干,就是钱太少了”。

(二) 自/相/互+动词

“自、相、互”其实是表示相互义的副词,英语与汉语“自、相、互”作用相同的词 each other 和 Xself 却不能这样用,只能是置于动词后。看来同样的功能不同的语言会采用不同的方式来进行表达。

(三) 代词宾语前置

古汉语研究一直认为否定句中的代词宾语和疑问句中的代词宾语可以前置,这是规律性比较强的两条规则,但也有例外。

(四) 无标记被动

古汉语中表示被动的方法就是将受事提前置于动词之前,如“君伐,焉归?”(左昭 10)这是用宾语提前的方式表示被动。古汉语中可能没有像英语一样的被动语态,也就是没有形态标记(morphology),但被动的意思却是可以表达的,表达的方式就是将受事置于动词之前,即用语序来标记。

(五) 体

“及物动词+于+宾语”这样的句子曾经被认为是古代汉语的特殊句式,但通过上面的分析我们可以看出他表达的是一种未完成体(imperfective)的意义。时间上(time)可以是过去,也可以是将来,但动作却是相对未完成的,或者未实现的,或者是开始做某件事情,或者是其他比如惯常体。这一点应该引起我们的重视。

(六) 动词连用

动词连用是将两个命题进行组合,两个动词可以共用一个宾语,比如“伐取之”。有时共用的宾语还可以因为别的原因不出现,比如“置而不遂,击而不胜，其若为诸侯笑何？”（国语：晋语三）现代汉语这样的组合命题要用动补结构来表达，如“我打死你。”这是“我打你”“你死”两个命题的组合。历史上动补结构要说成“我打你死”，更早的是“我打杀你”这样的句子。其实“我打杀你”这样的句子和“伐取之”没有什么区别，都是两个动词组合表达两个命题，而且两个动词共用一个宾语罢了。如果能从命题组合的角度来研究动补结构的话，可能对动补结构的出现时间、演变过程等都会有一个比较深入的和相对准确的认识。

宋亚云（2005）认为有的及物动词宾语可以有条件悬空（suspending），有的及物动词宾语可以无条件悬空。他列出的条件包括：否定句；连动式；前或后有以＋宾或为＋宾；前加自、相、能、欲；对偶排比句；受事主语句；动词做主、宾、定语。这些现象的观察可能都是对的，但原因是什么，作者没有解释。现在看来，不论是有条件的悬空还是无条件的悬空，其实原因都是交际义造成的对命题句的句法表现的偏离。

6　杀、弑、戮、斩、死

6.1　小引

6.1.1　同义词

著作		同义词	
段德森	简明古汉语同义词词典	杀、戮、诛、弑	
江必兴等	常用文言同义词辨析	杀、戕、弑、戮、刺、诛	
王政白	古汉语同义词辨析	杀、弑	伤、害
周国光,李向农	文言文汇系列手册:同义词	杀、戮、戕、诛、弑、斩、刃、刺	
沈锡荣	古汉语常用词类释	杀、戮、诛、弑、戕	

6.1.2　词义分解

《左传·宣公十八年》:"秋,邾人戕鄫子于鄫。凡自虐其君曰弑,自外曰戕。"

段德森(1992):"杀"的使用范围广,既可以杀人,也可以指杀其他有生命的东西,既可以指尊杀卑,上杀下,也可以指卑杀尊,下杀上;"戮""诛"只限于杀人,而且通常指杀有罪的人;"戮"表示处以死刑,特指杀死人后陈尸示众;"诛"的本义是声讨、谴责,如"口诛笔伐","杀"是其引申义;"弑"不仅限于人,而且仅指臣杀君,子杀父,卑杀尊,下杀上。

周国光,李向农(1989):

这组词都有"用武力致人于死"的意思。

方式的差别:"杀、戕、戮、诛、弑"不强调特定的工具或方式,"斩""刃"本身包含了方式,"刺"指用刀剑或匕首杀人。

词义的使用对象或范围:"戮、诛、斩"多用于犯罪的人或因罪犯而牵连的人,且多在公共场合进行;"戮"还有陈尸示众的意思;"弑"特指子杀父兄或臣杀君王。

词义程度:“杀、戮、戕”较其他几个词重,“杀”可用于较多数量。

据此,这些动词的基本词义相同,差别主要在工具、范围等方面,它们的词义可以分解如下:

[动作:x ACT〈杀〉y][工具:?][范围:?][对象:?]

这是它们词义分解的模板,不同的词可能在某些方面有差异,但基本的动作是一样的。

6.2 杀

6.2.1 命题义句法表现及论元结构

(1) 羽父请杀桓公,将以求大宰。(左隐 11)

(2) 二年春,宋督攻孔氏,杀孔父而取其妻。(左桓 2)

(3) 子杀二君与一大夫,为子君者不亦难乎?(左僖 10)

(4) 杀敌为果,致果为毅。(左宣 2)

(5) 将战,华元杀羊食士,其御羊斟不与。(左宣 2)

(6) 己则无信,而杀人以逞,不亦难乎?(左襄 5)

(7) 卫杀马于隘以塞道。(左襄 18)

(8) 杀其麋鹿者如杀人之罪,则是方四十里为阱于国中。(孟子・梁惠王下)

(9) 行一不义,杀一不辜,而得天下,皆不为也。(孟子・公孙丑上)

“杀”的论元结构为:

杀〈x(施事)[杀]y(受事)〉

6.2.2 交际义造成的句法补偿

6.2.2.1 宾语不出现

(10) 平子拘展于卞而执夜姑,将杀之。公若泣而哀之曰:“杀是,是余杀也。”(左昭 25)

(11) 丕豹奔秦,言于秦伯曰:“晋侯背大主而忌小怨,民弗与也,伐之必出。”公曰:“失众焉能杀?违祸,谁能出君?”(左僖 10)

(12) 吾伪固而授之末,则可杀也。(左定 10)

(13) 孟子曰:“周于利者凶年不能杀,周于德者邪世不能乱。”(孟子・尽心下)

(14) 萧人囚熊相宜僚及公子丙,王曰:"勿杀,吾退。"萧人杀之。(左宣12)

(15) 司马叹曰:"必多僚也。吾有谗子而弗能杀,吾又不死。抑君有命,可若何?"(左昭21)

(16) 今有杀人者,或问之曰:"人可杀与?"则将应之曰:"可。"(孟子·公孙丑下)

"杀"的宾语没有出现,是因为它在上文出现过,属于旧信息。

例(16)是宾语"人"提前作了话题主语,但也是旧信息的零形回指,在动词"杀"后有一个语迹(trace)。

6.2.2.2 宾语前置

(17) 君曰:"余不女忍杀,宥女以远。"(左昭元)

否定句宾语和自指宾语前置。

6.2.2.3 自+动词

(18) 又有呼而走至者曰:"众至矣!"二子皆自杀。(左昭13)

6.2.2.4 被动

(19) 八年,陈侯杀于夏氏。(国语·周语中)

(20) 盆成括见杀,门人问曰:"夫子何以知其将见杀?"(孟子·尽心下)

例(19)是无标记被动,受事居于动词前。例(20)是"见+动词"的格式。前面讨论"伐"的时候说"见伐"的用法直到《论衡》只找到一例,这里"见杀"在《孟子》里出现,《孟子》的时代要比《左传》《论语》《国语》晚些,说明"见V"这样的格式在上古是不发达的格式。

"陈侯杀"和"盆成括见杀"只差一个字,但结构却迥然不同。"见杀"的"见"是动词,而"杀"是体词性成分,整个句子可以分析为一个主动句。

6.2.2.5 使动

(21) 曰:"其为人也小有才,未闻君子之大道也,则足以杀其躯而已矣。"(孟子·尽心下)

此句的"杀其躯"有使动的意味,因为自己不能杀死自己的身躯,所以这句可以理解为使动。这是一个"领主属宾句",事实上,可以理解为一个复杂事件:

杀其躯:[x(盆成括)ACT]CAUSE[y(其躯)STATE〈死〉]

杨作玲(2009)认为非宾格动词的一种用法就是能出现于"领主属宾句"。但"杀"是个及物动词,并不是非宾格动词,用在"领主属宾句"里有了使动的意味,而"杀"也有了"死"的意思。这里可以看做及物动词"杀"的非宾格用法,这种用法很不常见。

6.2.2.6 动词连用

(22) 吏人之与叔孙居于箕者请其吠狗,弗与。及将归,杀而与之食之。(左昭 23)

(23) 子伯季子初为孔氏臣,新登于公,请追之,遇载祏者,杀而乘其车。(左哀 16)

(24) 昔禹致群神于会稽之山,防风氏后至,禹杀而戮之,其骨节专车。(国语·鲁语下)

(25) 有童子以黍肉饷,杀而夺之。(孟子·滕文公下)

(26) 齐侯曰:"勿杀,吾与而盟,无入而封。"弗听,杀而膊诸城上。(左成 2)

6.3 弑

6.3.1 命题义句法表现及论元结构

(27) 戊申,卫州吁弑其君完。(左隐 4 经)

(28) 公怒,督惧,遂弑殇公。(左桓 2)

(29) 周公欲弑庄王而立王子克,辛伯告王,遂与王杀周公黑肩,王子克奔燕。(左桓 18)

(30) 秋九月乙丑,晋赵盾弑其君夷皋。(左宣 2 经)

(31) 世衰道微,邪说暴行有作,臣弑其君者有之,子弑其父者有之。(孟子·滕文公下)

(32) 吴人入楚,昭王奔郧,郧公之弟怀将弑王,郧公辛止之。(国语·楚语下)

"弑"的论元结构为:

弑〈x(施事)[弑]y(受事)〉

"弑"的受事是人。"弑"表示下杀上、卑杀尊。

6.3.2 交际义造成的句法补偿

6.3.2.1 宾语不出现

(33) 鱄设诸曰:"王可弑也。母老子弱,是无若我何?"(左昭 27)

6.3.2.2 被动表示

(34) 暴其民甚则身弑国亡;不甚,则身危国削,名之曰“幽”“厉”。(孟子·离娄上)

(35) 十三年,晋侯弑,于翼东门葬,以车一乘。(国语·周语下)

(36) 三月,厉公弑。(国语·晋语六)

(37) 鲁有夫人、庆父之乱,二君弑死,国绝无嗣。(国语·齐语)

例(37)“弑死”连用,说明“弑”和“死”一样表示某种状态。例(34)中的“弑”和“亡”同是并用,也可以有相同的解释。它们表达的意思都是被动,但被动本身就是一种状态,英语中被动语态用 be 加上过去分词表示,和这个道理是一样的。

6.4 戮

6.4.1 命题义句法表现及论元结构

(38) 楚子将围宋,使子文治兵于睽,终朝而毕,不戮一人。(左僖 27)

(39) 楚告于晋曰:“寻盟未退而鲁伐莒,渎齐盟,请戮其使。”(左昭元)

(40) 周公相武王诛纣,伐奄三年讨其君,驱飞廉于海隅而戮之,灭国者五十,驱虎、豹、犀、象而远之,天下大悦。(孟子·滕文公下)

(41) 众咸曰:“韩厥必不没矣。其主朝升之,而暮戮其车,其谁安之!”(国语·晋语五)

(42) 韩宣子患之,叔向曰:“三奸同罪,请杀其生者而戮其死者。”(国语·晋语九)

(43) 三人同罪,施生戮死可也。(左昭 14)

“戮”的论元结构为:

戮〈x(施事)[戮]y(受事)〉

“戮”的受事可以是人,也可以是别的事物。“戮”有陈列以示众的意思。

6.4.2 交际义造成的句法补偿

6.4.2.1 宾语不出现

(44) 或谓子舟曰:“国君不可戮也。”(左文 10)

(45) 有是四者,又可戮乎?(左昭元)

(46) 君有二臣,或可赏也,或可戮也。君王均之,群臣惧矣。(国语·楚语下)

上面这几例是受事话题化。

(47) 若其有罪,绞缢以戮,桐棺三尺,不设属辟,素车朴马,无入于兆,下卿之罚也。(左哀 2)

(48) 寡君欲亲以为戮,若不生得以戮于群臣,犹未得请也。(国语·齐语)

这几例是上文中出现过的旧信息。

6.4.2.2 被动表示

(49) 对曰:"父戮子居,君焉用之? 泄命重刑,臣亦不为。"(左襄 22)

(50) 申之会,越大夫戮焉。(左昭 13)

(51) 为弧服者方戮在路,夫妇哀其夜号也,而取之以逸,逃于褒。(国语·郑语)

(52) 子南之母乱陈而亡之,使子南戮于诸侯。(国语·楚语上)

(53) 若从君之惠而免之,以赐君之外臣首,首其请于寡君而以戮于宗,亦死且不朽。(左成 3)

6.4.2.3 为戮、就戮

(54) 彼其父为戮于楚,其心又狷而不洁。(国语·楚语下)

(55) 其爱之也,桓、庄之族何罪,而以为戮?(左僖 5)

(56)"启宠纳侮,其此之谓矣。必以仲几为戮。"乃执仲几以归。(左定元)

(57) 从耳目之欲,以为父母戮,四不孝也。(孟子·离娄下)

(58) 国人欲告者来告,告孤不审,将为戮不利,及五日必审之,过五日,道将不行。(国语·吴语)

(59) 若为诸侯戮者,鲁诛尽矣,必不加师,请为戮也。(国语·晋语八)

这里的"为戮"有的人认为是被动,"为"表示被动。但古汉语中"为"是动词,"戮"应当是个名词,在这里是"为"的宾语,"为戮"表示一种状态。"戮"可以用在"以(之)为戮"的句式当中,也说明"戮"是个名词。前面说过,"戮"有示众的意思,是一种非常耻辱的事情,所以就成为一个表示专门意义的名词:

(60) 夫司寇行戮,君为之不举,而况敢乐祸乎?(左庄 20)

(61) 君何辱讨焉? 使归就戮于秦,以逞寡君之志,若何?(左僖 33)

(62) 执事不以衅鼓,使归即戮,君之惠也。(左成 3)

(63) 庆封唯逆命,是以在此,其肯从于戮乎?(左昭 4)

(64) 子谓南容:"邦有道不废,邦无道免于刑戮。"(论语·公冶长)

(65) 若弃鲁而苟固诸侯,群臣敢惮戮乎?(国语·鲁语下)

(66) 受君之罚,死戮。(国语·晋语三)

(67) 大夫对曰:"君镇抚群臣而大庇荫之,无乃不堪君训而陷于大戮,以烦刑、史,辱君之允令,敢不承业。"乃盟而入。(国语·晋语七)

(68) 劝之以高位重畜,备刑戮以辱其不励者,令各轻其死。(国语·吴语)

6.4.2.4 动词连用

(69) 夏征舒弑其君,其罪大矣。讨而戮之,君之义也。(左宣 11)

(70) 执而戮之,逸,奔郈。(左昭 25)

(71) 昔禹致群神于会稽之山,防风氏后至,禹杀而戮之,其骨节专车。(国语·鲁语下)

(72) 河曲之役,赵孟使人以其乘车干行,献子执而戮之。(国语·晋语五)

(73) 于是宣王闻之,有夫妇鬻是器者,王使执而戮之。(国语·郑语)

6.5 斩

6.5.1 命题义句法表现及论元结构

(74) 战之明日,晋襄公缚秦囚,使莱驹以戈斩之,囚呼,莱驹失戈。(左文 2)

(75) 及卫地,韩献子将斩人,郤献子驰将救之。(左成 2)

(76) 乙亥,臧孙斩鹿门之关以出奔邾。(左襄 23)

(77) 孟椒曰:"盍以其犯门斩关?"(左襄 23)

(78) 昔吾先君桓公与商人皆出自周,庸次比耦以艾杀此地,斩之蓬蒿藜藋而共处之。(左昭 16)

(79) 郑大旱,使屠击、祝款、竖柎有事于桑山,斩其木,不雨。(左昭 16)

(80) 声子射其马,斩鞅,殪。(左昭 26)

(81) 初,献公使寺人勃鞮伐公于蒲城,文公逾垣,勃鞮斩其袪。(国语·晋语四)

(82) 骊姬之谗,尔射余于屏内,困余于蒲城,斩余衣袪。(国语·晋语四)

(83) 王乃之坛列,鼓而行之,至于军,斩有罪者以徇,曰:"莫如此以环瑱通相问也。"(国语·吴语)

"斩"的论元结构为:

戮〈x(施事)[斩]y(受事)〉

"斩"的受事可以是人,也可以是别的事物,如"地""草木""衣袪""关隘""鞅"等。

6.5.2 交际义造成的句法补偿

6.5.2.1 宾语不出现

(84) 荀吴之嬖人不肯即卒，斩以徇。(左昭元)

(85) 子革曰："摩厉以须，王出，吾刃将斩矣。"(左昭12)

6.5.2.2 被动表示

(86) 王乃命有司大徇于军，曰："谓二三子归而不归，处而不处，进而不进，退而不退，左而不左，右而不右，身斩，妻子鬻。"(国语·吴语)

(87) 孟子曰："君子之泽五世而斩，小人之泽五世而斩。"(孟子·离娄下)

(87)中的"斩"是绝的意思，而不是"衰微"之义。

6.5.2.3 动词连用

(88) 逾垣而走，披斩其祛，遂出奔翟。(左僖5)

(89) 斩刈民力，输掠其聚，以成其违，不恤后人。(左昭20)

(90) 范氏、中行氏反易天明，斩艾百姓，欲擅晋国而灭其君。(左哀2)

6.6 死

6.6.1 命题义句法表现及论元结构

"死"是个不及物动词，从语义上来说与"杀"相同，为了深入研究这个词，同时为了和及物动词进行比较，也放在这里附带讨论一下。

"死"经常出现的句子是不及物的句子，这样的句子占"死"用法的大多数。

(91) 请子奉之以主社稷，寡人虽死亦无悔焉。(左隐3)

(92) 又娶于陈，曰厉妫，生孝伯，早死。(左隐3)

(93) 不获而尨，命可知也。死而不孝，不如逃之。(左闵2)

(94) 文王将死，与之璧，使行。(左僖7)

(95) 巫臣自晋遗二子书曰："尔以谗慝贪惏事君而多杀不辜，余必使尔罢于奔命以死。"(左成7)

(96) 子路曰："桓公杀公子纠，召忽死之，管仲不死。曰：未仁乎？"(论语·宪问)

(97) 如之何其使斯民饥而死也？(孟子·梁惠王上)

(98) 人死，则曰："非我也，岁也。"(孟子·梁惠王上)

(99) 曾晳死，曾元养曾子，必有酒肉。(孟子·离娄上)

(100) 今王死，其名未改，其众未败，何为还？(国语·鲁语下)

(101) 若楚公子不为君，必死，不合诸侯矣。(国语·鲁语下)

(102) 故曰虽死于外，而庇宗与内，可也。(国语·鲁语下)

"死"的论元结构是：

死：〈x(受事)[死]〉

"死"的唯一论元有的地方称为"当事"，袁毓林(2003)称为"感事"。其实从发生变化(change)的角度讲，它是受事(patient)。但"死"只有一个论元，叫什么倒不重要。

6.6.2 交际义造成的句法补偿

6.6.2.1 携带原因宾语

(103) 建鼓整列，二臣死之，长幼必可知也。(左哀 13)

(104) 七月，乃有乾溪之乱，灵王死之。(国语·楚语上)

(105) 王怒曰："大辱国！诘朝尔射，死艺。"(左成 16)

(106) 家仆徒曰："有君不忌，有臣死刑，其闻贤于刑之。"(国语·晋语三)

(107) 有星孛入于北斗，周内史叔服曰："不出七年，宋、齐、晋之君皆将死乱。"(左文 14)

(108) 史皇曰："安求其事，难而逃之，将何所入？子必死之，初罪必尽说。"(左定 4)

(109) 子路曰："桓公杀公子纠，召忽死之，管仲不死。曰：未仁乎？"(论语·宪问)

(110) 既，里、丕死祸，公陨于韩。(国语·晋语三)

(111) 斗且出，提弥明死之。(左传宣公 2 传)

(112) 公曰："臣也无罪，父子死余矣！"(左襄 27)

(113) 荀息曰："死吾君而杀其孤，吾有死而已，吾蔑从之矣！"(国语·晋语二)

(114) 文公即世，穆为不吊，蔑死我君，寡我襄公，迭我殽地。(左成 13)

(115) 盈将为乱，以范氏为死桓主而专政矣。(左襄 21)

(116) 吾父死而益富。死吾父而专于国，有死而已，吾蔑从之矣。(左襄 21)

原因宾语不是"死"的固有论元，当动词关涉非固有论元时，意味着事件的复杂化。"宋、齐、晋之君皆死乱"实际上是两个事件，"死"是一个事件，还有一个外在的致使事件，即某个东西导致了"死"。"宋、齐、晋君死乱"从语义上讲就是“乱导致宋、齐、晋君死”，用事件结构模板来表示就是：

“宋、齐、晋君死乱”：{x(乱)CAUSE[y(宋、齐、晋君)STATE〈死〉]}

其实更准确的表示是：

[x(宋、齐、晋君)STATE〈死〉 BECAUSE y(乱)]

英语中 die 的原因宾语要用 of 引出，比如 She died of smallpox。现代汉语要说成“她得天花死了”，用了两个动词，明确表示是复杂事件。看来，每种语言动词关涉非固有论元的方式是有差别的。

6.6.2.2 携带目的宾语

(117) 乃杀子纠于生窦。召忽死之，管仲请囚，鲍叔受之，及堂阜而税之。(左庄 9)

(118) 凡诸侯，薨于朝会加一等，死王事加二等，于是有以衮敛。(左僖 4)

(119) 叔仲曰：“死君命可也。”(左文 18)

(120) 君命，天也。若死天命，将谁仇？(左定 4)

(121) 庆郑曰：“郑也闻之曰：‘军败，死之；将止，死之。’”(国语·晋语三)

(122) 然子死晋国，子孙必得志于宋。(左定 6)

(123) 吾闻之：好内，女死之；好外，士死之。(国语·鲁语下)

(124) 不死伍乘，军之大刑也。(左昭 21)

(125) 再败楚师不如死，弃盟逃仇亦不如死。死一也，其死仇乎！(左哀 6)

(126) 君行仁政，斯民亲其上，死其长矣。(孟子·梁惠王下)

(127) 以义死用谓之勇，奉义顺则谓之礼，畜义丰功谓之仁。(国语·周语中)

(128) 君合诸侯，臣敢不敬，君不说，请死之。(国语·晋语七)

英语中 die 的目的宾语要用 for 来引介，如 He die for the country。现代汉语也要用介词短语，不过一般放在动词的前面，如“他为国家而死”。古代汉语表达目的也可以用介词短语，而且也放在动词的前面，比如：

(129) 对曰：“得主而为之死，犹不死也。”(左襄 23)

(130) 故君为社稷死则死之，为社稷亡则亡之。(左襄 25)

这种携带表目的的宾语的事件结构如下：

“死君命”：[x STATE(死)FOR y(君命)]

“死＋目的宾语”在古汉语中成了一种固定结构，用构式语法的观点来看，可以认为是一个构式，因为“死＋目的宾语”还可以有一些和及物动词相同的句法变形，如：

(131) 公冉务人曰："若君命可死，非君命何听？"(左文 18)

(132) 故夜战声相闻，足以不乖；昼战目相见，足以相识。其欢欣足以相死。(国语·齐语)

"君命可死"中"君命"作为话题提前了，后面留下了语迹(trace)，这是及物动词的句法表现。"相死"中的"相"是副词，要放在动词的前面。这两个句子表达的都是目的，可见表达目的的"死＋目的宾语"在古代汉语中已经成为一个固定结构或固定表达即构式，可以在此基础上进行相关的句法构造来表达交际义。

7　秉、持、执、操

7.1　小引

7.1.1　同义词

著作		同义词	
段德森	简明古汉语同义词词典	执、持、操、秉、握	
江必兴等	常用文言同义词辨析	执、持、操、把、秉、握、援	
王政白	古汉语同义词辨析	执、秉、把、操、持、援、握	
张百栋，邵祖成	古汉语常见同义词辨析	把、持、援	秉、操
周国光，李向农	文言文汇系列手册：同义词	持、执、把、操、秉、捉、握、援	
沈锡荣	古汉语常用词类释	执、握、持、操、拿、秉、把	

7.1.2　词义分解

段德森(1992)：执、持、操、秉、握，动词，都表示用手拿着。“执”本义是拘捕、捉拿，引申为拿着，对象是一切能拿着的东西，可以是一只手拿，也可以是两只手拿，有时还有拿得很紧的意思。“持”本义是拿着，含有扶住、维持平衡的意思，对象是一切能拿着的东西，可以是一只手拿，也可以是两只手拿。“操”本义是拿着，含有拿得稳、拿得熟练的意思，对象是非生物，可以是一只手拿，也可以是两只手拿。“秉”本义是禾把、禾束，引申为拿着，是一只手从旁边拿着，对象往往是一只手能拿住的东西，多是非生物，而且较小。“握”本义是拿着，五指向内并拢，把比较小的非生物紧紧地拿在手掌之中，常是一只手拿。

王政白(1992)：“执、秉、把、操、持、援、握”都有用手拿的意思，是一组手拿物体的同义词。

周国光，李向农(1989)：这一组词都可以表示“用手拿着”这一动作，区别主要表现在它们的语义侧重点和使用范围上。

据此，这几个动词的核心意思都是“用手拿”，只是在方式和侧重点上有些差别。它们的词义可以分解如下：

［动作：x ACT〈拿〉 y］［方式：?］

7.2 秉

7.2.1 命题义句法表现及论元结构

(1) 十行一嬖大夫，建旌提鼓，挟经秉枹。十旌一将军，载常建鼓，挟经秉枹。(国语·吴语)

(2) 王亲秉钺，载白旗以中陈而立。(国语·吴语)

(3) 昧明，王乃秉枹，亲就鸣钟鼓、丁宁、錞于振铎。(国语·吴语)

(4) 里克曰：“吾秉君以杀太子，吾不忍。通复故交，吾不敢。”(国语·晋语二)

(5) 公曰：“鲁可取乎?”对曰：“不可。犹秉周礼。周礼，所以本也。”(左闵元)

(6) 济且秉成，必霸诸侯。子孙赖之，君无惧矣。(国语·晋语四)

(7) 敢使下臣尽辞，唯天王秉利度义焉！(国语·吴语)

(8) 伯父多历年以没元身，伯父秉德已侈大哉！(国语·吴语)

(9)《诗》曰：“天生蒸民，有物有则。民之秉彝，好是懿德。”孔子曰：“为此诗者，其知道乎！故有物必则；民之秉彝也，好是懿德。”(孟子·告子上)。

(10) 知辱可辱，可辱迁重，若不知辱，亦必不知固秉常矣。(国语·晋语一)

“秉”的意思是“拿着”“秉持”的意思，其论元结构是：

秉：〈x(施事)［秉］y(受事)〉

“秉”的受事不但可以是具体的事物如“枹”“钺”等，而且“君”也可以秉，这是引申义。另外更抽象的如“礼、德、成、彝、常”等也可以是“秉”的宾语。

7.2.2 其他

“秉”表达交际义时的句法改变的例子没有见到。不过“秉”可以作量词用：

(11) 冉子与之粟五秉。(论语·雍也)

(12) 其岁，收田一井，出稯禾、秉刍、缶米，不是过也。(国语·鲁语下)

(13) 方臣之少也，进秉笔，赞为名命，称于前世，立义于诸侯，而主弗志。(国语·晋语九)

(14) 臣以秉笔事君，志有之曰："高山峻原，不生草木。松柏之地，其土不肥。"(国语·晋语九)

(15) 或取一编菅焉，或取一秉秆焉，国人投之，遂弗爇也。(左昭27)

例(11)和例(12)中的"秉"是容量单位，而(13)至(15)中的"秉"度量的是细长的物体"笔"和"杆"。

7.3 持

7.3.1 命题义句法表现及论元结构

(16) 寡君乏使，使针御持矛，是以不得犒从者，使某摄饮。(左成16)

(17) 持带，遂超乘。(左襄23)

(18) 叔孙绞而婉，宋左师简而礼，乐王鲋字而敬，子与子家持之，皆保世之主也。(左昭元)

(19) 叔孙昭子曰："楚不在诸侯矣，其仅自完也，以持其世而已。"(左昭19)

(20) 蒯聩不敢自佚，备持矛焉。(左哀2)

(21) 夫志至焉，气次焉；故曰："持其志，无暴其气。"(孟子·公孙丑上)

(22) 孟子之平陆，谓其大夫曰："子之持戟之士，一日而三失伍，则去之否乎？"(孟子·公孙丑下)

(23) 用能援持盈以没，而骤救倾以时。(国语·吴语)

(24) 夫国家之事，有持盈，有持倾，有节事。(国语·越语下)

"持"的论元结构是：

持：〈x(施事)[持]y(受事)〉

"持"的对象可以是具体的"矛""戟"等，也可以是抽象义的"志、盈、虚"等。

7.3.2 交际义造成的句法补偿

7.3.2.1 宾语不出现

(25) 危而不持，颠而不扶，则将焉用彼相矣？(论语·季氏)

"持"的宾语应该是"国家"，但上文已经出现过了，故而这里不再出现。

而且如果出现，也是要置于句首作话题的，即“国家危而不持”。

7.3.2.2 相互

(26) 死徙无出乡，乡田同井，出入相友，守望相助，疾病相扶持，则百姓亲睦。(孟子・滕文公上)

7.4 执

7.4.1 命题义句法表现及论元结构

“执”有操持义和拘执义，这里只讨论操持义。

(27) 寡君之使婢子侍执巾栉，以固子也。(左僖22)

(28) 若不获命，其左执鞭弭，右属櫜鞬，以与君周旋。(左僖23)

(29) 冬，楚子越椒来聘，执币傲。(左文9)

(30) 擐甲执兵，固即死也。(左成2)

(31) 子罕闻之，亲执扑以行筑者，而抶其不勉者。(左襄17)

(32) 子南知之，执戈逐之，及冲，击之以戈。(左昭元)

(33) 亲执铎，终夕与于燎。(左昭20)

(34) 蔡侯归，及汉，执玉而沈。(左定3)

(35) 卫人请执牛耳。(左定8)

(36) 夫公执其手以登台。(左定14)

(37) 子所雅言，《诗》《书》、执礼皆雅言也。(论语・述而)

(38) 子莫执中。执中为近之。执中无权，犹执一也。(孟子・尽心上)

(39) 我既执诸侯之柄，以岁之不获也，无有诛焉，而先罢之，诸侯必说。(国语・吴语)

(40) 句践说于国人曰：“寡人不知其力之不足也，而又与大国执仇，以暴露百姓之骨于中原，此则寡人之罪也。寡人请更。”(国语・越语上)

“执”义为手持、把持、操持，其论元结构为：

执：〈x(施事)[执]y(受事)〉

“执”的宾语的内容很丰富，有时有“掌握”之义。

7.4.2 交际义造成的句法补偿

7.4.2.1 宾语不出现

(41) 孟子曰:"君子不亮,恶乎执?"(孟子·告子下)

杨伯峻《孟子译注》解释说:亮,同"谅",信也。整句的翻译是:孟子说:"君子不讲诚信,如何能有操守?"其实"执"的宾语"谅"或者说"诚信"在前面已经出现了,这里不用再出现。杨伯峻的翻译里的"有操守"说的正是"执信"的意思。

7.4.2.2 代词宾语前置

(42) 子闻之,谓门弟子曰:"吾何执?执御乎?执射乎?吾执御矣。"(论语·子罕)

7.5 操

7.5.1 命题义句法表现及论元结构

(43) 今吾子爱人则以政,犹未能操刀而使割也,其伤实多。(左襄 31)

(44) 使与之琴,操南音。(左成 9)

(45) 言称先职,不背本也。乐操土风,不忘旧也。称大子,抑无私也。(左成 9)

(46) 独孤臣孽子,其操心也危,其虑患也深,故达。(孟子·尽心上)

"操"在四部文献里作动词时用例比较少。"操"的意思是秉持,其论元结构是:

操:〈x(施事)[操]y(受事)〉

7.5.2 交际义造成的句法补偿

7.5.2.1 宾语不出现

(47) 孔子曰:"操则存,舍则亡;出入无时,莫知其乡。"(孟子·告子上)

"操"的宾语不出现是因为无指(non-referential)。

8　争、夺、追、逐

8.1　小引

8.1.1　同义词

争夺、追逐是两组不同的同义词，应该分开讨论，放在一章里是出于篇幅的考虑。

著作		同义词	
段德森	简明古汉语同义词词典	争、夺	追、逐
江必兴等	常用文言同义词辨析		追、逐
王政白	古汉语同义词辨析	争、夺	追、逐
张百栋，邵祖成	古汉语常见同义词辨析		追、逐
洪成玉，张桂珍	古汉语同义词辨析	争、夺	追、逐
沈锡荣	古汉语常用词类释	争、夺	追、逐

8.1.2　词义分解

段德森(1992)：争、夺，动词，都表示争夺、夺取。二者的区别是，“争”，互不相让，各用武力去夺取；“夺”，一方用强制手段迫使另一方失去；“争”仅用于具体意义，“夺”可用于抽象意义。

段德森(1992)：追、逐，动词，都表示追赶。区别是，“追”含有使追赶对象回来的意思，“逐”含有使追赶对象离开或消灭的意思。

洪成玉(1987)：争、夺都有占为己有、强取的意思。二者在本义、概念内涵和引申义上各有不同。

洪成玉(1987)：追、逐都有从后追赶的意思。二者本义不同，追最初指追军队，后可以指追人；逐本义是追赶野兽，后也可以追人。从典籍用例来看，二者追赶的对象是有分别的。

争、夺都表示夺取，可能对象和结果方面存在差异。其词义可以分解如下：

[动作：x ACT〈夺取〉 y][结果：?]

追、逐都表示追赶，可能在对象方面有差异。其词义可以分解如下：

[动作：x ACT〈追赶〉 y][对象：?]

8.2 争

8.2.1 命题义句法表现及论元结构

(1) 公孙阏与颍考叔争车，颍考叔挟辀以走，子都拔棘以逐之。(左隐 11)

(2) 无滋他族实逼处此，以与我郑国争此土也。(左隐 11)

(3) 周公阅与王孙苏争政，故不赴。(左文 14)

(4) 齐懿公之为公子也，与邴歜之父争田，弗胜。(左文 18)

(5) 臣不心竞而力争，不务德而争善。私欲已侈，能无卑乎？(左襄 26)

(6) 晋、楚争先，晋人曰："晋固为诸侯盟主，未有先晋者也。"(左襄 27)

(7) 及盟，子产争承。(左昭 13)

(8) 吴、晋争长未成，边遽乃至，以越乱告。(国语·吴语)

(9) 无德而强争诸侯，何以和众？(左宣 12)

"争"的论元结构是：

争：〈x(施事)[争]y(受事)〉

"争"的受事语义类型比较丰富。

8.2.2 交际义造成的句法补偿

8.2.2.1 宾语不出现

(10) 天而既厌周德矣，吾其能与许争乎？(左隐 11)

(11) 子良曰："晋楚不务德而兵争，与其来者可也。晋楚无信，我焉得有信？"(左宣 11)

(12) 晋侯使郤至勿敢争。(左成 11)

(13) 暴骨以逞，不可以争。(左襄 9)

(14) 吾得见与否，在此岁也。驷、良方争，未知所成。若有所成，吾得见，乃可知也。(左襄 30)

(15) 自日中以争，至于昏，晋人许之。(左昭 13)

(16) 吴争于楚必有乱，有乱则必归，焉能定楚？(左定 5)

(17) 子子曰："君子矜而不争，群而不党。"(论语·卫灵公)

从上面的例子可以看出，及物动词"争"宾语不出现的原因有两个：一个是宾语是无指的或者不定指；另一个就是"争"的内容在语篇中是旧信息，不用重复指出。

8.2.2.2 争＋于＋宾语

(18) 夫霸王之势，在德不在先歃，子若能以忠信赞君，而裨诸侯之阙，歃虽在后，诸侯将载之，何争于先？(国语·晋语八)

"争先"是命题义的表达，这个句子是疑问句，宾语"何"提前作了焦点成分，受事还要出现，就用"于"引出。

8.2.2.3 所争

(19) 平公闻之曰："晋其庶乎！吾臣之所争者大。"(国语·晋语八)

(20) 子曰："君子无所争，必也射乎！揖让而升，下而饮，其争也君子。"(论语·八佾)

(21) 伯州犁曰："所争，君子也，其何不知？"(左襄 26)

(22) 平公曰："晋其庶乎！吾臣之所争者大。"(左襄 26)

从《马氏文通》开始，古汉语中的"所"一直被认为是个前置的代词，和其后的动词组合在一起是一个体词性成分。《马氏文通》说，"所"字"或隶外动，或隶介字，而必先焉……'所'必居宾次"。这个看法不无道理，从上面的几个例子来看，"所"代表的东西确实是"争"的受事，"所争"都是名词性的成分，可以作主语、宾语。

俞敏先生《古汉语的"所"字》(1999)详细分析了"所"从一个"处所"义的名词演变为一个代词的过程：

无-所不知：没有不知道的地方——召伯所憩、文王所避风雨

无所-不知：没有什么不知道——君子无所争、君子于其所不知

这是语法化当中的重新分析。但从古汉语当中"所＋动词"中的"所"既可以当"地方"讲又可以当代词讲的情况来看，正如俞敏先生所说，它的虚化并不彻底。

刘丹青(2008：34-35)认为古汉语的"所"字是一个从句标句词(complementizer)，相当于英语的从句引导词 what。如："如不可求，从吾所好。"(《论语·述而》)"从吾所好"翻译为英语即是 follow what I like。"所"还可以相当于英语中的 where，如"吾知其所由来矣。"(《左传·僖公七年》)翻译为英语即是 I know where he came from。其实"所"的这两种用法是语法化不同阶段的内容在共时平面上的共存现象(co-existence)。另外，刘先生还谈到可以认为"所"是一个名词化标记。

8.3 夺

8.3.1 命题义句法表现及论元结构

(23) 王夺郑伯政，郑伯不朝。(左桓 5)

(24) 楚子使道朔将巴客以聘于邓，邓南鄙鄾人攻而夺之币，杀道朔及巴行人。(左桓 9)

(25) 牵牛以蹊人之田，而夺之牛。牵牛以蹊者信有罪矣，而夺之牛，罚已重矣。(左宣 11)

(26) 十二月，郑人夺堵狗之妻而归诸范氏。(左襄 15)

(27) 王夺斗韦龟中犨，又夺成然邑，而使为郊尹。(左昭 13)

(28) 或淫于外州，外州人夺其轩以献。(左哀 11)

(29) 今嘉其梦侈必展，是天夺之鉴而益其疾也。(国语·晋语二)

(30) 将以骊姬之惑蛊君而诬国人，谗群公子而夺之利使君迷乱。(国语·晋语二)

(31) 天夺吾食，都鄙荐饥。(国语·吴语)

(32) 今吾子以好来辱，而谓敝邑强夺商人，是教敝邑背盟誓也，毋乃不可乎？(左昭 16)

(33) 子曰："恶紫之夺朱也，恶郑声之乱雅乐也，恶利口之覆邦家者。"(论语·阳货)

(34) 其所不夺穑地，其为不匮财用，其事不烦官业，其日不废时务。(国语·楚语上)

(35) 郤至奉豕，寺人孟张夺之，郤至射而杀之，公曰："季子欺余。"(左成 17)

(36) 地怒，使其徒抉魋而夺之。(左定 10)

"夺"的论元结构为：

夺：〈x(施事)[夺]y(受事)〉

"夺"的宾语有三种情况：一种是二者之间有领属关系，如(23)至(31)；一种情况是宾语为人(对象)，如例(32)至(33)；例(34)至(36)的宾语是"夺"的内容。其中"夺之牛"这样的结构有人认为是双宾语，但从众多的例子来看，

“之”和“牛”之间是领属关系。

现代汉语的“抢、偷、拿”等动词有人认为是三价双及物动词[黄正德(2007:10)],但它们的宾语中的两个体词之间都是有领属关系的,比如“我拿了他一本书”“我抢了他一本书”“我偷了他一本书”中,“他”和“书”之间都是领属关系,只是这个领有关系比较松散罢了,所以领有者提前作话题的时候比较让人难以接受,比如“他,我偷了一本书”就会让人觉得不太好理解。

这些词和给予类的双及物动词不同,给予类双及物动词后的两个体词性成分之间没有领有关系,比如“我给了他一本书”。这类句子中的“他”可以提前作话题而没有任何理解上的障碍,“他,我给了一本书”是很合适的句子。

8.3.2 交际义造成的句法补偿

8.3.2.1 宾语不出现

(37) 七年之中一与一夺,二三孰甚焉?(左成 8)

(38) 内宠之妾肆夺于市,外宠之臣僭令于鄙。(左昭 20)

(39) 苟为后义而先利,不夺不餍。(孟子·梁惠王上)

(40) 先立乎其大者,则其小者不能夺也。(孟子·告子上)

(41) 可以托六尺之孤,可以寄百里之命,临大节而不可夺也,君子人与?君子人也。(论语·泰伯)

(42) 尔无我叛,我无强贾,毋或丐夺。(左昭 16)

宾语不出现有两种情况:一种是无指,如例(37)至(39);一种是旧信息,如例(40)至(42)。

8.3.2.2 领有成分话题化

(43) 子曰:“三军可夺帅也,匹夫不可夺志也。”(论语·子罕)

前面说过,“夺”宾语中的两个体词性成分之间是领属关系,所以如果将其中的领有者提前作话题的话会比较难接受,但古代汉语中却可以。(43)中的“三军”提前作话题,是因为主语没有出现,理解上不会引起较大的困难。这种领有者提前作话题的句子在古代汉语中并不多见。

8.4 追

8.4.1 命题义句法表现及论元结构

(44) 少师归,请追楚师。(左桓 6)

(45) 楚令尹子玉追秦师,弗及,遂围陈,纳顿子于顿。(左僖 25)

(46) 公使阳处父追之,及诸河,则在舟中矣。(左僖 33)

(47) 逐寇如追逃,军之善政也。(左文 7)

(48) 子西闻盗,不儆而出,尸而追盗,盗入于北宫。(左襄 10)

(49) 行及弇中,将舍,婴曰:"崔、庆其追我。"(左襄 25)

(50) 今之与杨、墨辩者,如追放豚,既入其苙,又从而招之。(孟子·尽心下)

(51) 问其仆曰:"追我者谁也?"(孟子·离娄下)

"追"的论元结构为:

追:〈x(施事)[追]y(受事)〉

"追"的受事除了军队外,还包括具体的人。

8.4.2 交际义造成的句法补偿

8.4.2.1 宾语不出现

(52) 往者不可谏,来者犹可追。(论语·微子)

(53) 弗敬弗休,悔其可追?(左哀 16)

(54) 夫子之设科也,往者不追,来者不拒。(孟子·尽心下)

这三句都是"追"的宾语提前作了话题。

8.4.2.2 否定句代词宾语前置

(55) 王如改诸,则必反予。夫出昼,而王不予追也,予然后浩然有归志。(孟子·公孙丑下)

8.4.2.3 动词连用

(56) 公还,及方城,季武子取卞,使公冶问,玺书追而与之,曰:"闻守卞者将叛,臣帅徒以讨之,既得之矣。敢告。"(左襄 29)

(57) 追而得之,囚于齐,又以葱灵逃,奔晋,适赵氏。(左定 9)

(58) 襄公在楚,季武子取卞,使季冶逆,追而予之玺书,以告曰:"卞人将叛,臣讨之,既得之矣。"(国语·鲁语下)

(59) 民之主也,纵惑不疚,肆侈不违,流志而行,无所不疚,是以及亡而不获追鉴。(国语·晋语一)

(60) 六月,晋侯请于王,王追赐之大路,使以行,礼也。(左襄19)

例(59)中"不获追鉴",宾语没有出现,是因为提前作了话题,成为了旧信息。

前面讨论过"见+动词"表示被动的格式,我们认为"见"是一个获得义的动词,其后的动词可以理解为一个名词。从"不获追鉴"来看,"见"和"获"应该是一样的,是获得义的动词;"追鉴"也就是"获"后面的词,也可以理解为名词,只是提前的话题在语义上是"追鉴"的受事,使得整个句子有了被动的意思。

洪波、解惠全(1987)认为"被""见"和动词组合时,"被""见"与其后动词之间有动宾关系,也就是说其后的动词可以理解为名词性成分。同时在"V1(被、见)+V2"的结构中,V2 的语义指向是句子的主语,有深层的支配与被支配的关系,从而引起句子表层结构的重新分析,"被""见"也由谓语动词降为专门或主要表示被动语法关系,而 V2 则上升为句子的主要谓语动词。

"见、被、获、得"在上古都有类似的句法表现,但后来汉语选择了"被"来作为被动表示的标记,但这个标记是不纯粹的。

"可 V""能 V"的情况是一样的,都属于动词宾语话题化造成的被动理解。不同的是"见""被"等经过了重新分析,而"可""能"由于本身可以表示可能性,后面加上及物动词后没有经过相同的认知过程。王力《汉语语法史》有相同的看法,他认为"可 V"不能算被动式,因为"可"字是能愿式的一种,而且并不是所有的"可 V"都能按被动来理解。

例(60)"追赐"中的"追"是用来修饰"赐"的,和普通的动词连用不太相同。

8.5 逐

8.5.1 命题义句法表现及论元结构

(61) 戎人之前遇覆者奔,祝聃逐之,衷戎师,前后击之,尽殪,戎师大奔。(左隐9)

(62) 韩万御戎,梁弘为右,逐翼侯于汾隰,骖絓而止,夜获之,及栾共叔。(左桓3)

(63) 下视其辙,登,轼而望之,曰:"可矣。"遂逐齐师。(左庄10)

(64) 公子不可,姜与子犯谋,醉而遣之。醒,以戈逐子犯。(左僖23)

(65) 见无礼于其君者诛之,如鹰鹯之逐鸟雀也。(左文18)

(66) 使戴、桓之族攻武氏于司马子伯之馆,尽逐武、穆之族。(左宣3)

(67) 公逐群公子,公子兰奔晋,从晋文公伐郑。(左宣3)

(68) 遂逐东门氏。(左宣18)

(69) 辛巳,朝于武宫,逐不臣者七人。(左成18)

(70) 重丘人闭门而詢之曰:"亲逐而君,尔父为厉。是之不忧,而何以田为?"(左襄17)

(71) 鲁侯归,乃逐叔孙侨如。(国语·周语下)

(72) 夫必追择前言,求善以终,餍迩逐远,远人入服,不为邮矣。(国语·晋语四)

(73) 公许诺,尽逐群贼,而使祁午及阳毕适曲沃逐栾盈,栾盈出奔楚。(国语·晋语八)

"逐"的论元结构为:

逐:〈x(施事)[逐]y(受事)〉

从上面的例子来看,"逐"有两个意思:一个是"追",一个是"逐出"。

8.5.2 交际义造成的句法补偿

8.5.2.1 宾语不出现

(74) 吾先君阖庐不贯不忍,被甲带剑,挺铍搢铎,以与楚昭王毒逐于中原柏举。(国语·吴语)【韦昭注:毒,暴也。】

(75) 余弟死,而子来,是而子杀余之弟也。弗逐,余亦将杀之。(左襄14)

(76) 他日与之言政,说,遂有宠,谓之曰:"我尽逐陈氏而立女,若何?"对曰:"我远于陈氏矣,且其违者不过数人,何尽逐焉?"遂告陈氏。(左哀14)

例(74)中的主语是两个:吾先君阖庐和楚昭王,"逐"是相互竞逐的意思,所以宾语没有出现。刘丹青(2008:438)说句子表达相互义时动词有减价的表现,"相互性动词的主语都是复数或联合结构,主语就合并了施事和受事的双方。假如对应的非相互动词是普通及物动词,其相互动词就不再带受事论元,成为不及物动词,配价减少"。如:

李清见了张红+张红见了李清>李清和张红见面了

例(74)这个句子的主语是联合结构,而且表达的是相互义,故而宾语没有出现。其实互指代词"相"的作用也是相同的。"相"本不是代词,而是一个相互义的副词,由于它出现在动词前,而动词的宾语又没有出现,所以它被认为有代词的作用。

例(75)和(76)中宾语没有出现是因为宾语在前面已经出现,成为交际中的旧信息,因此不用再出现了。

8.5.2.2 动词连用

(77) 穆公归,至于王城,合大夫而谋曰:"杀晋君与逐出之,与以归之,与复之,孰利?"(国语·晋语三)

(78) 于是乎虞有三苗,夏有观、扈,商有姺、邳,周有徐、奄。自无令王,诸侯逐进,狎主齐盟,其又可壹乎?(左昭元)

例(77)的"逐"和"出"属于同义连用,"逐"有"逐出"的意思。"出"本是个不及物动词,在这里是使动用法。使动就其本身来讲是事件复杂化的表现,"出之"的事件结构是:

[x ACT]CAUSE[y STATE〈出〉]

刘丹青(2008:438-439)说致使是动词增价的一种方式。这里"出"本身是一价动词,通过致使增价成为二价动词,具有了和"逐"一样的句法地位,于是它们共同携带一个宾语"之"。

例(78)中的"逐"是修饰"进"的,正如"追赐"中的"追"一样。

9　违、犯、奸、干

9.1　小引

9.1.1　同义词

著作		同义词		
段德森	简明古汉语同义词词典	干、犯	奸、宄	违、背
江必兴等	常用文言同义词辨析			
王政白	古汉语同义词辨析			
张百栋，邵祖成	古汉语常见同义词辨析			
洪成玉，张桂珍	古汉语同义词辨析			
周国光，李向农	文言文汇系列手册：同义词			
沈锡荣	古汉语常用词类释	干（奸）、犯		

9.1.2　词义分解

段德森(1992)：干、犯，动词，都可以表示触犯、冒犯。二者的区别是，“干”含有冲撞的意味，对象常是礼制、法令、利益；“犯”含有抵触的意味，对象常是礼制、法令、利益、尊严等。

这几个词都有触犯、冒犯的意思，故而将它们放在一起讨论。它们的词义可以分解如下：

［动作：x ACT〈触犯〉 y］

9.2　违

9.2.1　命题义句法表现及论元结构

“违”有背离、违犯义，这两个义项之间有联系。这里只讨论违犯、触犯义。

(1) 九月戊寅，郑伯入宋。冬，齐人、郑人入郕，讨违王命也。(左隐 10)

(2) 公号庆郑，庆郑曰："愎谏违卜，固败是求，又何逃焉？"（左僖 15）

(3) 奉不可失，敌不可纵。纵敌患生，违天不祥，必伐秦师！（左僖 33）

(4) 秦伯素服郊次，乡师而哭曰："孤违蹇叔，以辱二三子，孤之罪也。"（左僖 33）

(5) 吾闻之，文不犯顺，武不违敌。（左僖 33）

(6) 二子之言，义也，违义，祸也。（左昭 3）

(7) 厥君无违德，方国将至，何患于彗？（左昭 26）

(8) 黄父之会，夫子语我九言，曰：无始乱，无怙富，无恃宠，无违同，无敖礼，无骄能，无复怒，无谋非德，无犯非义。（左定 4）

(9) 拜下，礼也，今拜乎上，泰也，虽违众，吾从下。（论语・子罕）

(10) 不违农时，谷不可胜食也。（孟子・梁惠王上）

(11) 晋国故有大耻，与其君臣不相听以为诸侯笑也，盍姑以违蛮、夷为耻乎。（国语・晋语六）

(12) 夫子木能违若敖之欲，以之道而去芰荐。（国语・楚语上）

(13) 天圣王正端冕，以其不违心，帅其群臣精物以临监享祀，无有苛慝于神者，谓之一纯。（国语・楚语下）

"违"的论元结构为：

违：〈x(施事)[违犯/违背]y(受事)〉

"违"的受事可以是人、命令、礼法、时间等，内容很丰富。

9.2.2 交际义造成的句法补偿

9.2.2.1 宾语不出现

(14) 郜周内史闻之，曰："臧孙达其有后于鲁乎！君违，不忘谏之以德。"（左桓 2）

(15) 凡诸侯之大夫违，告于诸侯曰："某氏之守臣某失守宗庙，敢告。"（左宣 10）

(16) 夫闻也者，色取仁而行违，居之不疑。（论语・颜渊）

(17) 今命臣更次于外，为有司之以班命事也，无乃违乎！（国语・鲁语上）

(18) 栾黡为汰，弗敢违也。（左襄 13）

(19) 君令而不违，臣共而不贰。（左哀 7）

(20) 孟懿子问孝，子曰："无违。"（论语・为政）

(21) 吾与回言终日，不违，如愚。（论语・为政）

(22) 以敬承命则不违，以恪守业则不懈，以恭给事则宽于死，以俭足用则远于忧。（国语・周语中）

(23) 苟众所利,邻国所立,大夫其从之。重耳不敢违。(国语·晋语二)

(24) 今王播弃黎老,而孩童焉比谋,曰:“余令而不违。”夫不违,乃违也。(国语·吴语)

宾语不出现,一方面是因为无指,另一方面是因为宾语是语篇中的旧信息,在前文出现过,或者在语境中不用指出。

9.2.2.2 否定句代词宾语前置

(25) 女成二事,而后告余。余恐乱命,以不女违。(左襄 10)

(26) 人之言曰:“予无乐乎为君。唯其言而莫予违也。”(论语·子路)

(27) 如其善而莫之违也,不亦善乎? 如不善而莫之违也,不几乎一言而丧邦乎?(论语·子路)

(28) 见其体而知其政,闻其乐而知其德,由百世之后,等百世之王,莫之能违也。(孟子·公孙丑上)

9.3 犯

9.3.1 命题义句法表现及论元结构

(29) 光之立也,列于诸侯矣。今无故而废之,是专黜诸侯,而以难犯不祥也。(左襄 19)

(30) 犯五不韪,而以伐人,其丧师也,不亦宜乎?(左隐 11)

(31) 陈乱,民莫有斗心。若先犯之,必奔,王卒顾之必乱。(左桓 5)

(32) 各顾其后,莫有斗心;旧不必良,以犯天忌,我必克之。(左成 16)

(33) 始命百官,施舍已责,逮鳏寡,振废滞,匡乏困,救灾患,禁淫慝,薄赋敛,宥罪戾,节器用,时用民,欲无犯时。(左成 18)

(34) 鄹叔纥、臧畴、臧贾帅甲三百宵犯齐师,送之而复。(左襄 17)

(35) 季季孙用之,乃盟臧氏曰:“毋或如臧孙纥干国之纪,犯门斩关!”(左襄 23)

(36) 君子不犯非礼,小人不犯不祥,古之制也。(左昭 3)

(37) 其为人也孝弟,而好犯上者,鲜矣。不好犯上,而好作乱者,未之有也。(论语·学而)

(38) 朝不信道,工不信度,君子犯义,小人犯刑,国之所存者幸也。(孟子·离娄上)

(39) 犯顺不祥,以逆训民亦不祥,易神之班亦不祥,不明而跻之亦不祥,犯鬼道二,犯人道二,能无殃乎?(国语·鲁语上)

(40) 今郑失次犯令,而罪一也。(国语·晋语三)

“犯”的论元结构为:

犯:〈x(施事)[违犯/触犯/进犯]y(受事)〉

"犯"的宾语的类型也比较丰富,导致了其多义性。

9.3.2 交际义造成的句法补偿

9.3.2.1 宾语不出现

(41) 若其不还,君退臣犯,曲在彼矣。(左僖 28)

(42) 且华而不实,怨之所聚也。犯而聚怨,不可以定身。(左文 5)

(43) 有若无,实若虚,犯而不校,昔者吾友尝从事于斯矣。(论语·泰伯)

(44) 不可立也!不顺必犯,犯王命必诛,故出令不可不顺也。(国语·周语上)

(45) 今郤伯之语犯,叔迂,季伐,犯则陵人,迂则诬人,伐则掩人。(国语·周语下)

(46) 今阳子之情譓矣,以济盖也,且刚而主能,不本而犯,怨之所聚也。(国语·晋语五)

(47) 夫军事无犯,犯而不隐,义也。(国语·晋语五)

(48) 能贱而有耻,柔而不犯,其知足使也,且无罪。(左文 13)

(49) 有三罪焉,不可犯也。(左成 16)

(50) 众怒难犯,专欲难成,合二难以安国,危之道也。(左襄 10)

(51) 忠不可暴,信不可犯。(国语·晋语八)

例(41)至(48)中"犯"的宾语没有出现是因为在上下文中宾语是无指的。例(49)至(51)中"犯"的宾语没有出现是因为宾语提前作了话题。"可犯"不能认为是表被动,如果那样的话,"难犯"也是表被动了,但"难犯"显然不是被动。

9.3.2.2 所犯

(52) 夫民心之愠也,若防大川焉,溃而所犯必大矣。(国语·楚语下)

(53) 水火之所犯,犹不可救,而况天乎?(国语·周语下)

(54) 然犹防川,大决所犯伤人必多,吾不克救也。(左襄 31)

"所犯"中的"所",其名词性还比较强,"所犯"就是"犯的地方"。前面说过,"所"相当于英语中的 where,是一个从句标句词(complementizer)。古汉语中的"所 V"可以作主语,如上面的(52)(54),例(53)"所犯"虽然是"救"的受事,但它提前作了话题,也是在主语的位置上。

另外，古汉语中有一种用“所”引导的盟誓句，“所”引导的从句作为一个整体作句子成分，比如：

(55) 公子曰：“所不与舅氏同心者，有如白水！”(左僖24)

(56) 公子曰：“所不与舅氏同心者，有如河水。”(国语·晋语四)

(57) 秦伯曰：“若背其言，所不归尔帑者，有如河！”(左文13)

(58) 宣子喜，曰：“而杀之，所不请于君焚丹书者，有如日！”(左襄23)

(59) 丁丑，崔杼立而相之，庆封为左相，盟国人于大宫，曰：“所不与崔、庆者。”晏子仰天叹曰：“婴所不唯忠于君、利社稷者是与，有如上帝！”乃歃。(左襄25)

这些句子中的“所”在很多古汉语虚词词典里被分析为“假设连词”，但这只是认知导致的语法化的结果，或者说只是分析者的一种认识。

这些句子中“所”字引导的成分的共同特点是“所VP者”，这是个名词性短语，它的内部层次是“所VP-者”，“所VP”就是“VP的地方”，“者”的意思是人，整个的“所VP者”的意思是“VP的地方的人”，“所不与舅氏同心者”的意思是“(有)不与舅氏同心的地方的人”。这个名词性成分整体是句子的主语，谓语部分是“有如白水”。整个句子的意思是“(有)不与舅氏同心的地方的人，就像白水(一样)”。因为VP可以和“者”组成名词性短语，所以“(有)不与舅氏同心的地方的人”这个意思可以由“VP者”承担，而成为“不与舅氏同心的人”，因此“所”的“地方”义变得可有可无了。而整个句子是一句发誓的话，有假设的意思在里面，所以人们就认为“所”是一个表示假设的连词了。

这是一种语法化的过程，里面包含了重新分析和认知的原因。重新分析指的是“所VP-者”被分析为“所-VP者”；认知的原因指的是整个句子前面有一个表示假设的空位(slot)，人们就用经过重新分析后语义上可有可无的“所”来填入这个空位。“所”语法化的过程是：

名词(地方)——从句标句词(主语)——假设连词

不过，“所”语法化过程中的每一步都不彻底。

例(59)中有两句誓言，其中庆封说的只是半句，被晏婴打断了，打断的目的是为了更改。而晏婴的誓言里没有与“所”相应的“者”，可能是为了避免重复。也有可能是因为没有出现的“者”就是指晏婴自己，整个的“所不唯忠于君、利社稷者是与”作“婴”的定语，这和“所不与舅氏同心”作“者”的定语是一样的。

9.4 奸

9.4.1 命题义句法表现及论元结构

(60) 奸王之位,祸孰大焉?(左庄 20)

(61) 祁瞒奸命,司马杀之,以徇于诸侯,使茅茷代之。(左僖 28)

(62) 而巩伯实来,未有职司于王室,又奸先王之礼。(左成 2)

(63) 奸国之纪,不听政也。(左昭元)

(64) 奸大国之盟,陵虐小国。(左昭 5)

(65) 卫大事奸义必有大咎,晋不失诸侯,魏子其不免乎!(左定元)

(66) 二君有治,臣奸旗鼓。不敏于君之行前,不敢逃刑,敢归死。(左定 14)

(67) 奸仁为佻,奸礼为羞,奸勇为贼。(国语·周语中)

(68) 强言霸说于曹伯,曹伯从之,乃背晋而奸宋。(左哀 7)

"奸"的论元结构为:

奸:〈x(施事)[违犯/触犯]y(受事)〉

9.4.2 交际义造成的句法补偿

9.4.2.1 宾语不出现

(69) 子父不奸之谓礼,守命共时之谓信,违此二者,奸莫大焉。(左僖 7)

(70) 使而失命,召而不来,是再奸也。(左昭 20)

(71) 天之所坏不可支也,众之所为不可奸也。(左定元)

前两例中的宾语无指,后一例中"奸"的宾语提前作了话题。

9.4.2.2 被动表示

(72) 荆尸而举,商农工贾不败其业,而卒乘辑睦,事不奸矣。(左宣 12)

这句和上面例(71)的结构很像,所以有时"可 V"会被认为是表被动。

9.5 干

9.5.1 命题义句法表现及论元结构

"干"有"求"义,如:

(73) 子张学干禄,子曰:"多闻阙疑,慎言其余,则寡尤;多见阙殆,慎行其余,则寡悔。言寡尤,行寡悔,禄在其中矣。"(论语·为政)

这里我们讨论的是“干”的触犯义：

(74) 今陪臣来继旧好，君辱贶之，其敢干大礼以自取戾？(左文4)

(75) 天为刚德，犹不干时，况在人乎？(左文5)

(76) 寡人有弟，弗能教训，使干大命，寡人之过也。(左襄3)

(77) 臣敢贪君赐以干先王？(左昭20)

(78) 对曰：“不死伍乘，军之大刑也。干刑而从子，君焉用之？子速诸。”(左昭21)

(79) 士伯告简子曰：“宋右师必亡。奉君命以使，而欲背盟以干盟主，无不祥大焉。”(左昭25)

(80) 是时也，王事唯农是务，无有求利于其官，以干农功，三时务农而一时讲武，故征则有威，守则有财。(国语·周语上)

(81) 肃恭明神而敬事耇老，赋事行刑，必问于遗训而咨于故实，不干所问，不犯所咨。(国语·周语上)

(82) 夫子不以其私欲干国之典。(国语·楚语上)

(83) 夔乎，吾闻之，干人之怒，必获毒焉。(国语·晋语五)

(84) 河曲之役，赵孟使人以其乘车干行，献子执而戮之。(国语·晋语五)

“干”的论元结构为：

干：〈x(施事)[违犯/触犯]y(受事)〉

9.5.2 交际义造成的句法补偿

9.5.2.1 被动表示

(85) 君所谓可而有否焉，臣献其否以成其可。君所谓否而有可焉，臣献其可以去其否，是以政平而不干，民无争心。(左昭20)

宾语提前作了话题。

10　与(予)、授、馈、诒(贻)、遗、赏、赐[①]

10.1　小引

10.1.1　同义词

著作		同义词		
段德森	简明古汉语同义词词典	赐、予(与)	馈、献	赠、贻、遗
江必兴等	常用文言同义词辨析	赐、予(与)、献		
王政白	古汉语同义词辨析	赐、锡、予、与	馈、赠、送	
张百栋,邵祖成	古汉语常见同义词辨析	封、赠	赐、予	赠、贻
洪成玉,张桂珍	古汉语同义词辨析	赐、予、与	馈(傀遗)、赠、送	
周国光,李向农	文言文汇系列手册:同义词	予、与、畀、付、授、赋、给	赠、贻、馈(馈)、遗、赂、赍(赍)	赏、赐、赉、封

10.1.2　词义分解

段德森(1992):赐、予,动词,都表示给予。"赐"常用于地位、辈分、年岁高的给予地位、辈分或年岁低的,褒义词。"予"通作"与",表示给予的通称,中性词;在给予的意义上,"予""与"实同一词。

馈、献,动词,都表示赠送。《周礼·天官》注:"古者致物于人,尊之则曰献,通行曰馈。"二者的区别是:"馈"无上下尊卑之分;"献"用于下对上,卑对尊。

赠、贻、遗,动词,都表示赠送。"赠""贻",有庄重色彩,褒义词,适用范围较窄;"遗"无特殊色彩,中性词,使用范围较广。

---

① 本章内容基于作者已发表的文章《施受同辞辨》,见参考文献[163]。

上面表格中的词都有“给予”义，但在很多方面表现出差异。它们的词义可以分解如下：

[动作：x ACT〈给予〉 y TO z][方向：?][方式：?][内容：?]

10.2 与（予）

10.2.1 命题义句法表现及论元结构

10.2.1.1 双宾语句

(1) 郑伯享王于阙西辟，乐备，王与之武公之略，自虎牢以东。（左庄 21）

(2) 王巡虢守，虢公为王宫于玤，王与之酒泉。（左庄 21）

(3) 出于五鹿，乞食于野人，野人与之块。（左僖 23）

(4) 郑伯怨惠王之入而不与厉公爵也，又怨襄王之与卫、滑也，故不听王命，而执二子。（左僖 24）

(5) 王怒，少与之师，唯西广、东宫与若敖之六卒实从之。（左僖 28）

(6) 郑子家使执讯而与之书，以告赵宣子。（左文 17）

(7) 初，郑文公有贱妾曰燕姞，梦天使与己兰。（左宣 3）

(8) 若以假人，与人政也。政亡则国家从之，弗可止也已。（左成 2）

(9) 与其射御，教吴乘车，教之战陈，教之叛楚。（左成 7）

(10) 晋侯以魏绛为能以刑佐民矣，反役，与之礼食，使佐新军。（左襄 3）

(11) 仲与公御莱书观于公，公与之环，使牛入示之。（左昭 4）

(12) 司守者御之，乃与之锦而入。（左昭 13）

(13) 蓝尹亹涉其帑，不与王舟。（左定 5）

(14) 既入焉，而示之璧，曰：“活我，吾与女璧。”（左哀 17）

(15) 请益，曰：“与之庾。”冉子与之粟五秉。（论语・雍也）

(16) 天子能荐人于天，不能使天与之天下；诸侯能荐人于天子，不能使天子与之诸侯；大夫能荐人于诸侯，不能使诸侯与之大夫。（孟子・万章上）

(17) 骊姬与犬肉，犬毙；饮小臣酒，亦毙。（国语・晋语二）

(18) 生三人，公与之母；生二人，公与之饩。（国语・越语上）

(19) 古之王者知命之不长，是以并建圣哲，树之风声，分之采物，著之话言，为之律度，陈之艺极，引之表仪，予之法制，告之训典，教之防利，委之常秩，道之礼则，使毋失其土宜，众隶赖之，而后即命。（左文 6）

(20) 齐人归其玉而予之籴。(国语·鲁语上)

(21) 予之货而获其土,其利一也。(国语·晋语七)

"与(予)"用得最多的就是上述这种双宾语结构,即"主语+间接宾语+直接宾语的结构。"与(予)"的论元结构为:

与(予):〈x(施事)[与(予)] y(与事)z(受事)〉

10.2.1.2 以+受事+与(予)+与事

(22) 武从姬氏畜于公宫。以其田与祁奚。(左成8)

(23) 郑人以子西、伯有、子产之故纳赂于宋,以马四十乘与师茷、师慧。(左襄15)

(24) 司城子罕以堵女父、尉翩、司齐与之,良司臣而逸之,托诸季武子,武子置诸卞。(左襄15)

(25) 晋人来治杞田,季孙将以成与之。(左昭7)

(26) 韩宣子使邾人聚其众,将以叔孙与之。(左昭23)

(27) 子弗良图,而以叔孙与其仇,叔孙必死之。(左昭23)

(28) 子期似王,逃王,而己为王,曰:"以我与之,王必免。"(左定4)

(29) 宋公子地嬖蘧富猎,十一分其室而以其五与之。(左定10)

(30) 立悼公,南氏相之。以城鉏与越人。(左哀26)

(31) 万章曰:"尧以天下与舜,有诸?"孟子曰:"否;天子不能以天下与人。"(孟子·万章上)

(32) 惠王以梁与鲁阳文子,文子辞。(国语·楚语下)

(33) 郑伯之享王也,王以后之鞶鉴予之。(左庄21)

(34) 卫侯赐北宫喜谥曰贞子,赐析朱鉏谥曰成子,而以齐氏之墓予之。(左昭20)

(35) 郑人以詹予晋,晋人将烹之。(国语·晋语四)

(36) 昔天以越予吴,而吴不受命;今天以吴予越,越可以无听天之命而听君之令乎!(国语·越语上)

这种情况下,"与(予)"的论元结构为:

与(予):〈x(施事)以 z(受事)[与(予)] y(与事)〉

10.2.2 交际义造成的句法补偿

10.2.2.1 与(予)+与事

(37) 公祭之地,地坟。与犬,犬毙。与小臣,小臣亦毙。(左僖 4)

(38) 冬,晋荐饥,使乞籴于秦。秦伯谓子桑:"与诸乎?"(左僖 13)

(39) 公固与之,受其半。(左襄 27)

(40) 公还,及方城,季武子取卞,使公冶问,玺书追而与之,曰:"闻守卞者将叛,臣帅徒以讨之,既得之矣。敢告。"(左襄 29)

(41) 晋人假羽旄于郑,郑人与之。(左定 4)

(42) 子曰:"孰谓微生高直?或乞醯焉,乞诸其邻而与之。"(论语·公冶长)

(43)"然则舜有天下也,孰与之?"(孟子·万章上)

(44) 非一箪食,一豆羹,得之则生,弗得则死,嘑尔而与之,行道之人弗受;蹴尔而与之,乞人不屑也;万钟不辩礼义而受之,万钟于我何加焉?(孟子·告子上)

这里"与(予)"的受事宾语没有出现,是因为前文已经出现过了,是一种句法省略,或者叫零形回指。

10.2.2.2 以+与(予)+与事

(45) 己弗能有,而以与人。人之不至,不亦宜乎?(左隐 11)

(46) 纪侯不能下齐,以与纪季。(左庄 4)

(47) 使尽之,而为之箪食与肉,置诸橐以与之。(左宣 2)

(48) 对曰:"吾侪小人所谓取诸其怀而与之也。"(左宣 11)

(49) 郤犨来聘,求妇于声伯,声伯夺施氏妇以与之。(左成 11)

(50) 子罕曰:"我以不贪为宝,尔以玉为宝。若以与我,皆丧宝也,不若人有其宝。"(左襄 15)

(51) 取于城父与胡田以与之,将以害吴也。(左昭 30)

(52) 王以予连尹襄老,襄老死于邲,不获其尸,其子黑要烝焉。(左成 2)

(53) 原思为之宰,与之粟九百,辞。子曰:"毋,以与尔邻里乡党乎!"(论语·雍也)

(54) 秋,齐侯伐晋夷仪。敝无存之父将室之,辞,以与其弟。(左定 9)

这里只出现了"以"而其宾语即受事却没有出现,原因是"以"的宾语所指的事物在上文已经出现过了。

10.2.2.3 否定句的宾语

（一）不出现

(55) 宋人请猛获于卫,卫人欲勿与。(左庄 12)

(56) 冬,秦饥,使乞籴于晋,晋人弗与。(左僖 14)

(57) 宣子有环,其一在郑商。宣子谒诸郑伯,子产弗与。(左昭 16)

(58) 宋公求珠,魋不与,由是得罪。(左哀 11)

(59) 驷氏惧,驷乞欲逃,子产弗遣。请龟以卜,亦弗予。(左昭 19)

(60) 夫守而二心,奸之大者也;赏善罚奸,国之宪法也。许而弗予,失吾信也。(国语・晋语九)

上面的例子中,受事和与事在上下文中是明确的,所以就都省略了。是语用信息在起作用。

(61) 有夺,有予,有不予,王无蚤图。(国语・越语下)

(62) 臣闻之,得时无怠,时不再来,天予不取,反为之灾。(国语・越语下)

这两句中宾语没有出现是因为是无指的。

（二）否定句中宾语出现的原因

(63) 已失人,又失天,其有殃也多矣。君其伐之,勿予籴!(国语・晋语三)

(64) 秦饥,公令河上输之粟。虢射曰:"弗予赂地而予之籴,无损于怨而厚于寇,不若勿予。"(国语・晋语三)

例(63)中"籴"出现是因为它距离上次出现间隔太远了,需要重新指出,同时"伐之"有宾语,为了对称也要出现。

例(64)受事和与事都要出现,是因为"予赂地"和"予之籴"进行对比的原因。

10.2.2.4 宾语前置

(65) 王曰:"昔我皇祖伯父昆吾,旧许是宅。今郑人贪赖其田,而不我与。我若求之,其与我乎?"(左昭 12)

否定句中只有与事宾语可以前置。

10.2.2.5 所与

(66) 皆召子产,子产曰:"兄弟而及此,吾从天所与。"(左襄 30)

(67) 心之官则思,思则得之,不思则不得也。此天之所与我者。(孟子・告子上)

10.3 授(受)

10.3.1 命题义句法表现及论元结构

10.3.1.1 双宾语句

(68) 言终,魏绛至,授仆人书而伏剑。(国语·晋语七)

(69) 公孙丁授公辔而射之,贯臂。(左襄14)

(70) 命我文公戎服辅王,以授楚捷,不敢废王命故也。(左襄25)

(71) 郑子皮授子产政,辞曰:"国小而逼,族大宠多,不可为也。"(左襄30)

(72) 取州来、淮北之田以益之,伍举授许男田。(左昭9)

(73) 好其色,必授之情。彼得其情以厚其欲,从其恶心,必败国且深乱。(国语·晋语一)

(74) 及河,子犯授公子载璧。(国语·晋语四)

"授"的论元结构为:

授:〈x(施事)[授] y(与事)z(受事)〉

10.3.1.2 以+受事+授+与事

(75) 及河,子犯以璧授公子。(左僖24)

(76) 施伯对曰:"杀而以其尸授之。"(国语·齐语)

"授"的论元结构为:

授〈x(施事)以 z(受事)[授] y(与事)〉

10.3.1.3 授+与事+以+受事

(77) 子曰:"诵《诗》三百,授之以政,不达,使于四方,不能专对,虽多,亦奚以为?"(论语·子路)

(78) 夏四月,郑伯如晋,公孙段相,甚敬而卑,礼无违者。晋侯嘉焉,授之以策,曰:"子丰有劳于晋国,余闻而弗忘。赐女州田,以胙乃旧勋。"(左昭3)

"授"的论元结构为:

授〈x(施事) [授] y(与事)以 z(受事)〉

10.3.1.4 授+受事+于+与事

(79) 敝邑大惧不竟而耻大姬,天诱其衷,启敝邑心,陈知其罪,授手于我,用敢献功。(左襄25)

10.3.1.5 小结

"授"是个给予义的三价动词,它关涉的论元有施事、受事(或者叫theme)、与事(或者叫 recipient),这三个论元各有其语义角色,不相混扰。只要这三个论元都出现,句子表达的基本就是命题义。句子中这三种论元出现的方式和位置不同,对命题义的表达影响不大。

介词其实是一种广义的格标记,古汉语中的"以"是表示工具的工具格,所以经常翻译为"用";"于"可以作为表示方向的方向格理解,它凸显了给予义动词所蕴含的方向性。

在"施事+动词+与事+受事"即"子犯授公子载璧"中,"公子"和"载璧"都没有介词引介,而且都处于动词后,二者都实现为宾语。在"子犯以璧授公子"中,"璧"用介词引介,置于动词前,相当于为句法上的工具格。在"晋侯授之以策"中,"策"实现为工具格,置于"授之"之后。在"授手于我"中,与事"我"实现为句法上的方向格。

上述的"与(予)"只有两种方式表达命题义,而"授"却有四种。但对于给予义的及物动词,从理论上来讲,这四种都是有可能出现的情况。

10.3.2 交际义造成的句法补偿

10.3.2.1 授+与事

(80) 为其少故也,吾将授之矣。使营菟裘,吾将老焉。(左隐 11)

(81) 天方授楚,楚之羸,其诱我也。君何急焉?(左桓 6)

(82) 日御不失日,以授百官于朝。(左桓 17)

(83) 卫文公大布之衣、大帛之冠,务材训农,通商惠工,敬教劝学,授方任能,元年,革车三十乘。季年,乃三百乘。(左闵 2)

(84) 郑国将有诸侯之事,子产乃问四国之为于子羽,且使多为辞令,与裨谌乘以适野,谋可否,而告冯简子,使断之。事成,乃授子大叔,使行之,以应对宾客,是以鲜有败事。(左襄 31)

(85) 我将止死,王生授我矣,吾不可以僭之。(左哀 5)

(86) 桓公召而与之语,訾相其质,足以比成事,诚可立而授之。(国语·齐语)

(87) 自文公以来有力于先君而子孙不立者,将授立之,得之者赏?(国语·晋语八)

"授"的内容没有出现,是因为"授"的内容是官位、地位、职位等。而且,这种情况下如果强调与事，它还可以提前成为焦点：

(88) 吾闻之，"天道无亲，唯德是授。"(国语·晋语六)

"德"是"授"的宾语，这里提前是为了强调，也就是它成了焦点成分。

与事还可以作为话题，而将"施事＋授"进行名词化后加上"唯"后进行强调：

(89) 夫吴之与越，唯天所授，王其无庸战。(国语·吴语)

(90) 晋楚唯天所授，何患焉？(左成16)

(91) 齐、晋亦唯天所授，岂必晋？(左成2)

如果与事在上文出现过，属于旧信息，则不再指出，义为"授之(官位、职位)"：

(92) 为我予之邑。今日必授，无逆命矣。(国语·鲁语上)

(93) 仆因国人以弑纪公，以其宝玉来奔，纳诸宣公，公命与之邑，曰："今日必授。"季(左文18)

10.3.2.2 以＋授＋与事

(94) 令尹蒍艾猎城沂，使封人虑事，以授司徒。(左宣11)

(95) 既成，以授子木，礼也。(左襄25)

(96) 属役赋丈，书以授帅，而效诸刘子。(左昭32)

(97) 既成，以授大傅阳子与大师贾佗，使行诸晋国，以为常法。(左文6)

"授"的内容前文已出现，故不再指出。

10.3.2.3 授＋受事

(98) 郑伯将伐许，五月甲辰，授兵于大宫。(左隐11)

(99) 授甲，将攻之。陈桓子善于子尾，亦授甲，将助之。(左昭8)

(100) 秋七月丙申，振旅，恺以入于晋，献俘授馘，饮至大赏。(左僖28)

(101) 六年春，郑伯如晋拜成，子游相，授玉于东楹之东。(左成6)

(102) 宗祝执祀，司里授馆，司徒具徒，司空视途，司寇诘奸。(国语·周语中)

(103) 见利思义，见危授命，久要不忘平生之言，亦可以为成人矣。(论语·宪问)

(104) 聃季授土，陶叔授民，命以《康诰》而封于殷虚。(左定4)

"授"的意思是给予，给予的对象无指，所以不出现。"授兵""授甲"的对象是士兵，"授馘"的对象是君王，"授玉"的对象是要拜访的国家，"授馆"的对象是“客”,“授命”的对象是有危难的人,“授土”“授民”的对象是微子,都很清楚。

10.3.2.4 宾语不出现

(105) 葛伯率其民,要其有酒食黍稻者夺之,不授者杀之。(孟子·滕文公下)

这一例中“授”的与事和受事上文都已出现,故而不再指出。

10.3.2.5 相授

(106) 羞者献体改服于门外,执羞者坐行而入,执铍者夹承之,及体,以相授也。(左昭 27)

(107) 日我先君共王引领北望,日月以冀,传序相授,于今四王矣。(左昭 7)

有出现“相”,如果是表达相互义,宾语也不出现,属于减价:

(108) 淳于髡曰:“男女授受不亲,礼与?”(孟子·离娄上)

(109) 男子授受不亲,礼也;嫂溺,援之以手者,权也。(孟子·离娄上)

10.4 馈

10.4.1 命题义句法表现及论元结构

10.4.1.1 双宾语句

(110) 于是诸侯之大夫戍齐,齐人馈之饩,使鲁为其班,后郑。(左桓 6)

(111) 公在会,馈之刍米,礼也。(左僖 29)

(112) 夫人使馈之锦与马,先之以玉,曰:“君之妾弃使某献。”(左襄 26)

(113) 卫人使屠伯馈叔向羹与一箧锦。(左昭 13)

(114) 吾闻文、武之世童谣有之曰:“鸜鹆之羽,公在外野,往馈之马。”(左昭 25)

(115) 阳货瞰孔子之亡也,而馈孔子蒸豚。(孟子·滕文公下)

(116) 他日归,则有馈其兄生鹅者。(孟子·滕文公下)

(117) 万章曰:“君馈之粟,则受之乎?”曰:“受之。”(孟子·万章下)

“馈”的论元结构为:

馈:〈x(施事)[馈] y(与事)z(受事)〉

“馈”的内容一般都是吃的东西,后来也可以表示给予一般的东西。

10.4.1.2 馈+受事+于+与事

(118) 昔者有馈生鱼于郑子产,子产使校人畜之池。(孟子·万章上)

"馈"的论元结构为：

馈：〈x(施事)[馈] z(受事)于 y(与事)〉

10.4.2 交际义造成的句法补偿

10.4.2.1 馈＋受事

(119) 乃馈盘飧，置璧焉，公子受飧反璧。(左僖 23)

(120) 康子馈药，拜而受之，曰："丘未达，不敢尝。"(论语·乡党)

(121) 前日于齐，王馈兼金一百，而不受；于宋，馈七十镒而受；于薛，馈五十镒而受。(孟子·公孙丑下)

(122) 汤使亳众往为之耕，老弱馈食。(孟子·滕文公下)

(123) 曰："君馈之，则受之，不识可常继乎？"(孟子·万章下)

(124) 当在宋也，予将有远行，行者必以赆；辞曰："馈赆。"予何为不受？当在薛也，予有戒心；辞曰："闻戒，故为兵馈之。"予何为不受？(孟子·公孙丑下)

"馈"的对象即与事上文已经出现，是旧信息，就不再指出。

10.4.2.2 馈＋与事

(125) 及宣伯奔齐，馈之。(左昭 4)

"馈"的内容无指，故而没有出现。

10.4.2.3 宾语不出现

(126) 年自七十以上，无不馈诒也，时加羞珍异。(左文 16)

(127) 吴将伐齐，越子帅其众以朝焉，王及列士皆有馈赂。(左哀 11)

(128) 曰："今而后知君之犬马畜伋。"盖自是台无馈也。(孟子·万章下)

前两例中的与事提前做了话题，后一例中的与事在前文出现过，也是旧信息，故而在动词后都没有出现。"馈诒""馈赂"都是近义词连用。

10.5 诒(贻)

10.5.1 命题义句法表现及论元结构

(129) 叔向使诒子产书。(左昭 6)

(130) 先王违世，犹诒之法，而况夺之善人乎？(左文 6)

(131)《诗》曰："自诒伊戚。"其子臧之谓矣。(左僖 24)

(132)《诗》曰："我之怀矣，自诒伊戚。"其我之谓矣。(左宣 2)

(133)"诒厥孙谋,以燕翼子。"子桑有焉。(左文 3)

"诒(贻)"的论元结构为:

诒(贻):〈x(施事)[诒(贻)] y(与事)z(受事))〉

10.5.2 交际义造成的句法补偿

10.5.2.1 以+贻+与事

(134)唯是先王之宴礼,欲以贻女。(国语·周语中)

10.5.2.2 宾语不出现

(135)年自七十以上,无不馈诒也,时加羞珍异。(左文 16)

10.6 遗(去声)

10.6.1 命题义句法表现及论元结构

10.6.1.1 双宾语句

(136)恐陨越于下,以遗天子羞。敢不下拜?(左僖 9)

(137)巫臣自晋遗二子书。(左成 7)

(138)伯游曰:"吾令实过,悔之何及?多遗秦禽。"(左襄 14)

(139)君将以亲易怨,实无礼以速寇,而未有其备,使群臣往遗之禽,以逞君心。(左昭 5)

(140)陈氏方睦,使疾,而遗之潘沐,备酒肉焉,飨守囚者,醉而杀之而逃。(左哀 14)

(141)汤使遗之牛羊。(孟子·滕文公下)

(142)臣闻圣王公之先封者,遗后之人法,使无陷于恶。(国语·鲁语上)

"遗"的论元结构为:

遗:〈x(施事)[遗] y(与事)z(受事))〉

10.6.1.2 遗+受事+于+与事

(143)君唯不遗德刑以伯诸侯,岂独遗诸敝邑?(左成 16)

"遗"的论元结构为:

遗:〈x(施事)[遗] z(受事)于 y(与事))〉

10.6.2 交际义造成的句法补偿

10.6.2.1 遗+与事

(144)君唯不遗德刑以伯诸侯,岂独遗诸敝邑?(左成 16)

10.6.2.2 以+遗+与事

(145) 公问之,对曰:"小人有母,皆尝小人之食矣,未尝君之羹。请以遗之。"(左隐元)

(146) 今纵无法以遗后嗣,而又收其良以死,难以在上矣。(左文6)

(147) 宦三年矣,未知母之存否,今近焉,请以遗之。(左宣2)

(148) 夫合诸侯,非吾所能也,以遗能者。(左成16)

(149) 昔武王克殷而作此诗也,以为饫歌,名之曰"支",以遗后之人,使永监焉。(国语·周语下)

(150) 然则夫"支"之所道者,必尽知天地之为也。不然,不足以遗后之人。(国语·周语下)

"受事"在前文已出现或者在上下文中是旧信息,所以不出现。

10.6.2.3 宾语不出现

(151) 公曰:"尔有母遗,繄我独无。"(左隐元)

(152) 诸侯不相遗俘。(左庄31)

(153) 如天之福,两君相见,无亦唯是一矢以相加遗?焉用乐?寡君须矣,吾子其入也。(左成12)

例(151)中"遗"的与事在前文出现过,受事是无指的,故而都没有出现。例(152)中由于有"相",所以不出现与事,但受事"俘"还是要出现的。(153)情况相同,不过受事在前文出现过了,是旧信息,故而不用出现。

10.7 赏

10.7.1 命题义句法表现及论元结构

10.7.1.1 双宾语句

(154) 晋侯赏桓子狄臣千室,亦赏士伯以瓜衍之县。(左宣15)

"赏"的论元结构为:

赏:〈x(施事)[赏] y(与事)z(受事)〉

10.7.1.2 赏+与事+以+受事

(155) 既,卫人赏之以邑,辞,请曲县,繁缨以朝,许之。(左成2)

(156) 夫骊戎之役,女曰"胜而不吉",故赏女以爵,罚女以无肴。(国语·晋语一)

"赏"的论元结构为：

赏:〈x(施事)[赏] y(与事)以 z(受事)〉

"赏"的内容一般都是好的东西，故而这种携带三个论元的句子反而比较少。

10.7.2　交际义造成的句法补偿

10.7.2.1　赏＋与事

(157) 晋侯赏从亡者，介之推不言禄，禄亦弗及。(左僖 24)

(158) 下义其罪，上赏其奸。上下相蒙，难与处矣。(左僖 24)

(159) 若大盗礼焉以君之姑姊与其大邑，其次皂牧舆马，其小者衣裳剑带，是赏盗也。(左襄 21)

(160) 楚子以灭舒鸠赏子木，辞曰："先大夫蒍子之功也。"(左襄 25)

(161) 人以城来，吾独何好焉？赏所甚恶，若所好何？(左昭 15)

(162) 良君将赏善而刑淫，养民如子，盖之如天，容之如地。(左襄 14)

(163) 昭旧族，爱亲戚，明贤良，尊贵宠，赏功劳，事耇老，礼宾旅，友故旧。(国语・晋语四)

(164) 为政者不赏私劳，不罚私怨。(左昭 5)

(165) 郑伯赏入陈之功，三月甲寅朔，享子展，赐之先路三命之服，先八邑。(左襄 26)

赏赐的东西一般都是布币财物，所以不用特别指出，如果是大的东西比如城邑、爵位等，则要特别指出。所以"赏"的这种只携带对象宾语的例子反而是最多的。这也可以认为是语用造成的。

10.7.2.2　宾语不出现

(166) 毕万之后必大。万盈数也，魏大名也，以是始赏，天启之矣。(左闵元)

(167) 秋七月丙申，振旅，恺以入于晋，献俘授馘，饮至大赏，征会讨贰。(左僖 28)

(168) 是以将赏为之加膳，加膳则饫赐，此以知其劝赏也。(左襄 26)

(169) 朝国人而以君命赏，且告之曰："孤虽归，辱社稷矣，其卜贰圉也。"(左僖 15)

(170) 臣闻之曰："善有章，虽贱赏也；恶有衅，虽贵罚也。"(国语・鲁语上)

(171) 且鸡丘之会，其官不犯而辞顺，不可不赏也。(国语・晋语七)

(172) 君有二臣，或可赏也，或可戮也。(国语・楚语下)

前三例"赏"的对象宾语没有出现是因为在上下文中是无指的;后四例动词后没有出现对象宾语是因为上文已经出现过了,是旧信息。

10.7.2.3 动词连用

(173) 今吾若起瑕、原、韩、魏之后而赏立之,则民怀矣。(国语·晋语八)

(174) 是赏盗也。赏而去之,其或难焉。(左襄 21)

(175) 王归而赏及郧、怀。(国语·楚语下)

例(173)的"赏"是修饰"立"的,例(174)的"赏"和"去"是并列的,例(175)中"及"是"赏"的后续结果。

10.8 赐

10.8.1 命题义句法表现及论元结构

10.8.1.1 双宾语句

(176) 公赐之食,食舍肉。(左隐元)

(177) 王使召伯廖赐齐侯命,且请伐卫,以其立子颓也。(左庄 27)

(178) 神居莘六月,虢公使祝应、宗区、史嚚享焉,神赐之土田。(左庄 32)

(179) 还,为大子城曲沃,赐赵夙耿,赐毕万魏,以为大夫。(左闵元)

(180) 赐我先君履,东至于海,西至于河,南至于穆陵,北至于无棣。(左僖 4)

(181) 王使宰孔赐齐侯胙。(左僖 9)

(182) 楚子赐之金,既而悔之,与之盟曰:"无以铸兵。"(左僖 18)

(183) 成王劳之,而赐之盟曰:"世世子孙无相害也。"(左僖 26)

(184) 韩子祀夏郊,晋侯有间,赐子产莒之二方鼎。(左昭 7)

(185) 或赐二小人酒,不夕食。(左昭 28)

(186) 若以先臣之故不绝季氏,而赐之死。(左昭 31)

"赐"的论元结构为:

赐:〈x(施事)[赐] y(与事)z(受事)〉

10.8.1.2 赐+与事+以+受事

(187) 太子曰:"君赐我以偏衣、金玦,何也?"(国语·晋语一)

"赐"的论元结构为:

赐:〈x(施事)[赐] y(与事)以 z(受事)〉

10.8.1.3 以＋受事＋赐＋与事

(188) 尽以其宝赐左右而使行。(左文 16)

(189) 晋侯以乐之半赐魏绛。(左襄 11)

(190) 庄公通焉,骤如崔氏,以崔子之冠赐人。(左襄 25)

(191) 庄王既以夏氏之室赐申公巫臣,则又畀之子反,卒于襄老。(国语·楚语上)

(192) 昔天以越赐吴,而吴不受,今天以吴赐越,孤敢不听天之命,而听君之令乎?(国语·吴语)

"赐"的论元结构为:

赐:〈x(施事)以 z(受事)[赐] y(与事)〉

10.8.1.4 赐＋受事＋于＋与事

(193) 寡君使举曰:"日君有惠,赐盟于宋。"(左昭 4)

"赐"的论元结构为:

赐:〈x(施事)[赐] z(受事)于 y(与事)〉

10.8.2 交际义造成的句法补偿

10.8.2.1 以＋赐＋与事

(194) 我执曹君而分曹、卫之田以赐宋人。(左僖 28)

(195) 孤不天,不能事君,使君怀怒以及敝邑,孤之罪也,敢不唯命是听? 其俘诸江南以实海滨,亦唯命。其翦以赐诸侯,使臣妾之,亦唯命。(左宣 12)

(196) 西狩于大野,叔孙氏之车子鉏商获麟,以为不祥,以赐虞人。(左哀 14)

(197) 我分曹、卫之地以赐宋人。(国语·晋语四)

由于受事都是上文出现的内容,所以不再出现或指称。

10.8.2.2 赐＋对象

(198) 若专赐臣,是臣兴诸侯以自封也,其何罪大焉?(左襄 10)

(199) 若野赐之,是委君贶于草莽也,是寡大夫不得列于诸卿也。(左昭元)

(200) 君不敢逆王命而复赐之,使三官书之。(左昭 4)

(201) 齐侯将饮酒,遍赐大夫曰:"二三子之教也。"(左昭 20)

(202) 十二月,公疾,遍赐大夫,大夫不受。(左昭 32)

(203) 曰:"周之则受,赐之则不受,何也?"(孟子·万章下)

"赐"的内容没有出现是因为无指。

10.8.2.3 赐+受事

(204) 王飨醴,命之宥。皆赐玉五瑴,马三匹,非礼也。(左庄18)

(205) 天子使孔曰:"以伯舅耋老,加劳,赐一级,无下拜。"(左僖9)

(206) 君来赐命曰:"吾与女伐狄。"(左成13)

(207) 君赐食,必正席先尝之。君赐腥,必熟而荐之。(论语·乡党)

(208) 曰:"'却之却之为不恭',何哉?"曰:"尊者赐之。"(孟子·万章下)

"赐"的对象没有出现是因为在上下文中是旧信息,或者是明确的。

10.8.2.4 宾语不出现

(209) 公子怒,欲鞭之,子犯曰:"天赐也。"(左僖23)

(210) 公子怒,将鞭之。子犯曰:"天赐也。"(国语·晋语四)

(211) 鲁执政唯强,故不欢焉而后遣之,且其状方上而锐下,宜触冒人。王其勿赐。(国语·周语中)

(212) 使私问诸鲁,请之也。王遂不赐,礼如行人。(国语·周语中)

10.8.2.5 被动

(213) 抱关击柝者皆有常职以食于上。无常职而赐于上者,以为不恭也。(孟子·万章下)

(214) 三月,公如京师。宣伯欲赐,请先使,王以行人之礼礼焉。(左成13)

(215) 其享覲之币薄而言谄,殆请之也,若请之,必欲赐也。(国语·周语中)

11 贡、献、荐[1]

11.1 小引

11.1.1 同义词

著作		同义词
段德森	简明古汉语同义词词典	贡、献
江必兴等	常用文言同义词辨析	供、贡、献
王政白	古汉语同义词辨析	
张百栋，邵祖成	古汉语常见同义词辨析	
洪成玉，张桂珍	古汉语同义词辨析	
周国光，李向农	文言文汇系列手册：同义词	贡、献、进、奉、供（共）、纳（内）
沈锡荣	古汉语常用词类释	贡、献、效

11.1.2 词义分解

段德森（1992）：贡、献，动词，都可以表示下对上、卑对尊的进献。“贡”指把物品进献给帝王；“献”不限于向帝王进献，泛指下对上、卑对尊的进献，进献的不限于物品，也可以是人等。

周国光，李向农（1989）：这一组词都有进献的意思。

上面表格中的贡献类动词都有“进献”义，但在很多方面表现出差异。它们的词义可以分解如下：

[动作：x ACT〈进献〉 y TO z][方向：?][方式：?][内容：?]

① 本章内容基于作者已发表的文章《施受同辞辨》，见参考文献[163]。

11.2　贡

11.2.1　命题义句法表现及论元结构

(1) 遂南征伐楚，济汝，逾方城，望汶山，使贡丝于周而反。(国语・齐语)

“贡”的论元结构为：

贡：〈x(施事)[贡]y(受事)于 z(与事)〉

“贡”是一个给予义的三价动词，它的论元结构可能不止此一种，从下文可以看出，它可能还会有“贡＋受事＋于＋与事”“以＋受事＋贡＋于＋与事”的结构。但“贡”不会出现在双宾语结构中。

11.2.2　交际义造成的句法补偿

11.2.2.1　贡＋受事

(2) 诸侯不贡车服，天子不私求财。(左桓 15)

(3) 昔夏之方有德也，远方图物，贡金九牧，铸鼎象物，百物而为之备，使民知神奸。(左宣 3)

(4) 于是肃慎氏贡苦矢、石砮，其长尺有咫。(国语・鲁语下)

与事没有出现是因为它在上文中出现过，或者是不言自明的。

11.2.2.2　贡＋于＋与事

(5) 及其舍之也，四分公室，季氏择二，二子各一，皆尽征之而贡于公。(左昭 5)

“贡”的受事没有出现是因为前文已经出现过。

11.2.2.3　以＋受事＋贡

(6) 昔武王克商，通道于九夷、百蛮，使各以其方贿来贡，使无忘职业。(国语・鲁语下)

11.2.2.4　宾语不出现

(7) 夏后氏五十而贡，殷人七十而助，周人百亩而彻，其实皆什一也。(孟子・滕文公上)

(8) 甸服者祭，侯服者祀，宾服者享，要服者贡，荒服者王。(国语・周语上)

(9) 日祭、月祀、时享、岁贡、终王，先王之训也。(国语・周语上)

受事宾语无指，故而不出现。与事是不言自明的。

11.3 献

11.3.1 命题义句法表现及论元结构

(10) 丁未,献楚俘于王,驷介百乘,徒兵千。(左僖28)

(11) 平楚人献鼋于郑灵公。(左宣4)

(12) 晋侯使巩朔献齐捷于周,王弗见,使单襄公辞焉。(左成2)

(13) 谷阳竖献饮于子反,子反醉而不能见。(左成16)

(14) 郑伯献捷于会,故亲听命。(左襄8)

(15) 孙文子卜追之,献兆于定姜。(左襄10)

(16) 献车于季武子,美泽可以鉴。(左襄28)

(17) 公若献弓于公为,且与之出射于外而谋去季氏。(左昭25)

(18) 蔡昭侯为两佩与两裘以如楚,献一佩一裘于昭王。(左定3)

(19) 赵简子逆,而饮之酒于绵上,献杨楯六十于简子。(左定6)

(20) 又有左史倚相,能道训典,以叙百物,以朝夕献善败于寡君。(国语·楚语下)

(21) 聘于郑,见子产,如旧相识。与之缟带,子产献纻衣焉。(左襄29)

"献"的论元结构为:

献:〈x(施事)[献]y(受事)于z(与事)〉

11.3.2 交际义造成的句法补偿

11.3.2.1 献+受事

(22) 于是初献六羽,始用六佾也。(左隐5)

(23) 夏六月,齐侯来献戎捷,非礼也。(左庄31)

(24) 荐五味,羞嘉谷,盐虎形,以献其功。吾何以堪之?(左僖30)

(25) 韩厥献丑父,郤献子将戮之。(左成2)

(26) 六月丙午,晋侯欲麦,使甸人献麦,馈人为之。(左成10)

(27) 史为书,瞽为诗,工诵箴谏,大夫规诲,士传言,庶人谤,商旅于市,百工献艺。(左襄14)

(28) 献玉者曰:"以示玉人,玉人以为宝也,故敢献之。"(左襄15)

(29) 既,崔氏之臣曰:"与我其拱璧,吾献其柩。"(左襄28)

(30) 子产曰:"小国共职,敢不荐守?"献伯子男会公之礼六。(左昭4)

(31) 君所谓可而有否焉,臣献其否以成其可。(左昭 20)

(32) 故天子听政,使公卿至于列士献诗,瞽献曲,史献书。(国语·周语上)

“献”的对象在很多情况下是很明确的,所以这种不出现对象的句子也是很多的。

11.3.2.2 献+于+与事

(33) 颍考叔为颍谷封人,闻之,有献于公。(左隐元)

(34) 公宾庚、公甲叔子与战于夷,获叔子与析朱鉏,献于王。(左哀 8)

(35) 若王使太宰忌父帅傅氏及祝、史奉牺牲、玉鬯往献焉。(国语·周语上)

(36) 使太宰以祝,史帅狸姓,奉牺牲、粢盛、玉帛往献焉,无有祈也。(国语·周语上)

(37) 晋鲍癸当其后,使摄叔奉麋献焉。(左宣 12)

(38) 凡诸侯有四夷之功则献于王,王以警于夷,中国则否。(左庄 31)

(39) 楚潘党逐之,及荧泽,见六麋,射一麋以顾献,曰:“子有军事,兽人无乃不给于鲜?敢献于从者。”(左宣 12)

“献”的内容上文已经出现过,故而不再指出。

11.3.2.3 以+献+于+与事

(40) 六月,大败戎师,获其二帅大良、少良,甲首三百,以献于齐。(左桓 6)

(41) 印堇父与皇颉戍城麇,楚人囚之,以献于秦。(左襄 26)

(42) 展如败高子,国子败胥门巢,王卒助之,大败齐师,获国书、公孙夏、闾丘明、陈书、东郭书,革车八百乘,甲首三千,以献于公。(左哀 11)

“以”后没有出现“献”的内容,原因是上文已出现过。可见“献”的基本用法里应当还有受事用工具宾语引介的用法,即“以+受事+献+于+与事”,只是在我们调查的文献中没有出现。

11.3.2.4 以+献

(43) 门于桔柣之门,瑕覆于周氏之汪,外仆髡屯禽之以献。(左僖 33)

(44) 或淫于外州,外州人夺其轩以献。(左哀 11)

11.3.2.5 以+受事+献

(45) 楚潘党逐之,及荧泽,见六麋,射一麋以顾献。(左宣 12)

(46) 吴人伐慎,白公败之。请以战备献,许之,遂作乱。(左哀 16)

“献”的与事没有出现,原因是上下文中是明确的,不用再指出。

11.3.2.6 献＋以＋受事

(47) 既立，所宿庚宗之妇人献以雉。(左昭 4)

“以＋受事”可以位于动词的后面，此时对象即与事不出现。

11.3.2.7 献＋受事＋与事

(48) 饮先从者酒，醉之，窃马而献之子常，子常归唐侯。(左定 3)

此例比较特殊，是个双宾语句，受事“子常”并没有用介词“于”引介，而且至于受事之后。但整个句子表意明确。这说明在“献”这一活动中，内容比对象更重要。一般的给予义动词的常态都是“V＋与事＋受事”，如上一章的“与(予)”“授”。“献”的双宾语句却是“V＋受事＋与事”，正是因为受事在整个活动中的重要性。

另外，与(予)用得最多的例子是“V＋与事＋受事”，“献”用法中出现最多的例子是“献＋受事”。“赏”用得最多的是“赏＋对象”。这三类动词都是给予义的动词，但它们用法中出现最多的句子类型是不一样的，可以对比如下：

(a)与(予)、授、馈、诒(贻)、遗、赐——V＋与事＋受事

(b)赏——V＋与事

(c)贡、献、荐——V＋受事

造成上述差异的其实也是广义的语用原因。(a)类中的“与(予)”“授”等是普通的给予义的动词，给的对象和内容一般都要涉及，不然语义不明确；“赐”一般是地位高的人赐予地位低的人东西，但是不但被赐的人重要，而且赐的物品也重要，因为它们都能显示“赐”这个活动所显示的与众不同和重要性。(b)类的“赏”却不同，因为赏赐的东西一般都是钱币布帛之类的东西，除非比较重大比如爵位、采地等才要特别指出。(c)类的“贡”“献”和“荐”的对象一般是地位高的人，而且在上下文中一般是明确的，而所献所荐的东西却很重要。

同是给予义三价动词，语义上都要关涉三个成分——给予者、给予物和接受者，但句法表现有不小的差异，差异的来源是表达语义的上下文即广义的语用。如果单纯从句法表现出发来给它们分类，得出的结论有时会不太

准确。

11.3.2.8 受事是旧信息不出现

(49) 初,虞叔有玉,虞公求旃,弗献。(左桓 10)

(50) 子展执絷而见,再拜稽首,承饮而进献。(左襄 25)

(51) 夫人使馈之锦与马,先之以玉,曰:"君之妾弃使某献。"(左襄 26)

(52) 晋之取鼓也,既献而反鼓子焉,又叛于鲜虞。(左昭 22)

(53) 及铁之战,以徒五百人宵攻郑师,取蜂旗于子姚之幕下,献,曰:"请报主德。"(左哀 2)

(54) 康公不献。一年,王灭密。(国语·周语上)

11.3.2.9 受事无指故不出现

(55) 享曹大子,初献,乐奏而叹。(左桓 9)

(56) 丁丑,楚子入飨于郑,九献,庭实旅百,加笾豆六品。(左僖 22)

(57) 子驷抑尉止曰:"尔车非礼也。"遂弗使献。(左襄 10)

(58) 季氏饮大夫酒,臧纥为客。既献,臧孙命北面重席,新樽絜之。(左襄 23)

(59) 穆叔曰:"赵孟欲一献,子其从之。"(左昭元)

(60) 乃饮酒,使宰献而请安。(左昭 27)

(61) 遂如楚,楚成王以周礼享之,九献,庭实旅百。(国语·晋语四)

(62) 既献,言于公,与鼓子田于河阴,使夙沙厘相之。(国语·晋语九)

"献"的内容是固定的,是国家交际活动中一项程式性的内容,就像"吃"的受事"饭"一样,可以不出现。

11.3.2.10 动词连用

(63) 诸侯修盟,存小国也。贡献无极,亡可待也。存亡之制,将在今矣。(左昭 13)

(64) 句践请盟:一介嫡女,执箕扫以晐姓于王宫;一介嫡男,奉盘匜以随诸御;春秋贡献,不解于王府。(国语·吴语)

11.4 荐

11.4.1 命题义句法表现及论元结构

(65) 诸侯之封也,皆受明器于王室,以镇抚其社稷,故能荐彝器于王。(左昭 15)

(66) 以肥之得备弥甥也,有不腆先人之产马,使求荐诸夫人之宰,其可以称旌繁乎!

(左哀 23)

(67) 天子能荐人于天,不能使天与之天下;诸侯能荐人于天子,不能使天子与之诸侯;大夫能荐人于诸侯,不能使诸侯与之大夫。昔者,尧荐舜于天,而天受之;暴之于民,而民受之;故曰,天不言,以行与事示之而已矣。(孟子・万章上)

(68) 昔者,舜荐禹于天,十有七年,舜崩……禹荐益于天,七年,禹崩。(孟子・万章上)

(69) 敢问荐之于天,而天受之;暴之于民,而民受之,如何?(孟子・万章上)

"荐"的论元结构为:

荐:〈x(施事)[荐]y(受事)于 z(与事)〉

11.4.2 交际义造成的句法补偿

11.4.2.1 荐+受事

(70) "若晋取虞,而明德以荐馨香,神其吐之乎?"弗听,许晋使。宫之奇以其族行,曰:"虞不腊矣"。(左僖 5)

(71) 荐五味,羞嘉谷,盐虎形,以献其功。(左僖 30)

(72) 虽君之有鲁丧,亦敝邑之忧也。若获荐币,修垣而行,君之惠也,敢惮勤劳?(左襄 31)

(73) 求诸侯而麇至,求昏而荐女,君亲送之,上卿及上大夫致之。(左昭 5)

(74) 若有德之君,外内不废,上下无怨,动无违事,其祝、史荐信无愧心矣,是以鬼神用飨,国受其福,祝、史与焉。(左昭 20)

(75) 君赐腥,必熟而荐之。(论语・乡党)

(76) 王乃淳濯飨醴,及期,郁人荐鬯,牺人荐醴,王祼鬯。(国语・周语上)

(77) 赦囚系,宥间罪,荐积德,逮鳏寡,振废淹,养老幼,恤孤疾。(国语・晋语七)

(78) 若临大事,其可以贤于臣。臣请荐所能择而君比义焉。(国语・晋语七)

(79) 夫事君者,谏过而赏善,荐可而替否,献能而进贤,择材而荐之,朝夕诵善败而纳之。(国语・晋语九)

"荐"的与事在上下文中一般都比较明确,故而不用再指出。

11.4.2.2 受事不出现

(80) 苟有明信,涧溪沼沚之毛、蘋蘩薀藻之菜、筐筥锜釜之器、潢污行潦之水,可荐于鬼神,可羞于王公,而况君子结二国之信,行之以礼,又焉用质?(左隐 3)

(81) 重耳之仰君也，若黍苗之仰阴雨也。若君实庇荫膏泽之，使能成嘉谷，荐在宗庙，君之力也。(国语·晋语四)

受事不出现是因为前文已经出现过了，是旧信息。

11.4.2.3 动词连用

(82) 王使问礼于左师与子产。左师曰："小国习之，大国用之，敢不荐闻？"(左昭 4)

(83) 雍巫有宠于卫共姬，因寺人貂以荐羞于公，亦有宠。(左僖 17)

(84) 其输之，则君之府实也，非荐陈之，不敢输也。(左襄 31)

12 御、驾、耕、歌

12.1 说明

这几个词都可以携带同源宾语(cognate object),因此将它们放在一起进行考察。“御”“驾”的宾语是车,“耕”的宾语是地,“歌”的宾语是歌曲。

12.2 御

12.2.1 命题义句法表现及论元结构

(1) 许偃御右广,养由基为右。彭名御左广,屈荡为右。(左宣 12)

(2) 郑周父御佐车,宛茷为右,载齐侯以免。(左成 2)

(3) 使御广车而行,己皆乘乘车。(左襄 24)

(4) 韩万御戎,梁弘为右,逐翼侯于汾隰,骖絓而止,夜获之,及栾共叔。(左桓 3)

(5) 赵夙御戎,毕万为右,以灭耿,灭霍,灭魏。(左闵元)

(6) 狐突御戎,先友为右。梁余子养御罕夷,先丹木为右。(左闵 2)

(7) 步扬御戎,家仆徒为右。(左僖 15)

“御”义为驾车,其论元结构为:

御:〈x(施事)[御]y(受事)〉

12.2.2 交际义造成的句法补偿

12.2.2.1 宾语不出现

(8) 楚熊负羁囚知罃,知庄子以其族反之,厨武子御,下军之士多从之。(左宣 12)

(9) 张侯曰:“自始合,而矢贯余手及肘,余折以御,左轮朱殷,岂敢言病?吾子忍之。”(左成 2)

(10) 韩厥梦子舆谓己曰:“旦辟左右。”故中御而从齐侯。(左成 2)

(11) 自御而归,不能当道。(左襄 22)

(12) 孟孺子泄帅右师,颜羽御,邴泄为右。冉求帅左师,管周父御,樊迟为右。(左哀

11)

(13) 樊迟御，子告之曰："孟孙问孝于我，我对曰无违。"（论语·为政）

(14) 张侯御，曰："三军之心，在此车也。其耳目在于旗鼓。"（国语·晋语五）

12.2.2.2 为动

(15) 梁余子养御罕夷，先丹木为右。（左闵2）

(16) 梁由靡御韩简，虢射为右，辂秦伯，将止之。（左僖15）

(17) 侯叔夏御庄叔，绵房孙为右，富父终甥驷乘。（左文11）

(18) 邴夏御齐侯，逢丑父为右。晋解张御郤克，郑丘缓为右。（左成2）

(19) 二子追公，公孙丁御公，子鱼曰："射为背师，不射为戮，射为礼乎！"（左襄14）

(20) 使华齐御公孟，宗鲁骖乘。（左昭20）

(21) 士伯御叔孙，从者四人，过邾馆以如吏。（左昭23）

宾语位置上的名词并不是动词"御"本身蕴含的论元，而是一个外部论元。整个事件的结构是：

邴夏御齐侯[x(邴夏)ACT〈御〉FOR z(齐侯)]

当动词的宾语是一个本身并不蕴含的论元时，动词具有了"熟语"的性质。"御"的为动用法就属于这种情况。

上古汉语中"御＋人"结构中的指人宾语也可以因为交际因素再进行相应的变化：

(22) 昔贾大夫恶，娶妻而美，三年不言不笑。御以如皋，射雉获之，其妻始笑而言。（左昭28）

"御"的宾语是"妻"，因为上文中已经出现，属于旧信息，这里就不再出现了。

12.3 驾

12.3.1 命题义句法表现及论元结构

(23) 齐侯欲与卫侯乘，与之宴而驾乘广，载甲焉，使告曰："晋师至矣。"（左定13）

(24) 公父文伯至，命校人驾乘车。（左哀3）

(25) 召获驾乘车，行爵食炙，奉卫侯辄来奔。（左哀15）

"驾"的论元结构是：

驾:〈x(施事)[驾]y(受事)〉

12.3.2 交际义造成的句法补偿

12.3.2.1 宾语不出现:无指

(26) 乃驾以待。子上欲涉,大孙伯曰:"不可。"(左僖33)

(27) 荀偃令曰:"鸡鸣而驾,塞井夷灶,唯余马首是瞻。"(左襄14)

(28) 齐侯驾,将走邮棠。(左襄18)

(29) 驾而行,出弇中,谓婴曰:"速驱之,崔、庆之众不可当也。"(左襄25)

(30) 使圉人驾,寺人御而出,且曰:"崔氏有福,止余犹可。"(左襄27)

(31) 声子射其马,斩鞅,殪。改驾,人以为鬷戾也,而助之。(左昭26)

(32) 齐朝驾则夕极于鲁国,不敢惮其患,而与晋共其忧。(国语・鲁语下)

(33) 靡笄之役,韩献子将斩人。郤献子驾,将救之,至,则既斩之矣。(国语・晋语五)

12.3.2.2 宾语不出现:受事话题化

(34) 右广初驾,数及日中,左则受之,以至于昏。(左宣12)

(35) 右广鸡鸣而驾,日中而说。(左宣12)

(36) 虽吾公室今亦季世也。戎马不驾,卿无军行,公乘无人,卒列无长。(左昭3)

(37) 鲁平公将出,嬖人臧仓者请曰:"他日君出,则必命有司所之。今乘舆已驾矣,有司未知所之,敢请。"(孟子・梁惠王下)

12.4 耕

12.4.1 命题义句法表现及论元结构

(38) 我竭力耕田,共为子职而已矣,父母之不我爱,于我何哉?(孟子・万章上)

(39) 王耕一墢,班三之,庶民终于千亩,其后稷省功,太史监之。(国语・周语上)

(40) 百亩之田,匹夫耕之,八口之家足以无饥矣。(孟子・尽心上)

"耕"的论元结构是:

耕:〈x(施事)[耕]y(受事)〉

"耕"的受事是田地。

12.4.2 交际义造成的句法补偿

12.4.2.1 宾语不出现：无指

(41) 夫郊祀后稷，以祈农事也。是故启蛰而郊，郊而后耕。今既耕而卜郊，宜其不从也。(左襄7)

(42) 乃见鱄设诸焉，而耕于鄙。(左昭20)

(43) 王如施仁政于民，省刑罚，薄税敛，深耕易耨。(孟子·梁惠王上)

(44) 春省耕而补不足，秋省敛而助不给。(孟子·梁惠王下)

(45) 大舜有大焉，善与人同，舍己从人，乐取于人以为善，自耕稼、陶、渔以至为帝，无非取于人者。(孟子·公孙丑上)

(46) 贤者与民并耕而食，饔飧而治。(孟子·滕文公上)

(47) 曰："许子以釜甑爨，以铁耕乎?"曰："然。"(孟子·滕文公上)

(48) 伊尹耕于有莘之野，而乐尧舜之道焉。(孟子·万章上)

(49) 君子之不耕而食，何也?(孟子·尽心上)

(50) 令夫农，群萃而州处，察其四时，权节其用，耒、耜、枷、芟，及寒，击草除田，以待时耕；及耕，深改良而疾耰之，以待时雨。(国语·齐语)

12.5 歌

12.5.1 命题义句法表现及论元结构

(51) 工歌《文王》之三，又不拜。歌《鹿鸣》之三，三拜。(左襄4)

(52) 吾骤歌北风，又歌南风，南风不竞，多死声。(左襄18)

(53) 将战，公孙夏命其徒歌《虞殡》。(左哀11)

(54) 夫先乐金奏《肆夏》《樊》《遏》《渠》，天子所以飨元侯也；夫歌《文王》《大明》《绵》，则两君相见之乐也。皆昭令德以合好也，皆非使臣之所敢闻也。(国语·鲁语下)

"歌"的论元结构是：

歌：〈x(施事)[歌]y(受事)〉

12.5.2 交际义造成的句法补偿

12.5.2.1 宾语不出现：无指

(55) 姜入于室，与崔子自侧户出，公拊楹而歌。(左襄25)

(56) 鸜鹆鸜鹆，往歌来哭。(左昭25)

(57) 是夜也，赵简子梦童子羸而转以歌，旦占诸史墨。（左昭 31）

(58) 子于是日哭，则不歌。（论语・述而）

(59) 将命者出户，取瑟而歌，使之闻之。（论语・阳货）

(60) 曰："昔者王豹处于淇，而河西善讴；绵驹处于高唐，而齐右善歌；华周、梁之妻善哭其夫而变国俗。"（孟子・告子下）

12.5.2.2　歌＋对象

(61) 无礼不乐，所由叛也。若吾子之德莫可歌也，其谁来之？盍使睦者歌吾子乎？（左文 7）

(62) 公怒，鞭师曹三百。故师曹欲歌之以怒孙子，以报公。公使歌之，遂诵之。（左襄 14）

(63) 文王之功，天下诵而歌舞之，可谓则之。（左襄 31）

(64) 陈氏之施，民歌舞之矣。（左昭 26）

(65) 讴歌者，不讴歌尧之子而讴歌舜，故曰，天也。（孟子・万章上）

宾语位置上的名词并不是动词"歌"本身蕴含的论元，而是一个外部论元。整个事件的结构是：

睦者歌吾子：[x(睦者)ACT〈歌〉FOR z(吾子)]

同"郧夏御齐侯"中的"御"相比，"睦者歌吾子"中的"歌"的意思已经有了变化，已经不是单纯的"歌唱"，而是有了"歌颂"的意思在里面。这是"歌"词义变化的来源。

"歌＋对象"这一结构还可以因为语用因素发生句法变化：

(66) 九功之德皆可歌也，谓之《九歌》。（左文 7）

(67) 若吾子之德莫可歌也，其谁来之？盍使睦者歌吾子乎？（左文 7）

"歌"的对象提前作了话题。

12.6　小结

12.6.1　受事宾语、宾语话题化和无指宾语

受事宾语、宾语话题化和无指宾语分别指下面这三种情况下动词的宾语：

(68) 我吃饭了。

(69) 饭我不吃了。

(70) 我吃了。

“吃”是个及物动词，在表达命题义的句子里受事宾语是要出现的，比如上面的“我吃饭了”。

“我吃了”中“吃”的宾语不出现有多种解释，比如省略，比如使用频率，根本的原因是“吃”的宾语“饭”是一种旧信息。旧信息有程度的差别，有的是上下文中体现出来的信息，比如“我刚吃过火锅，所以今天不吃了”，“火锅”是上文刚出现过的信息；有的是离得较远的信息，需要回指，比如“前几天我找过小王，后来听说去北京了，所以你这几天先别去找他”，“小王”是旧信息，但间隔比较远，回指时要用代词“他”来指代。如果间隔比较近就不用代词指代：“前几天我刚找过小王，你暂时别找了”，“饭我不吃了”就属于这种情况。旧信息有时只有交际双方知道，比如两个人见面说“你昨天找了吗？”只有他们自己知道找什么。再比如两个酒鬼见面说“昨天喝了吗”，说的是酒，一般人是不会这么问的。还有一种旧信息是语言使用者共有的知识，比如“你吃了吗”中“吃”的宾语“饭”，一般是不用出现的，除非吃的是饭之外的东西或者不同种类的饭，比如“苹果”“烧烤”之类。

杨成凯(1996)说语法说到底就是用法，这个说法不错，但不全面。有的句子我们认为不合语法，或者一般不那么说，比如“你吃了吗”能说，而“你喝了吗”我们一般不这么说，但如果放入一定的上下文，它是可以说的，而且很合语法。原因就是句子除了表达命题义之外，是要放到语篇中进行交际的。生成语法所说的深层结构和表层结构以及句子的生成其实都是语用因素在起作用。

当我们被问到一个动词是及物动词还是不及物动词时，我们想到的是动词语义所蕴含的域内论元有哪些，它能表达什么样的命题义。当我们被问到一个句子合不合语法能不能说的时候，我们一方面想到的是句子表达命题义时的句法表现，而且还部分地思考在哪些语用条件下句子是成立的，此时就会出现见仁见智的情形。对研究者来说就出现如何取舍的问题。其实，如果将命题义和交际义同时进行考虑，那么不但能充分认识动词的性质、特点，还能对影响动词句法表现的交际因素有全面深入的了解。因为一个及物动词表达命题义时，其动词语义所蕴含的论元一般都要出现，如果不出现，就是有语用因素在其中起作用。

12.6.2 域外论元的实现方式

本章我们分析的几个动词当中“乘、御、歌”都可以蕴含自身不蕴含的论元，比如：“彭生乘公”“校人乘车”“邴夏御齐侯”“睦者歌吾子”“九功之德皆可歌”。在关涉一个本身不蕴含的论元时，这些动词的词义发生了变化，“乘”有了使让义，或者“驾车”义，“御”有了“为”义，“歌”有了“颂”义。这说明当一个动词关涉域外论元时词义会发生变化。另外需要注意的是关涉域外论元后变化了的词义有熟语的性质，比如“御”的“为……驾车”和“歌”的“歌颂”义都很单纯也很稳定。“乘”的使让义不单纯也就不稳定，而且用例很少。

现代汉语的“吃”可以关涉自身不蕴含的论元，比如“吃食堂”“吃饭馆”，“食堂”和“饭馆”都是表示处所的域外论元。此时“吃食堂”“吃饭馆”的意义和“吃饭”的意思相比都发生了变化，而且有熟语的特点。“吃食堂”表示档次低，“吃饭馆”表示档次高，这和“吃饭”本身相比已经有很大的变化了。

从上面的分析来看，能携带域外论元改变词义的及物动词一般都能携带同源宾语，而且携带域外论元时，受事不出现，比如“乘、御、歌、吃”。从这个角度来看，不及物动词是最容易进行类似变化的。“跑”是个不及物动词，当它携带域外论元时，词义有变化，而且有熟语性质。“跑 1000 米”有比赛义，“跑龙套”有演戏义，“跑单帮”有做生意义，而且它们都是熟语。除“跑 1000 米”外，虽然可以有 100 米、10000 米、马拉松的不同，但不能说“跑 20 米”，即使能说，也不再具有比赛义了。

既然是熟语，使用的频率是很重要的。也就是说动词尤其是不及物动词关涉域外论元将其实现为宾语从而改变词义，成为类似熟语的单位，是语用原因造成的。

13　守、戍、御(禦)、救

13.1　守

13.1.1　命题义句法表现及论元分解

(1) 则是不乃窃齐国,并与其圣知之法以守其盗贼之身乎?(庄子·胠箧)

(2) 子父不奸之谓礼,守命共时之谓信,违此二者,奸莫大焉。(左僖7)

(3) 庆郑曰:"背施无亲,幸灾不仁,贪爱不祥,怒邻不义。四德皆失,何以守国?"(左僖14)

(4) 不有居者,谁守社稷?不有行者,谁捍牧圉?(左僖28)

(5) 卫侯先期入,宁子先,长牂守门,以为使也,与之乘而入。(左僖28)

(6) 名以出信,信以守器,器以藏礼,礼以行义,义以生利,利以平民,政之大节也。(左成2)

(7) 前志有之曰:"圣达节,次守节,下失节。"(左成15)

(8) 纥不佞,失守宗祧,敢告不吊。(左襄23)

(9) 亡十九年,守志弥笃。(左昭13)

(10) 守道不如守官。(左昭20)

(11) 齐豹为卫司寇,守嗣大夫,作而不义,其书为"盗"。(左昭31)

(12) 守,孰为大?守身为大。(孟子·离娄上)

(13) 不百里,不足以守宗庙之典籍。(孟子·告子下)

(14) 汪芒氏之君也,守封、嵎之山者也,为漆姓。(国语·鲁语下)

(15) 夫圣人随时以行,是谓守时。(国语·越语下)

(16) 将免者以告,公令医守之。(国语·越语上)

(17) 孤欲守吾先君之班爵,进则不敢,退则不可。(国语·吴语)

"守"为"守卫""守护"之义,其论元结构为:

守:〈x(施事)[守]y(受事)〉

"守"的受事内容很丰富。

13.1.2 交际义造成的句法补偿

(18) 今弃是度也而为刑鼎,民在鼎矣,何以尊贵?贵何业之守?贵贱无序,何以为国?(左昭29)

(19) 客曰:"防风何守也?"(国语·鲁语下)

(20) 通外内而去君,君将速入,弗通何为?而何守焉?(左昭25)

这三句是疑问句代词宾语前置。

(21) 蠡闻之,上帝不考,时反是守,强索者不祥。得时不成,反受其殃。(国语·越语下)

宾语提前为了强调,即使之成为句子的焦点。

13.2 戍

13.2.1 命题义句法表现及论元结构

(22) 于是诸侯之大夫戍齐,齐人馈之饩,使鲁为其班,后郑。(左桓6)

(23) 齐侯使连称、管至父戍葵丘,瓜时而往,曰:"及瓜而代。"(左庄8)

(24) 夏,齐人灭遂而戍之。(左庄13)

(25) 冬,诸侯戍陈。(左襄5)

(26) 诸侯之师城虎牢而戍之,晋师城梧及制,士鲂、魏绛戍之。(左襄10)

(27) 六月,晋阎没戍周,且城胥靡。(左定6)

"戍"是"守卫"的意思,其论元结构是:

戍:〈x(施事)[戍]y(受事)〉

"戍"的受事比较单纯,一般是地名、国名。

13.3 御(禦)

13.3.1 命题义句法表现及论元结构

(28) 北戎侵郑,郑伯御之,患戎师,曰:"彼徒我车,惧其侵轶我也。"(左隐9)

(29) 秋,晋搜于清原,作五军以御狄。(左僖31)

(30) 晋人御师必于殽。(左僖32)

(31) 舜臣尧,宾于四门,流四凶族,浑敦、穷奇、梼杌、饕餮,投诸四裔,以御螭魅。(左

文 18)

(32) 君其备御三邻,慎守宝矣,敢不贺乎?(左昭 7)

(33) 以敝邑居大国之间,共其职贡,与其备御不虞之患,岂忘共命?(左昭 30)

(34) 古之为关也,将以御暴;今之为关也,将以为暴。(孟子・尽心下)

(35) 诸侯有旅责,御灾害也。(国语・鲁语下)

"御"义为"抵御",其论元结构为:

御:〈x(施事)[御]y(受事)〉

13.3.2 交际义造成的句法补偿

13.3.2.1 否定句宾语前置(焦点)

(36) 遭世之乱,而莫之能御也。(国语・楚语下)

(37) 君有此士也三万人,以方行于天下,以诛无道,以屏周室,天下大国之君莫之能御。(国语・齐语)

(38) 及其闻一善言,见一善行,若决江河,沛然莫之能御也。(孟子・尽心上)

(39) 夫仁,天之尊爵也,人之安宅也。莫之御而不仁,是不智也。(孟子・公孙丑上)

(40) 地不改辟矣,民不改聚矣,行仁政而王,莫之能御也。(孟子・公孙丑上)

(41) 曰:"保民而王,莫之能御也。"(孟子・梁惠王上)

13.3.2.2 疑问句代词宾语前置(焦点)

(42) 费曰:"我奚御哉?"袒而示之背,信之。(左庄 8)

13.3.2.3 焦点宾语前置

(43) 将民之与处而离之,将灾是备御而召之,则何以经国?(国语・周语下)

13.3.2.4 可御、能御

(44) 今君至于淫以生疾,将不能图恤社稷,祸孰大焉? 主不能御,吾是以云也。(左昭元)

(45) 季武子问于申丰曰:"雹可御乎?"(左昭 4)

(46) 犹不可禁御,是故闲之以义,纠之以政,行之以礼,守之以信,奉之以仁。(左昭 6)

(47) 恐其如壅大川,溃而不可救御也。(国语・晋语二)

"可御""能御"的受事提前作了话题,或在上下文中是旧信息。

13.3.2.5 相御

(48) 信谗喜优，憎辅远弼，圣人不出，忠臣解骨；皆曲相御，莫适相非，上下相偷。（国语·越语下）

13.3.2.6 所御

(49) 奸以事君者，吾所能御也。（左襄 26）

(50) 奸以事君者，吾所能御也。（国语·晋语八）

13.4 救

13.4.1 命题义句法表现及论元结构

(51) 凡侯伯，救患，分灾，讨罪，礼也。（左僖元）

(52) 听于人以救其难，不可以立武。（左成 6）

(53) 今将借人之力以救其死，若之何铭之？（左襄 19）

(54) 礼之于政，如热之有濯也。濯以救热，何患之有？（左襄 31）

(55) 晋饥，公问于箕郑曰："救饥何以？"（国语·晋语四）

(56) 越国之中，富者吾安之，贫者吾与之，救其不足，裁其有余。（国语·吴语）

(57) 北戎伐齐，齐使乞师于郑，郑大子忽帅师救齐。（左桓 6）

(58) 及卫地，韩献子将斩人，郤献子驰将救之。（左成 2）

(59) 诸侯将谋救燕。（孟子·梁惠王下）

(60) 救民于水火之中，取其残而已矣。（孟子·滕文公下）

(61) 今有同室之人斗者，救之，虽被发缨冠而救之，可也；乡邻有斗者，被发缨冠而往救之，则惑也；虽闭户可也。（孟子·离娄下）

"救"的论元结构为：

救：〈x(施事)[救]y(受事)〉

13.4.2 交际义造成的句法补偿

13.4.2.1 否定句代词宾语前置

(62) 今楚师至，晋不我救，则楚强矣。（左襄 9）

13.4.2.2 宾语不出现(话题化或旧信息)

(63) 诛之，则不可胜诛；不诛，则疾视其长上之死而不救，如之何则可也？（孟子·梁惠王下）

(64) 宋人围曹,郑桓子思曰:“宋人有曹,郑之患也,不可以不救。(左哀 7)

(65) 善人在患,弗救不祥;恶人在位,不去亦不祥。(国语·晋语八)

(66) 同盟灭,虽不能救,敢不矜乎?吾自惧也。(左文 4)

(67) 然犹防川,大决所犯伤人必多,吾不克救也。(左襄 31)

(68) 郑方有罪,不可救也。(左哀 9)

(69) 恐其如壅大川,溃而不可救御也。(国语·晋语二)

(70) 偏而在外,犹可救也,疾自中起,是难。(国语·晋语六)

(71) 季氏旅于泰山,子谓冉有曰:“女弗能救与?”(论语·八佾)

(72) 智不能匡君,使至于难,仁不能救,勇不能死,敢辱君朝以忝韩宗,请退也。(国语·晋语七)

(73) 公知之,告皇野曰:“余长魋也,今将祸余,请即救。”(左哀 14)

13.4.2.3 相救、自救

(74) 戎轻而不整,贪而无亲,胜不相让,败不相救。(左隐 9)

(75) 敝邑之众,夫妇男女,不遑启处,以相救也。(左襄 8)

(76) 吴人自皋舟之隘要而击之,楚人不能相救,吴人败之,获楚公子宜穀。(左襄 14)

(77) 君子不欲多上人,况敢陵天子乎?苟自救也,社稷无陨,多矣。(左桓 5)

14　占、卜、筮、祭、祀

14.1　小引

14.1.1　同义词

著作		同义词	
段德森	简明古汉语同义词词典	祭、荐、禋、祀	卜、筮、占
江必兴等	常用文言同义词辨析	祭、祀、奠	
王政白	古汉语同义词辨析	卜、筮、占	
张百栋，邵祖成	古汉语常见同义词辨析		
洪成玉，张桂珍	古汉语同义词辨析		
周国光，李向农	文言文汇系列手册：同义词		
沈锡荣	古汉语常用词类释	卜、筮、数、占、扶乩（扶鸾、扶箕）	祭、祀、酹、荐、奠

14.1.2　词义分解

段德森（1992）：卜、筮、占，动词，都表示古代推测吉凶的迷信活动。“卜”，用火烧龟甲、兽骨取兆推测吉凶；“筮”，排列蓍草取兆推测吉凶；“占”，泛指推测吉凶，即察看甲骨的裂纹或蓍草排列的情况取兆推测吉凶。

占、卜、筮都是一种活动，义为推测，它们的词义可以分解为：

［动作：推测］［方式：?］［对象：?］

段德森（1992）：祭、荐、禋、祀，动词，都表示祭祀。“祭”同“荐”相对，“祭”，有酒肉作供品的祭祀，牲祭；“荐”，无酒肉作供品的祭祀，素祭；“祭”与“祀”相对，“祭”，祭地祇，“祀”，祭天神。“禋”与“烟”同源，注重洁敬的天祭，与后世熏烟祭祀相近。“祭”“祀”，常泛指祭祀。

祭、祀是祭祀的活动，它们的词义可以分解为：

[动作:祭祀][方式:?][对象:?]

14.2 占

14.2.1 命题义句法表现及论元结构

(1) 惠伯令龟，卜楚丘占之，曰："齐侯不及期，非疾也。君亦不闻。"(左文 18)

(2) 吕锜梦射月，中之，退入于泥。占之，曰："姬姓，日也。异姓，月也。"(左成 16)

(3) 还自郑，壬申，至于狸脤而占之。(左成 17)

(4) 且夫《易》不可以占险。将何事也？(左昭 12)

(5) 是夜也，赵简子梦童子羸而转以歌，旦占诸史墨。(左昭 31)

(6) 卫侯占梦，嬖人求酒于大叔僖子，不得，与卜人比。(左哀 16)

(7) 公拜稽首，觉，召史嚚占之。(国语·晋语二)

"占"的论元结构为：

占〈x(施事)[占]y(受事)〉

14.2.2 交际义造成的句法补偿

14.2.2.1 宾语不出现(旧信息)

(8) 初，声伯梦涉洹，或与己琼瑰食之，泣而为琼瑰盈其怀，从而歌之曰："济洹之水，赠我以琼瑰。归乎归乎，琼瑰盈吾怀乎！"惧不敢占也。还自郑，壬申，至于狸脤而占之，曰："余恐死，故不敢占也。"(左成 17)

14.2.2.2 宾语不出现(无指)

(9) 子曰："不占而已矣。"(论语·子路)

(10)《商书》曰："三人占，从二人。"众故也。(左成 6)

14.3 卜

14.3.1 命题义句法表现及论元结构

(11) 莫敖曰："卜之。"(左桓 11)

(12) 辞曰："臣卜其昼，未卜其夜，不敢。"(左庄 22)

(13) 初，懿氏卜妻敬仲，其妻占之。(左庄 22)

(14) 成季之将生也，桓公使卜楚丘之父卜之。(左闵 2)

(15) 于是卫大旱，卜有事于山川，不吉。(左僖 19)

(16) 公卜使叔孙得臣追之，吉。(左文 11)

(17) 郑文公卜迁于绎，史曰："利于民而不利于君。"(左文 13)

(18) 施氏卜宰，匡句须吉。(左成 17)

(19) 晋侯使张骼、辅跞致楚师，求御于郑。郑人卜宛射犬，吉。(左襄 24)

(20) 知伯闻之乃还，曰："我卜伐郑，不卜敌齐。"。(左哀 27)

"卜"的论元结构为：

卜〈x(施事)[卜]y(受事)〉

14.3.2 交际义造成的句法补偿

14.3.2.1 宾语前置(焦点前置)

(21) 且吴社稷是卜，岂为一人？(左昭 5)

(22) 谚曰："非宅是卜，唯邻是卜。"二三子先卜邻矣，违卜不祥。(左昭 3)

(23) 国之守龟，其何事不卜？(左昭 5)

(24) 对曰："卜以决疑。不疑何卜？"(左桓 11)

(25) 君告于天子，而卜之以守龟于宗祧，吉矣，吾又何卜焉？(左哀 23)

(26) 及巴师至，将卜帅，王曰："宁如志，何卜焉？"(左哀 18)

14.3.2.2 宾语不出现(旧信息)

(27) 公闻之，卜，曰："尚无及期。"(左文 18)

(28) 及著雍，疾。卜，桑林见。(左襄 10)

(29) 年钧择贤，义钧则卜，古之道也。(左襄 31)

(30) 初，灵王卜曰："余尚得天下。"不吉。(左昭 13)

(31) 驷氏惧，驷乞欲逃，子产弗遣。请龟以卜，亦弗予。(左昭 19)

(32) 将战，长武子请卜。(左哀 23)

(33) 以辞伐罪足矣，何必卜？(左哀 23)

14.4 筮

14.4.1 命题义句法表现及论元结构

(34) 其少也，周史有以《周易》见陈侯者，陈侯使筮之，遇《观》之《否》。(左庄 22)

(35) 初，毕万筮仕于晋，遇屯之比。(左闵元)

(36) 初，晋献公欲以骊姬为夫人，卜之，不吉。筮之，吉。(左僖 4)

(37) 初，晋献公筮嫁伯姬于秦，遇《归妹》之《睽》。(左僖 15)

(38) 孔成子以《周易》筮之，曰："元尚享卫国，主其社稷。"(左昭 7)

(39) 康叔命之，二卦告之，筮袭于梦，武王所用也，弗从何为？(左昭 7)

(40) 公亲筮之，胥弥赦占之曰："不害。"(左哀 17)

(41) 成公之归也，吾闻晋之筮之也，遇乾之否。(国语・周语下)

(42) 公子亲筮之，曰："尚有晋国。"得贞屯、悔豫，皆八也。(国语・晋语四)

(43) 臣筮之，得泰之八。(国语・晋语四)

"筮"的论元结构为：

筮〈x(施事)[筮]y(受事)〉

14.4.2 交际义造成的句法补偿

(44) 中美能黄，上美为元，下美则裳，参成可筮，犹有阙也，筮虽吉，未也。(左昭 12)

"筮"的内容上文已经出现，为旧信息。

14.5 祭

14.5.1 命题义句法表现及论元结构

(45) 十一月，公祭锺巫，齐于社圃，馆于寪氏。(左隐 11)

(46) 及将立奚齐，既与中大夫成谋，姬谓大子曰："君梦齐姜，必速祭之。"(左僖 4)

(47) 婴梦天使谓己："祭余，余福女。"(左成 5)

(48) 大夫请祭诸郊。(左哀 6)

(49) 子曰："生，事之以礼；死，葬之以礼，祭之以礼。"(论语・为政)

(50) 非其鬼而祭之，谄也。(论语・为政)

(51) 屈到嗜芰，有疾，召其宗老而属之，曰："祭我必以芰。"(国语・楚语上)

(52) 祭悼子，康子与焉，酢不受，彻俎不宴，宗不具不绎，绎不尽饫则退。(国语・鲁语下)

"祭"的论元结构为：

祭〈x(施事)[祭]y(受事)〉

14.5.2 交际义造成的句法补偿

(53) 大子祭于曲沃，归胙于公。(左僖 4)

(54) 今民馁而君逞欲,祝史矫举以祭,臣不知其可也。(左桓6)

(55) 初,平王之东迁也,辛有适伊川,见被发而祭于野者。(左僖22)

(56) 兄弟致美救乏,贺善吊灾,祭敬丧哀,情虽不同,毋绝其爱,亲之道也。(左文15)

(57) 祝佗父祭于高唐,至,复命,不说弁而死于崔氏。(左襄25)

(58) 丰卷将祭,请田焉,弗许,曰:"唯君用鲜,众给而已。"(左襄30)

(59) 初,昭王有疾,卜曰河为祟,王弗祭。(左哀6)

(60) 祭如在,祭神如神在。子曰:"吾不与祭,如不祭。"(论语·八佾)

(61) 是以古者先王日祭、月享、时类、岁祀。(国语·楚语下)

宾语为旧信息,或者无指,故而不出现。

14.6 祀

14.6.1 命题义句法表现及论元结构

(62) 虔其宗祝,道其顺辞,以昭祀其先祖,肃肃济济,如或临之。(国语·楚语下)

(63) 天子遍祀群神品物,诸侯祀天地、三辰及其土之山川,卿大夫祀其礼,士、庶人不过其祖。(国语·楚语下)

(64) 子期祀平王,祭以牛俎于王,王问与观射父,曰:"祀牲何及?"(国语·楚语下)

(65) 是故天子祀上帝,公侯祀百辟,自卿以下不过其族。(国语·晋语八)

(66) 夫圣王之制祀也,法施于民则祀之,以死勤事则祀之,以劳定国则祀之,能御大灾则祀之,能捍大肆患则祀之。(国语·鲁语上)

(67) 大子使登,仆,而告之曰:"夷吾无礼,余得请于帝矣,将以晋畀秦,秦将祀余。"对曰:"臣闻之,神不歆非类,民不祀非族。君祀无乃殄乎?且民何罪?失刑乏祀,君其图之。"(左僖10)

(68) 郑伯请释泰山之祀而祀周公,以泰山之祊易许田。三月,郑伯使宛来归祊,不祀泰山也。(左隐8)

"祀"的论元结构为:

祀〈x(施事)[祀]y(受事)〉

14.6.2 交际义造成的句法补偿

14.6.2.1 宾语不出现(无指)

(69) 甸服者祭,侯服者祀,宾服者享,要服者贡,荒服者王。(国语·周语上)

(70) 祀于河,作先君宫,告成事而还。(左宣 12)

(71) 狄有五罪,俊才虽多,何补焉? 不祀,一也。耆酒,二也。(左宣 15)

14.6.2.2 宾语前置

(72) 我先王熊挚有疾,鬼神弗赦,而自窜于夔,吾是以失楚,又何祀焉?(左僖 26)

(73) 昔尧殛鲧于羽山,其神化为黄熊,以入于羽渊,实为夏郊,三代祀之。晋为盟主,其或者未之祀也乎?(左昭 7)

15　听、闻、从、叛(畔)[①]

15.1　小引

15.1.1　同义词

著作		同义词	
段德森	简明古汉语同义词词典	听、闻、聆	随、从
江必兴等	常用文言同义词辨析	听、闻	随、从
王政白	古汉语同义词辨析	听、闻、聆	
张百栋,邵祖成	古汉语常见同义词辨析	听、闻	聆、听
洪成玉,张桂珍	古汉语同义词辨析	听、闻、聆	
周国光,李向农	文言文汇系列手册:同义词	听、闻、聆	背(倍、北)、叛(畔)
沈锡荣	古汉语常用词类释	听、闻、聆	

15.1.2　词义分解

段德森(1992):听、闻、聆,动词,都表示用耳听。“听”,指听的行为,可以听见,也可以是没听见;“闻”,指听的结果,是听见,听到;“聆”,指倾耳细听。

段德森(1992):随、从,动词,都表示跟从,跟随。“随”,不强调跟从者的主动性;“从”,强调跟从者的主动性。

周国光、李向农(1989):背、叛都可以表示离开原有的一方转到相对立的一方,或采取敌对的行为。“背”侧重于表示离开某一立场,“叛”侧重于反对原来的一方,“叛”的词义比“背”要稍微重一些。

---

① 本章内容基于作者已发表的论文《从“观”“视”“听”看上古汉语动词去声别义的方向性功能》,见参考文献[166]。

这一章我们要考察的动词共有四类：

第一类：听、闻。这一类动词是感官类动词，都是人的感觉器官（这里是耳朵）感受到外界的刺激（stimulus），这里是声音。“聆”在汉语史上出现比较晚，故而这里不涉及。这一类动词的词义可以分解如下：

[动作：听到][对象：声音][结果：?]

第二类：听、从。这一类动词都有“听从”的意思。词义可以分解为：

[动作：听从][对象：人/话语/建议等]

第三类：从（随从）。“从”表示跟随，一般是一个人跟随另一个人，或者一件事情随着另一件事情发生。词义可以分解为：

[动作：跟随][关涉对象：事情/人][方式：?]

第四类：贰、叛（畔）。这一类动词都表示背离、叛离，涉及两个论元，词义可以分解为：

[动作：叛离][关涉对象：人/国家][方式：?][语义轻重：?]

下面我们分别进行讨论。

15.2　听（听到）

15.2.1　命题义句法表现及论元结构

(1) 詹曰："臣愿获尽辞而死，固所愿也。"公听其辞。（国语·晋语四）

(2) 文子闻之，终身不听琴瑟。（左襄29）

(3) 伯夷，目不视恶色，耳不听恶声。（孟子·万章下）

(4) 饮食不致味，听乐不尽声，求以报吴，愿以此战。（国语·吴语）

(5) 楚师背酅而舍，晋侯患之，听舆人之诵曰："原田每每，舍其旧而新是谋。"（左僖28）

(6) 始吾于人也，听其言而信其行；今吾于人也，听其言而观其行。（论语·公冶长）

(7) 小子听之！清斯濯缨，浊斯濯足矣。（孟子·离娄上）

(8) 伯宗曰："吾饮诸大夫酒，而与之语，尔试听之。"（国语·晋语五）

(9) 耳不听五声之和为聋，目不别五色之章为昧，心不则德义之经为顽，口不道忠信之言为嚚。狄皆则之，四奸具矣。（左僖24）

“听”的内容包括话语、声音、音乐（包括乐器）等。其论元结构为：

听:〈x(施事)[听]y(受事?)〉

15.2.2 交际义造成的句法补偿

15.2.2.1 宾语不出现

(10) 非礼勿视,非礼勿听,非礼勿言,非礼勿动。(论语・颜渊)

(11) 子曰:"道听而涂说,德之弃也。"(论语・阳货)

(12) 蘧蒢不可使俯,戚施不可使仰,僬侥不可使举,侏儒不可使援,蒙瞍不可使视,嚚喑不可使言,聋聩不可使听,童昏不可使谋。(国语・晋语四)

(13) 弟子齐宿而后敢言,夫子卧而不听,请勿复敢见矣。(孟子・公孙丑下)

前三例宾语无指,最后一例"听"的宾语前面已经出现,故而不再出现。

15.2.2.2 宾语前置

(14) 其一人专心致志,惟弈秋之为听。(孟子・告子上)

15.2.2.3 使动

(15) 夫乐不过以听耳,而美不过以观目。(国语・周语下)

(16) 风德以广之,风山川以远之,风物以听之,修诗以咏之,修礼以节之。(国语・晋语八)

(17) 兆民经入畡数以奉之,明德以昭之,和声以听之,以告边至,则无不受休。(国语・楚语下)

15.3 闻

15.3.1 命题义句法表现及论元结构

(18) 公闻其期,曰:"可矣。"(左隐元)

(19) 臣闻爱子教之以义方,弗纳于邪。(左隐3)

(20) 庄公之子犹有八人,若皆以官爵行赂劝贰而可以济事,君其若之何? 臣闻命矣。(左庄14)

(21) 吾闻之:国将兴,听于民。将亡,听于神。(左庄32)

(22) 君履后土而戴皇天,皇天后土实闻君之言,群臣敢在下风。(左僖15)

(23) 子有四方之志,其闻之者,吾杀之矣。(左僖23)

(24) 臣闻小国之免于大国也,聘而献物,于是有庭实旅百。(左宣14)

(25) 侨闻君子长国家者非无贿之患,而无令名之难。(左襄24)

(26) 夫子至于是邦也,必闻其政。(论语·学而)

(27) 子曰:“朝闻道,夕死可矣。”(论语·里仁)

(28) 回也闻一以知十,赐也闻一以知二。(论语·公冶长)

(29) 吾闻君子不党,君子亦党乎?(论语·述而)

(30) 子之武城,闻弦歌之声,夫子莞尔而笑曰:“割鸡焉用牛刀?”(论语·阳货)

(31) 今王田猎于此,百姓闻王车马之音,见羽旄之美,举疾首蹙頞而相告。(孟子·梁惠王下)

(32) 闻诛一夫纣矣,未闻弑君也。(孟子·梁惠王下)

(33) 吾闻出于幽谷迁于乔木者,未闻下乔木而入于幽谷者。(孟子·滕文公上)

(34) 晋闻古之长民者,不堕山,不崇薮,不防川,不窦泽。(国语·周语下)

(35) 异哉!吾闻之曰:“一姓不再兴。”今周其兴乎!(国语·周语下)

(36) 臣闻之:班相恤也,故能有亲。(国语·鲁语上)

(37) 且吾闻以德荣为国华,不闻以妾与马。(国语·鲁语上)

“闻”的论元结构为:

闻:〈x(施事)[闻]y(受事)〉

“闻”的受事可以是声音、话语等,内容很丰富,最主要的特点是受事很多情况下是一件事情。另外,和“听”相比,“闻”的受事一般是已经发生过的事情,“闻”的意思表示“听到”。而“听”的意思就是简单的动作“听”。

15.3.2 交际义造成的句法补偿

15.3.2.1 否定句宾语不出现

(38) 许既伏其罪矣,虽君有命,寡人弗敢与闻。(左隐11)

(39) 三《夏》,天子所以享元侯也,使臣弗敢与闻。(左襄4)

(40) 请命,对曰:“闻强氏授甲将攻子,子闻诸?”曰:“弗闻。”(左昭8)

(41) 若曰无罪而惠免之,诸侯不闻,是逃命也,何免之为?(左昭13)

(42) 齐氏之宰渠子招北宫子,北宫氏之宰不与闻,谋杀渠子,遂伐齐氏,灭之。(左昭20)

(43) 成宰公敛处父告孟孙曰:“季氏戒都车,何故?”孟孙曰:“吾弗闻。”(左定8)

(44) 今宋人弑其君,罪莫大焉!明声之,犹恐其不闻也。(国语·晋语五)

(45) 主将适蝼而麓不闻,臣敢烦当日。(国语·晋语九)

(46) 王使问礼于左师与子产。左师曰:“小国习之,大国用之,敢不荐闻?”(左昭4)

这几例中“闻”的宾语没有出现,是因为在上文中出现过了,是旧信息。

(47) 季氏,而弗闻乎?王享有体荐,宴有折俎。公当享,卿当宴,王室之礼也。(左宣16)

(48) 子弗闻乎,禘郊之事,则有全烝。(国语·周语中)

(49) 子弗闻乎?天子及诸侯合民事于外朝,合神事于内朝。(国语·鲁语下)

(50) 求来!女不闻乎?先王制土,籍田以力,而砥其远迩。(国语·鲁语下)

这几例中的宾语不是旧信息,而是新信息,而且比较长,故而放在了句子的后面。

15.3.2.2 受事话题化宾语不出现

(51) 齐、鲁之故,吾子何不闻焉?(左定10)

(52) 夫子之文章可得而闻也,夫子之言性与天道不可得而闻也。(论语·公冶长)

(53) 王之所大欲,可得闻与?(孟子·梁惠王上)

(54) 其详不可得闻也,诸侯恶其害己也,而皆去其籍。(孟子·万章下)

(55) 齐宣王问曰:“齐桓、晋文之事可得闻乎?”(孟子·梁惠王上)

(56) 晋君之无道莫不闻,公子重耳之仁莫不知。(国语·晋语三)

“闻”的内容提前作了话题,所以不再出现。“可 V”不是表示被动,从这几个例子可以看得很清楚。

15.3.2.3 多闻、有闻、无闻

(57) 多闻,择其善者而从之,多见而识之,知之次也。(论语·述而)

(58) 曰:“为其多闻也,为其贤也。”(孟子·万章下)

(59) 栾枝贞慎,先轸有谋,胥臣多闻,皆可以为辅佐,臣弗若也。(国语·晋语四)

(60) 对曰:“然而多闻以待能者,不犹愈也?”(国语·晋语四)

(61) 为其多闻也,则天子不召师,而况诸侯乎?(孟子·万章下)

(62) 子子路有闻,未之能行,唯恐有闻。(论语·公冶长)

(63) 四十、五十而无闻焉,斯亦不足畏也已。(论语·子罕)

(64) 居于陵,三日不食,耳无闻,目无见也。(孟子·滕文公下)

“闻”的宾语无指,故而不出现。当宾语有所指时要出现,比如:

(65) 多闻阙疑,慎言其余,则寡尤。(论语·为政)

15.3.2.4 相闻

(66) 鸡鸣狗吠相闻,而达乎四境,而齐有其民矣。(孟子·公孙丑上)

(67) 故夜战声相闻，足以不乖；昼战目相见，足以相识。(国语·齐语)

15.3.2.5 宾语前置

(68) 民不见德，而唯戮是闻，其何后之有？(左僖23)

(69) 伯宗曰："何闻？"曰："梁山崩而以传召伯宗。"(国语·晋语五)

(70) 王曰："善哉！吾未之闻也。反之可乎？"(左宣11)

(71) 善哉！肸未之闻也。(左昭元)

(72) 仲尼曰："胡簋之事则尝学之矣，甲兵之事未之闻也。"(左哀11)

(73) 仲尼之徒无道桓、文之事者，是以后世无传焉，臣未之闻也。(孟子·梁惠王上)

(74) 不失其身而能事其亲者，吾闻之矣；失其身而能事其亲者，吾未之闻也。(孟子·离娄上)

(75) 鲁其亡乎！使僮子备官而未之闻耶？(国语·鲁语下)

15.3.2.6 所闻

(76) 商、周之不敌，君之所闻也。(左桓11)

(77) 劳师以袭远，非所闻也。(左僖32)

(78) 夫皆昭令德以何好也，皆非使臣之所敢闻也。(国语·鲁语下)

(79) 异乎吾所闻。君子尊贤而容众，嘉善而矜不能。(论语·子张)

15.3.2.7 动词连用

(80) 不如小决使道，不如吾闻而药之也。(左襄31)

(81) 若文王，则闻而知之。(孟子·尽心下)

(82) 子路问："闻斯行诸？"子曰："有父兄在，如之何其闻斯行之？"冉有问："闻斯行诸？"子曰："闻斯行之。"公西华曰："由也问闻斯行诸，子曰有父兄在。求也问闻斯行诸，子曰闻斯行之。赤也惑，敢问。"(论语·先进)

(83) 子丰有劳于晋国，余闻而弗忘。(左昭3)

15.4 听(听从)

15.4.1 命题义句法表现及论元结构

(84) 晋侯患之。听舆人之谋，称舍于墓，师迁焉。(左僖28)

(85) 子听吾言，与子分国。不听吾言，身死，妻子为戮。(国语·越语下)

(86) 于桐处仁迁义，三年，以听伊尹之训己也，复归于亳。(孟子·万章上)

(87) 臣怨君始入而报德，不降；降而听谏，不战；战而用良，不败。(国语·晋语三)

(88) 袒，免哭于衢，听共，弗许。(左哀 14)

(89) 君之在楚，于晋罪也。又不听晋，鲁罪重矣。(左昭 7)

(90) 如是，则神听之，介福降之。(左襄 7)

(91) 郑伯使大子华听命于会。(左僖 7)

(92) 且众何罪，钧之死也，不若听君之命。(国语·晋语六)

(93) 昔天以越赐吴，而吴不受，今天以吴赐越，孤敢不听天之命，而听君之令乎？(国语·吴语)

"听"的论元结构为：

听：〈x(施事)[听]y(受事)〉

"听"的受事可以是话语、人、意见等。

15.4.2 交际义造成的句法补偿

15.4.2.1 否定句宾语不出现

(94) 初，郑伯将以高渠弥为卿，昭公恶之，固谏，不听。(左桓 17)

(95) 虞公许之，且请先伐虢。宫之奇谏，不听，遂起师。(左僖 2)

(96) 庆郑曰："背施幸灾，民所弃也。近犹仇之，况怨敌乎？"弗听。(左僖 14)

(97) 叔服曰："背盟而欺大国，此必败。背盟不祥，欺大国不义，神人弗助，将何以胜？"不听，遂伐茅戎，三月癸未，败绩于徐吾氏。(左成元)

(98) 对曰："无益于君，而替前之令德，臣故曰庶可已矣。"公弗听。(国语·鲁语上)

(99) 其君不听，然后诛焉。虽欲御我，谁与？(国语·晋语四)

(100) 左右皆曰不可，勿听；诸大夫皆曰不可，勿听。(孟子·梁惠王下)

15.4.2.2 宾语不出现(旧信息)

(101) 夫君臣无狱，今元咺虽直，不可听也。(国语·周语中)

(102) 子皮曰："虎帅以听，谁敢犯子？子善相之。"(左襄 30)

(103) 夫名以制义，义以出礼，礼以体政，政以正民，是以政成而民听，易则生乱。(左桓 2)

(104) 是以近无不听，远无不服。(国语·周语上)

15.4.2.3 宾语前置

(105) 孤不天，不能事君，使君怀怒以及敝邑，孤之罪也，敢不唯命是听？(左宣 12)

(106) 虽然，城下之盟，有以国毙，不能从也。去我三十里，唯命是听。(左宣 15)

(107) 公冉务人曰:“若君命可死,非君命何听?”(左文 18)

(108) 凡从君出而可以入者,将唯子是听。(左定元)

(109) 子产怒曰:“发命之不衷,出令之不信,刑之颇类,狱之放纷,会朝之不敬,使命之不听,取陵于大国,罢民而无功,罪及而弗知,侨之耻也。”(左昭 16)

15.4.2.4 被动

(110) 聪则言听,明则德昭,听言昭德,则能思虑纯固。(国语·周语下)

(111) 谏行言听,膏泽下于民;……谏则不行,言则不听;膏泽不下于民。(孟子·离娄下)

15.4.2.5 使动

(112) 聪则言听,明则德昭,听言昭德,则能思虑纯固。(国语·周语下)

(113) 戎,昭果毅以听之之谓礼。(左宣 2)

(114) 若夫匮财用,罢民力,以逞淫心,听之不和,比之不度,无益于教,而离民怒神,非臣之所闻也。(国语·周语下)

(115) 臣闻国君服宠以为美,安民以为乐,听德以为聪,致远以为明。(国语·楚语上)

15.4.2.6 听于

(116) 吾闻之:国将兴,听于民。将亡,听于神。(左庄 32)

(117) 与夫人绣衣,曰:“听于二子。”(左闵 2)

(118) 吾闻古之王者,政德既成,又听于民。(国语·晋语六)

(119) 子之来也,非欲安身也,为国家之利也,故不惮勤远而听于楚;非义楚也,畏其名与众也。(国语·鲁语下)

(120) 孔子曰:“君薨,听于冢宰,歠粥,面深墨,即位而哭,百官有司莫敢不哀,先之也。”(孟子·滕文公上)

(121) 君薨,百官总己以听于冢宰三年。(论语·宪问)

(122) 君有施于晋君,晋君无施于其众。今旱而听于君,其天道也。(国语·晋语三)

(123) 内史过往,闻虢请命,反曰:“虢必亡矣。虐而听于神。”(左庄 32)

(124) 中行氏以伐秦之役怨栾氏,而固与范氏和亲。知悼子少,而听于中行氏。(左襄 23)

(125) 晋虽无道,未可叛也。国大臣睦,而迩于我,诸侯听焉,未可以贰。(左成 4)

(126) 二月,季文子以鞌之功立武宫,非礼也。听于人以救其难,不可以立武。(左成 6)

"于"表示一种体(aspect)意义,前面几个是起始体,表示开始做某事。中间三个是进行体,表示正在进行。最后一个是伴随体,表示一个动作伴随着另一个动作,作用像英语中的分词。

15.4.2.7 动词连用

(127) 小国言之,大国制之,敢不听从?(左昭 13)

(128) 王孙若安靖楚国,匡正王室,而后庇焉,启之愿也,敢不听从?(左哀 16)

(129) 君今来讨弊邑之罪,其亦使听从而释之,必不泯其社稷。(国语·鲁语上)

(130) 今将婚媾以从秦,受好以爱之,听从以德之,惧其未可也,又何疑焉?(国语·晋语四)

15.5 从(听从)

"从"《左传》用例很多,此章只考察《左传》用例。"从"的义项也很复杂,我们只考察"从"的"听从"义。

15.5.1 命题义句法表现及论元结构

(131) 对曰:"君何患焉?若阙地及泉,隧而相见,其谁曰不然?"公从之。(左隐元)

(132) 对曰:"若不从三臣,抑社稷实不血食,而君焉取馀?"弗从。(左庄 6)

(133) 简书,同恶相恤之谓也。请救邢以从简书。(左闵元)

(134) 初,晋献公欲以骊姬为夫人,卜之,不吉;筮之,吉。公曰:"从筮。"(左僖 4)

(135) 王使周公召郑伯,曰:"吾抚女以从楚,辅之以晋,可以少安。"(左僖 5)

(136) 晋侯三辞,从命,(左僖 28)

(137) 或谓栾武子曰:"圣人与众同欲,是以济事,子盍从众?"(左成 6)

(138)《商书》曰:"三人占,从二人。"众故也。(左成 6)

(139) 庄子曰:"夫子命从帅。栾伯,吾帅也,吾将从之。从帅,所以待夫子也。"(左襄 14)

(140)"从余言,必为孟孙。"再三云,羯从之。(左襄 23)

(141) 秦人不予。更币,从子产,而后获之。(左襄 26)

(142) 子产曰:"兄弟而及此,吾从天所与。"(左襄 30)

(143) 子家曰:"畜老,犹惮杀之,而况君乎?"反谮子家。子家惧而从之。(左宣 4)

(144) 二三子用我今日,否亦今日。共而从君,神之所福也。(左成 18)

(145) 晋师侵卫,诸大夫欲从晋。(左襄 2)

"从"的论元结构是:

从:〈x(施事)[从]y(受事)〉

15.5.2 交际义造成的句法补偿

15.5.2.1 宾语不出现(旧信息)

(146) 少师曰:"不当王,非敌也。"弗从。(左桓 8)

(147) 初,鬻拳强谏楚子,楚子弗从,临之以兵,惧而从之。(左庄 19)

(148) 大伯、虞仲,大王之昭也;大伯不从,是以不嗣。(左僖 5)

(149) 史苏是占,勿从何益?(左僖 15)

(150) 小国无文德而有武功,祸莫大焉。楚人来讨,能勿从乎?从之,晋师必至。(左襄 8)

(151) 蔡人不从,敝邑之人不敢宁处,悉索敝赋,以讨于蔡。(左襄 8)

(152) 又与季孙语晋故,季孙不从。(左襄 31)

(153) 卫侯以国让父兄子弟,及朝众,曰:"苟能治之,毁请从焉。"(左僖 18)

15.5.2.2 可从(宾语话题化)

(154) 来劝我战,我克则来,不克遂往,以我卜也!郑不可从。(左宣 12)

(155) 今其谋曰:"晋政多门,不可从也。宁事齐、楚,有亡而已,蔑从晋矣!"(左成 16)

(156) 亲我无成,鄙我是欲,不可从也。不如待晋。(左襄 8)

(157) 公子光曰:"是宗为戮,而欲反其仇,不可从也。"(左昭 20)

(158) 今吴未有福,楚未有祸,楚未可弃,吴未可从。(左哀元)

15.5.2.3 宾语前置(焦点)

(159) 退而赋曰:"狐裘龙茸,一国三公,吾谁适从?"(左僖 5)

(160) 听而无上,众谁适从?此行也,晋师必败。(左宣 12)

(161) 是盟也何益?齐盟,所以质信也。会所,信之始也。始之不从,其何质乎?"(左成 11)

(162) 自今日既盟之后,郑国而不唯有礼与强可以庇民者是从,而敢有异志者,亦如之!(左襄 9)

(163) 子驷、子展曰:"吾盟固云'唯强是从'。"(左襄 9)

(164) 夫子之身,亦子所知也,唯无咎与偃是从,父兄莫得进矣。(左襄 27)

(165) 今周与四国,服事君王,将唯命是从,岂其爱鼎!(左昭 12)

(166) 义则进,否则退,敢不唯子是从?(左哀 6)

(167) 吴犯间上国多矣,闻君亲讨焉,诸夏之人莫不欣喜,唯恐君志之不从,请入视之。(左哀 20)

15.5.2.4 相从

(168) 今天诱其衷,使皆降心以相从也。(左僖 28)

(169) 非相违也,而相从也。(左襄 30)

15.5.2.5 从于

(170) 椒举曰:"臣闻无瑕者可以戮人。庆封唯逆命,是以在此,其肯从于戮乎?播于诸侯,焉用之?"(左昭 4)

(171) 公以晋诟语之,且曰:"寡人辱社稷,其改卜嗣,寡人从焉。"(左定 8)

(172) 夏,叔仲惠伯会晋郤缺于承筐,谋诸侯之从于楚者。(左文 11)

(173) 六月,同盟于新城,从于楚者服,且谋邾也。(左文 14)

(174) 居大国之间,而从于强令,岂其罪也?(左文 17)

前两例是将要发生的事情,可以认为是起始体,第三例和第四例是进行体,第五例是惯常体。

15.5.2.6 所从

(175) 今大夫曰:"女盍从旧?"旧有丰有省,不知所从。从其丰,则寡君幼弱,是以不共。从其省,则吉在此矣。唯大夫图之!(左昭 30)

15.6 叛(畔)

15.6.1 命题义句法表现及论元结构

(176) 寡助之至,亲戚畔之;多助之至,天下顺之。(孟子·公孙丑下)

(177) 京叛大叔段,段入于鄢,公伐诸鄢。(左隐元)

(178) 曲沃叛王,秋,王命虢公伐曲沃,而立哀侯于翼。(左隐 5)

(179) 群舒叛楚,夏,子孔执舒子平及宗子,遂围巢。(左文 12)

(180) 叛战而擅舍郑君,贼也;弃毅行容,羞也;叛国即仇,佻也。(国语·周语中)

(181) 臣敢忘其死而叛其君,以烦司寇。(国语·晋语八)

(182) 其民不忍饥劳之殃,三军叛王于乾溪。(国语·吴语)

"叛"的论元结构为:

叛:〈x(施事)[叛]y(受事)〉

15.6.2 交际义造成的句法补偿

15.6.2.1 宾语不出现(无指)

(183) 众叛亲离,难以济矣。(左隐 4)

(184) 叛而不讨,何以示威? 服而不柔,何以示怀?(左文 7)

(185) 无礼不乐,所由叛也。(左文 7)

(186) 子曰:"君子博学于文,约之以礼,亦可以弗畔矣夫。"(论语·雍也)

15.6.2.2 宾语不出现(旧信息)

(187) 初,楚武王克权,使斗缗尹之,以叛,围而杀之。(左庄 18)

(188) 若逞吾愿,诸侯皆叛,晋可以逞。若唯郑叛,晋国之忧可立俟也。(左成 16)

(189) 鲁不贰,小国必睦。不然,归必叛矣。(左成 16)

(190) 彼告不叛,且请受盟,而又伐之,伐无罪也。(左襄 24)

(191) 莒乱,着丘公立而不抚鄫,鄫叛而来,故曰取。(左昭 4)

(192) 建与伍奢将以方城之外叛,自以为犹宋、郑也。(左昭 20)

(193) 周公使管叔监殷,管叔以殷畔。(孟子·公孙丑下)

15.6.2.3 否定句宾语前置

(194) 尔无我叛,我无强贾,毋或丐夺。(左昭 16)

15.6.2.4 可叛(受事话题化)

(195) 晋虽无道,未可叛也。(左成 4)

(196) 公孙舍之曰:"昭大神要言焉。若可改也,大国亦可叛也。"(左襄 9)

15.6.2.5 所叛

(197) 以天下之所顺,攻亲戚之所畔,故君子有不战,战必胜矣。(孟子·公孙丑下)

15.6.2.6 叛于

(198) 十五年春,成叛于齐。(左哀 15)

(199) 晋之取鼓也,既献而反鼓子焉,又叛于鲜虞。(左昭 22)

"叛于"表示方向。

16 视、观、望、见[①]

16.1 小引

16.1.1 同义词

著作		同义词		
段德森	简明古汉语同义词词典	观、察、相	视、看、见、睹	望、眺、瞻
江必兴等	常用文言同义词辨析	见、视	瞰、眺、瞻、望	
王政白	古汉语同义词辨析	看、望、见、视	窥、睨、瞻、瞰、顾、相	
张百栋，邵祖成	古汉语常见同义词辨析	观、望	观、察	视、见
洪成玉，张桂珍	古汉语同义词辨析	观、察	视、见	
周国光，李向农	文言文汇系列手册：同义词	视、看、见、睹、察、相、顾、瞻	观、览、望、眺、盼、窥、觇、睨	
沈锡荣	古汉语常用词类释	视、看、望、眄、睇、瞻、眺、睨		

16.1.2 词义分解

段德森(1992)：观、察、相，动词，都表示细看。“观”，有目的地细看，看的场面比较大。“察”，审慎地细看，把细枝末节看清楚。“相”，判别地看，多用于看具体事物。

视、看、见、睹，动词，都表示眼睛看。“视”泛指看，或细看。“看”，远看，泛指看。“见”，看到，看见，表示看的结果。“睹”，看见，看到，与“见”同，但不及“见”用得普遍。

望、眺、瞻，动词，都表示向远处看。“望”，泛指向远处看。“眺”，向远处

① 本章内容基于作者已发表的论文《从“观”“视”“听”看上古汉语动词去声别义的方向性功能》，见参考文献[166]。

看,多用于看风景。"瞻",向远处看,也用于向高处看。

这几个词都有"看""看见"的意思,它们的词义可以分解为:

[动作:看][方式:?][结果:?]

16.2 视

16.2.1 命题义句法表现及论元结构

(1) 若药不瞑眩,厥疾不瘳。若跣不视地,厥足用伤。(国语·楚语上)

(2) 下视其辙,登,轼而望之,曰:"可矣。"遂逐齐师。(左庄10)

(3) 郑穆公使视客馆,则束载厉兵秣马矣。(左僖33)

(4) 晋侯享齐侯,齐侯视韩厥,韩厥曰:"君知厥也乎?"(左成3)

(5) 贾人如晋,荀罃善视之,如实出己。(左成3)

(6) 楚子使医视之,复曰:"瘠则甚矣,而血气未动。"(左襄21)

(7) 使往视寝,生叔虎,美而有勇力,栾怀子嬖之,故羊舌氏之族及于难。(左襄21)

(8) 问为政焉,对曰:"视民如子,见不仁者诛之,如鹰鹯之逐鸟雀也。"(左襄25)

(9) 回也视予犹父也,予不得视犹子也。(论语·先进)

(10) 君之臣如手足,则臣视君如腹心;君之视臣如犬马,则臣视君如国人;君之视臣如土芥,则臣视君如寇仇。(孟子·离娄下)

(11) 诛之,则不可胜诛;不诛,则疾视其长上之死而不救,如之何则可也?(孟子·梁惠王下)

(12) 文子视日曰:"朝夕不相及,谁能俟五!"(国语·晋语八)

"视"虽然可以有很多引申义,但基本意思还是"看",其论元结构是:

视:〈x(施事)[视]y(受事)〉

16.2.2 交际义造成的句法补偿

16.2.2.1 宾语不出现(旧信息)

(13) 声已不视,帷堂而哭。(左文15)

(14) 抑为采色不足视于目与?声音不足听于耳与?便嬖不足使令于前与?(孟子·梁惠王上)

(15) 子曰:"非礼勿视,非礼勿听,非礼勿言,非礼勿动。"(论语·颜渊)

(16) 系马千驷,弗视也。(孟子·万章上)

(17) 藏在周府，可覆视也。(左定 4)

(18) 遂弗视。(左昭 28)

16.2.2.2 宾语不出现(无指)

(19) 二月甲寅，卒，而视，不可含。宣子盥而抚之曰："事吴敢不如事主?"犹视。(左襄 19)

(20) 今单子为王官伯而命事于会，视不登带，言不过步，貌不道容而言不昭矣。(左昭 11)

(21) 有陈豹者，长而上偻，望视，事君子必得志，欲为子臣。(左哀 14)

(22) 蒙瞍不可使视，嚚喑不可使言，聋聩不可使听，童昏不可使谋。(国语·晋语四)

(23) 夫抚剑疾视曰："彼恶敢当我哉!"此匹夫之勇，敌一人者也。(孟子·梁惠王下)

(24) 孔子曰："君子有九思，视思明，听思聪，色思温，貌思恭，言思忠，事思敬，疑思问，忿思难，见得思义。"(论语·季氏)

(25)《泰誓》曰："天视自我民视，天听自我民听"，此之谓也。(孟子·万章上)

(26) 晋孙谈之子周适周，事单襄公，立无跛，视无还，听无耸，言无远。(国语·周语下)

(27) 今晋侯视远而足高，目不在体，而足不步目，其心必异矣。(国语·周语下)

(28) 右师视速而言疾，有异志焉。(左成 15)

16.2.2.3 宾语前置

(29) 除君之恶，唯力是视。(左僖 24)

(30) 昭告昊天上帝、秦三公、楚三王曰："余虽与晋出入，余唯利是视。"(左成 13)

16.2.2.4 相视、自视

(31) 及入，宰夫将解鼋，相视而笑。公问之，子家以告。(左宣 4)

(32) 孟子曰："附之以韩魏之家，如其自视欿然，则过人远矣。"(孟子·尽心上)

16.2.2.5 比照

(33) 为孟氏，且国故也。葬视共仲。(左文 15)

(34) 卫人请执牛耳。成何曰："卫，吾温、原也。焉得视诸侯?"(左定 8)

(35) 不天子之卿受地视侯，大夫受地视伯，元士受地视子、男。(孟子·万章下)

16.3 观(观看)

16.3.1 命题义句法表现及论元结构

(36) 夏，公如齐观社。(左庄 23 经)

(37) 吾观晋公子之从者皆足以相国。(左僖 23)

(38) 诸侯宋鲁,于是观礼,鲁有禘乐,宾祭用之。(左襄 10)

(39) 请皆赋,以卒君贶,武亦以观七子之志。(左襄 27)

(40) 仲尼观之,曰:"麟也。"然后取之。(左哀 14)

(41) 父在观其志,父没观其行,三年无改于父之道,可谓孝矣。(论语·学而)

(42) 视其所以,观其所由,察其所安,人焉廋哉? 人焉廋哉?(论语·为政)

(43) 以吾观之,兵在其颈,不可久也。(国语·周语中)

(44) 咨之前训,则非正也。观之诗书,与民之宪言,则皆亡王之为也。(国语·周语下)

(45) 今齐社而往观旅,非先王之训也。(国语·鲁语上)

"观看"义的"观"其论元结构是:

观:〈x(施事)[观]y(受事)〉

16.3.2 交际义造成的句法补偿

16.3.2.1 何观

(46) 君举必书,书而不法,后嗣何观?(国语·鲁语上)

(47) 君举必书,书而不法,后嗣何观?(左庄 23)

16.3.2.2 可观、可以观、足观

(48) 故君子在位可畏,施舍可爱,进退可度,周旋可则,容止可观,作事可法,德行可象,声气可乐,动作有文,言语有章,以临其下,谓之有威仪也。(左襄 31)

(49) 子夏曰:"虽小道,必有可观者焉,致远恐泥,是以君子不为也。"(论语·子张)

(50) 饮食可飨,和同可观,财用可嘉,则顺而德建。(国语·周语中)

(51)《诗》可以兴,可以观,可以群,可以怨。(论语·阳货)

(52) 子曰:"如有周公之才之美,使骄且吝,其余不足观也已。"(论语·泰伯)

16.4 望

16.4.1 命题义句法表现及论元结构

(53) 随侯御之,望楚师。(左桓 8)

(54) 吾视其辙乱,望其旗靡,故逐之。(左庄 10)

(55) 登丘而望之,则驰。(左成 15)

(56) 梓慎望氛，曰："今兹宋有乱，国几亡，三年而后弭。蔡有大丧。"(左昭 20)

(57) 国人望君如望慈父母焉，盗贼之矢若伤君，是绝民望也，若之何不胄？(左哀 16)

(58) 对曰："赐也何敢望回？回也闻一以知十，赐也闻一以知二。"(论语・公冶长)

(59) 子夏曰："君子有三变，望之俨然，即之也温，听其言也厉。"(论语・子张)

(60) 望之不似人君，就之而不见所畏焉。(孟子・梁惠王上)

(61) 左军亦如之，皆赤裳、赤旟、丹甲、朱羽之矰，望之如火。右军亦如之，皆玄裳、玄旗、黑甲、乌羽之矰，望之如墨。(国语・吴语)

"望"的论元结构为：

望：〈x(施事)[望]y(受事)〉

16.4.2 交际义造成的句法补偿

16.4.2.1 方位词＋望

(62) 及君之嗣也，我君景公引领西望曰："庶抚我乎！"(左成 13)

(63) 敝邑之急，朝不及夕，引领西望，曰："庶几乎！"(左襄 16)

(64) 惧而奔郑，引领南望，曰："庶几赦余。"(左襄 26)

(65) 日我先君共王引领北望，日月以冀，传序相授，于今四王矣。(左昭 7)

(66) 有贱丈夫焉，必求龙断而登之，以左右望，而罔市利。(孟子・公孙丑下)

(67) 彼惧而奔郑，缅然引领南望，曰："庶几赦吾罪。"(国语・楚语上)

16.4.2.2 宾语不出现(无指)

(68) 公既视朔，遂登观台以望，而书，礼也。(左僖 5)

(69) 初，公登城以望，见戎州，问之，以告。(左哀 17)

(70) 悼公与司马侯升台而望曰："乐夫！"(国语・晋语七)

(71) 五人以其私卒先击吴师，吴师奔，登山以望，见楚师不继，复逐之，傅诸其军，简师会之。吴师大败，遂围舒鸠。(左襄 25)

16.4.2.3 相望

(72) 庶民罢敝而宫室滋侈，道殣相望而女富溢尤。(左昭 3)

(73) 四境盈垒，道殣相望，盗贼司目，民无所放。(国语・楚语下)

(74) 夫差不贯不忍，被甲带剑，挺铍搢铎，遵汶伐博，簦笠相望于艾陵。(国语・吴语)

16.4.2.4 动词连用

(75) 阍以瓶水沃廷，邾子望见之，怒，阍曰："夷射姑旋焉。"(左定 3)

(76) 登铁上,望见郑师众,大子惧,自投于车下。(左哀2)

(77) 孟子自范之齐,望见齐王之子,喟然叹曰。(孟子·尽心上)

(78) 虎负嵎,莫之敢撄。望见冯妇,趋而迎之。(孟子·尽心下)

(79) 夫火烈,民望而畏之,故鲜死焉。(左昭20)

(80) 君子正其衣冠,尊其瞻视,俨然人望而畏之,斯不亦威而不猛乎?(论语·尧曰)

(81) 死徙无出乡,乡田同井,出入相友,守望相助,疾病相扶持,则百姓亲睦。(孟子·滕文公上)

16.5 见

"见"属于非宾格动词(unaccusative verb),这里不再详细论述,具体情况可参看杨作玲(2009)以及洪波,杨作玲(2010)。

17　言、语、告

17.1　小引

17.1.1　同义词

著作		同义词	
段德森	简明古汉语同义词词典	言、语	
江必兴等	常用文言同义词辨析	告、诰、诏	言、语
王政白	古汉语同义词辨析	言、语	告、诉(愬)
张百栋，邵祖成	古汉语常见同义词辨析	报、告	言、语
洪成玉，张桂珍	古汉语同义词辨析		
周国光，李向农	文言文汇系列手册：同义词	言、曰、云、语、谓、诉、述、说	
李佐丰	先秦汉语实词	言、语、告	
沈锡荣	古汉语常用词类释	报、告(诰)、诉(愬)	言、语、谓、曰、谈、说

17.1.2　词义分解

段德森(1992)：言、语，动词，都表示说。“言”，自动地跟人说话。“语”，回答别人的问话，或是跟人谈论某件事。

江必兴等(1987)：“告”“诰”原来都是“告诉”的意思，后来用法不同，下告上叫“告”，上告下用“诰”或“诏”。“言”“语”作动词时都有“说”的意思，但“言”是自动地跟别人说话，而“语”是回答别人的问话，或是和别人谈论一件事情。

这几个词都有“说”的意思，既然是说话，就有说话的内容和说话的对象，这些都是词义当中应当有的内容。但具体来讲，“言”可能较多侧重于说的内

容,而“告”侧重于说的对象,“语”则二者兼有。它们的词义可以分解如下:

[动作:说话][内容:?][对象:?]

17.2 言

17.2.1 言+内容+于+对象

(1) 赵宣子言韩献子于灵公,以为司马。(国语·晋语五)

(2) 吾言女于君,惧女不能也。(国语·晋语五)

(3) 郑之使薄而报厚,其言我于秦也,必使诱我。(国语·晋语三)

(4) 以言德于民,民歆而德之,则归心焉。(国语·周语下)

(5) 员如吴,言伐楚之利于州于。(左昭20)

(6) 宣子说,与之乘,以言诸公而免之。(左襄21)

(7) 其所以蕃祉老寿者,为信君使也,其言忠信于鬼神。(左昭20)

(8) 梦者之子乃行。强言霸说于曹伯,曹伯从之,乃背晋而奸宋。(左哀7)

(9) 子木惧,言诸王,益其禄爵而复之,声子使椒鸣逆之。(左襄26)

17.2.2 言+于+对象+曰

(10) 王孙满观之,言于王曰:“秦师必有谪。”(国语·周语中)

(11) 猛足乃言于太子曰:“伯氏不出,奚齐在庙,子盍图乎!”(国语·晋语一)

(12) 周桓公言于王曰:“我周之东迁,晋、郑焉依。善郑以劝来者,犹惧不蔇,况不礼焉?郑不来矣。”(左隐6)

(13) 骊姬嬖,欲立其子,赂外嬖梁五与东关嬖五,使言于公曰:“曲沃,君之宗也。蒲与二屈,君之疆也。不可以无主。”(左庄28)

(14) 管仲言于齐侯曰:“臣闻之,招携以礼,怀远以德。德礼不易,无人不怀。”(左僖7)

(15) 苗贲皇言于晋侯曰:“楚之良,在其中军王族而已。请分良以击其左右,而三军萃于王卒,必大败之。”(左成16)

(16) 叔孙氏之司马鬷戾言于其众曰:“若之何?”莫对。(左昭25)

17.2.3 与+对象+言+内容

(17) 齐侯将为臧纥田,臧孙闻之,见齐侯,与之言伐晋。(左襄23)

(18) 吾子盍与季孙言之,可以树善,君子也。(左襄31)

(19) 他日与之言政,说,遂有宠,谓之曰:“我尽逐陈氏而立女,若何?”(左哀14)

(20) 师冕出，子张问曰："与师言之道与？"(论语·卫灵公)

(21) 冬，公孙归父会齐侯于谷，见晏桓子，与之言鲁，乐。(左宣 14)

(22) 王驩朝暮见，反齐、滕之路，未尝与之言行事也。(孟子·公孙丑下)

17.2.4 与＋对象＋言＋曰

(23) 楚子使与师言曰："君处北海，寡人处南海，唯是风马牛不相及也，不虞君之涉吾地也，何故？"(左僖 4)

(24) 子鲜不获命于敬姒，以公命与宁喜言曰："苟反，政由宁氏，祭则寡人。"(左襄 26)

(25) 楚子将杀之，使与之言曰："尔既许不谷而反之，何故？非我无信，女则弃之。速即尔刑。"(左宣 15)

17.2.5 与＋对象＋言

(26) 吾与先君言矣，不可以贰。(左僖 9)

(27) 事毕，不与王言。(左僖 13)

(28) 初，献公使与宁喜言，宁喜曰："必子鲜在，不然必败。"(左襄 26)

(29) 将入馆，郑人恶之，使行人子羽与之言，乃馆于外。(左昭元)

(30) 吾子，楚国之望也。今与王言如响，国其若之何？(左昭 12)

(31) 公与昭子言于幄内，曰将安众而纳公。(左昭 25)

(32) 朝，与下大夫言，侃侃如也。与上大夫言，訚訚如也。(论语·乡党)

(33) 可与言而不与之言，失人。不可与言而与之言，失言。(论语·卫灵公)

(34) 来，予与尔言。(论语·阳货)

(35) 孔子下，欲与之言。(论语·微子)

(36) 公行子有子之丧，右师往吊。入门，有进而与右师言者，有就右师之位而与右师言者。孟子不与右师言，右师不悦曰："诸君子皆与驩言，孟子独不与驩言，是简驩也。"(孟子·离娄下)

(37) 立于恶人之朝，与恶人言，如以朝衣朝冠坐于涂炭。(孟子·公孙丑上)

(38) 仲公父文伯之母，季康子之从祖叔母也。康子往焉，閍门与之言，皆不逾阈。(国语·鲁语下)

17.2.6 可＋与＋言＋内容

(39) 自暴者，不可与有言也；自弃者，不可与有为也。(孟子·离娄上)

(40) 子曰："赐也始可与言《诗》已矣，告诸往而知来者。"(论语·学而)

(41) 子曰："起予者商也，始可与言《诗》已矣！"(论语·八佾)

(42) 其心曰“是何足与言仁义也”云尔,则不敬莫大乎是。(孟子·公孙丑下)

(43) 公孙丑曰:“齐卿之位,不为小矣;齐、滕之路,不为近矣,反之而未尝与言行事,何也?”(孟子·公孙丑下)

(44) 不仁而可与言,则何亡国败家之有?(孟子·离娄上)

17.2.7 言+曰

(45) 麑退,叹而言曰:“不忘恭敬,民之主也。贼民之主不忠,弃君之命不信,有一于此,不如死也。”触槐而死。(左宣 2)

(46) 鲍叔帅师来言曰:“子纠,亲也,请君讨之。管、召,仇也,请受而甘心焉。”(左庄 9)

(47) 单公子愆旗为灵王御士,过诸廷,闻其叹而言曰:“乌乎! 必有此夫!”(左襄 30)

(48) 良夫代执火者而言曰:“疾与亡君皆君之子也,召之而择材焉可也。若不材,器可得也。”(左哀 16)

(49) 曾子有疾,孟敬子问之,曾子言曰:“鸟之将死,其鸣也哀。人之将死,其言也善。君子所贵乎道者三:动容貌,斯远暴慢矣;正颜色,斯近信矣;出辞气;斯远鄙倍矣。”(论语·泰伯)

(50) 伏之而觞曲沃人,乐作,午言曰:“今也得栾孺子何如?”(左襄 23)

(51) 子产相郑伯以如楚,舍不为坛,外仆言曰:“昔先大夫相先君适四国,未尝不为坛。自是至今亦皆循之。今子草舍,无乃不可乎?”(左襄 28)

(52) 王弗听,负之斧钺以徇于诸侯,使言曰:“无或如齐庆封弑其君,弱其孤,以盟其大夫!”(左昭 4)

17.2.8 言+内容

(53) 子宣子曰:“善哉,子之言是! 不有是事,其能终乎?”(左昭 16)

(54) 齐侯使仲孙湫聘于周,且言王子带。(左僖 13)

(55) 晋侯赏从亡者,介之推不言禄,禄亦弗及。(左僖 24)

(56) 秦伯使西乞术来聘,且言将伐晋。(左文 12)

(57) 自始合,而矢贯余手及肘,余折以御,左轮朱殷,岂敢言病?(左成 2)

(58) 晋侯使韩穿来言汶阳之田,归之于齐。(左成 8)

(59) 子言晋、楚匹也,若晋常先,是楚弱也。(左襄 27)

(60) 季孙见之,则言季氏如他日,不见则终不言季氏。(左襄 29)

(61) 其祝、史荐信,是言罪也。(左昭 20)

(62) 夏礼吾能言之，杞不足征也。殷礼吾能言之，宋不足征也。(论语・八佾)

(63) 夫子之文章可得而闻也，夫子之言性与天道不可得而闻也。(论语・公冶长)

(64) 子曰："盍各言尔志?"(论语・公冶长)

(65) 夫子言之，于我心有戚戚焉。(孟子・梁惠王上)

(66) 言敬必及天，言忠必及意，言信必及身，言仁必及人，言义必及利，言智必及事，言勇必及制，言教必及辩，言孝必及神，言惠必及和，言让必及敌。(国语・周语下)

(67) 是故士莫敢言一朝之便，皆有终岁之计。(国语・齐语)

17.2.9 宾语不出现

(68) 生堵敖及成王焉，未言，楚子问之。(左庄 14)

(69) 能欲复言而爱身乎? 虽无益也，将焉辟之?(左僖 9)

(70) 不敢从，亦不敢言。(左僖 22)

(71) 言终，魏绛至，授仆人书，将伏剑。(左襄 3)

(72) 子国怒之曰："尔何知? 国有大命，而有正卿，童子言焉，将为戮矣!"(左襄 8)

(73) 不言谁知其志? 言之无文，行而不远。(左襄 25)

(74) 杀八年春，石言于晋魏榆。(左昭 8)

(75) 昔贾大夫恶，娶妻而美，三年不言不笑。(左昭 28)

(76) 孔子辞，退而告人曰："吾以从大夫之后也，故不敢不言。"(左哀 14)

(77) 生拘石乞而问白公之死焉，对曰："余知其死所，而长者使余勿言。"曰："不言将烹。"(左哀 16)

(78) 食不语，寝不言。(论语・乡党)

(79) 子曰："夫人不言，言必有中。"(论语・先进)

(80) 子问公叔文子于公明贾曰："信乎? 夫子不言、不笑、不取乎?"(论语・宪问)

(81) 子曰："予欲无言。"子贡曰："子如不言，则小子何述焉?"(论语・阳货)

(82) 士未可以言而言，是以言餂之也；可以言而不言，是以不言餂之也，是皆穿逾之类也。(孟子・尽心下)

(83) 王喜，告邵公曰："吾能弭谤矣，乃不敢言。"(国语・周语上)

(84) 臣惧民之不信君也，国外不敢不言。(国语・楚语上)

17.2.10 宾语前置

(85) 然公子重耳实不肯，吾又奚言哉?(国语・晋语三)

(86) 曰："夫既或治之，予何言哉?"(孟子・公孙丑下)

(87) 生堵敖及成王焉，未言，楚子问之，对曰："吾一妇人而事二夫，纵弗能死，其又奚言？"(左庄 14)

17.2.11 言及

(88) 康子病之，言及子赣，曰："若在此，吾不及此夫！"(左哀 27)

(89) 鲁成公见，言及晋难及郤犨之谮。(国语·周语下)

17.3 语

17.3.1 "语"音变的功能

《广韵》："语，《说文》：论也，鱼巨切；语，说也，告也，牛倨切。"《群经音辨》卷六："语，言也(仰举切)；以言告之谓之语(牛据切)。"意思是说当"语"为"谈论"义时读上声，当"语"为"告诉"义时读去声。《马氏文通》卷五"动字辨音"认为"语"的上去两读表示的是内动字和外动字的不同："语，上读内动字，言论也。《诗·大雅·公刘》：于时语语。去读外动字，以言告人也。《论·阳货》：居，吾语女。"此后周祖谟、周法高也有相同的看法。唐纳认为派生词是表效果的。

其实，《群经音辨》的说法是正确的，也就是说当"语"读上声时义为"谈论"、读去声时义为"告诉"。"谈论"义也可以带宾语，所以不一定是内动字。

《经典释文》的注音所反映出来的"语"的用法和《群经音辨》的说法相同。当"语"如字读或者不注音时义为"谈论"，比如：

(90) 以天下为沉浊，不可与庄语，以卮言为曼衍，以重言为真，以寓言为广。【《释文》：庄语，并如字。】(庄子·天下)

(91) 井蛙不可以语于海者，拘于虚也；夏虫不可以语于冰者，笃于时也。【《释文》：以语，如字，下同。】(庄子·秋水)

当"语"破读去声时义为"告诉"，成了一个给予义的三价动词，有了三价动词的句法表现。下面我们分别讨论上声的"语"和去声的"语"。

17.3.2 如字：谈论

17.3.2.1 与＋对象＋语＋内容

(92) 又与季孙语晋故，季孙不从。(左襄 31)

(93) 子不语怪、力、乱、神。(论语·述而)

(94) 语及卫故,大宰嚭曰:"寡君愿事卫君,卫君之来也缓,寡君惧,故将止之。"(左哀12)

"语"义为"谈论",谈论的内容以及一起谈论的对象都是"语"的论元,但是谈论的内容一般很少出现,或者用其他形式出现。

17.3.2.2 与十对象十语

(95) 右尹子革夕,王见之,去冠被,舍鞭,与之语曰:"昔我先王熊绎与吕伋、王孙牟、燮父、禽父并事康王,四国皆有分,我独无有。今吾使人于周,求鼎以为分,王其与我乎?"(左昭12)

(96) 还见令尹子木,子木与之语,曰:"子虽兄弟于晋,然蔡吾甥也,二国孰贤?"(国语·楚语上)

(97) 令君子木与之语,问晋故焉,且曰:"晋大夫与楚孰贤?"(左襄26)

(98) 斗且廷见令尹子常,子常与之语,问蓄货聚马。(国语·楚语下)

(99) 郑公子曼满与王子伯廖语,欲为卿。(左宣6)

(100) 晋侯使郤至献楚捷于周,与单襄公语,骤称其伐。(左成16)

(101) 子大叔见大叔文子,与之语。文子曰:"甚乎,其城杞也!"(左襄29)

(102) 既成昏,晏子受礼,叔向从之宴,相与语。(左昭3)

(103) 既已告于君,故与叔向语而称之。(左昭3)

(104) 及鲁侯至,仲孙蔑为介,王孙说与之语,说让。(国语·周语中)

(105) 举而从之,阳子道与之语,及山而还。(国语·晋语五)

17.3.2.3 "语"单用

(106) 食不语,寝不言。(论语·乡党)

(107) 叔孙婼聘于宋,桐门右师见之。语,卑宋大夫而贱司城氏。(左昭25)

(108) 明日宴,饮酒乐,宋公使昭子右坐,语相泣也。(左昭25)

(109) 未将事,王叔简公饮之酒,交酬好货皆厚,饮酒宴语相说也。(国语·周语中)

(110) 王病之,曰:"子复语。不谷虽不能用,吾憖置之于耳。"(国语·楚语上)

(111) 王出复语,左史倚相趋过,王曰:"是良史也,子善视之。是能读《三坟》《五典》《八索》《九丘》。"(左昭12)

最后两例"语"和"言"义相近,有"说"的意思。

17.3.3 破读:告诉

17.3.3.1 语＋对象＋内容

(112) 子语鲁大师乐。(论语・八佾)

(113) 晋赵简子为之临,甚哀,曰:"黄父之会,夫子语我九言,曰:无始乱,无怙富,无恃宠,无违同,无敖礼,无骄能,无复怒,无谋非德,无犯非义。"(左定4)

(114) 公曰:"多语寡人辰而莫同,何谓辰?"(左昭7)

(115) 公语之故,且告之悔。(左隐元)

(116) 子曰:"法语【《释文》:语,鱼据反】之言,能无从乎?"(论语・子罕)

17.3.3.2 语＋对象＋以＋内容

(117) 他日,见于王曰:"王尝语庄子以好乐,有诸?"(孟子・梁惠王下)

(118) 暴见于王,王语暴以好乐,暴未有以对也。(孟子・梁惠王下)

(119) 穆叔出而告人曰:"孟孙将死矣。吾语诸赵孟之偷也,而又甚焉。"(左襄31)

17.3.3.3 以(＋内容)＋语＋对象

(120) 大夫问故,公以晋诟语之,且曰:"寡人辱社稷,其改卜嗣,寡人从焉。"(左定8)

(121) 秋,杞桓公来朝,劳公,且问晋故。公以晋君语之。(左成18)

(122) 斗且廷见令尹子常,子常与之语,问蓄货聚马。归以语其弟。(国语・楚语下)

(123) 季康子问于共父文伯之母曰:"主亦有以语肥也。"对曰:"吾能老而已,何以语子。"(国语・鲁语下)

(124) 往者见周原伯鲁焉,与之语,不说学。归以语闵子马。(左昭18)

(125) 归以语范文子,文子曰:"无礼必食言,吾死无日矣夫!"(左成12)

(126) 蔡哀侯为莘故,绳息妫以语楚子。(左庄14)

17.3.3.4 语＋对象＋曰(内容)

(127) 单子语诸大夫曰:"温季其亡乎! 位于七人之下,而求掩其上。"(左成16)

(128) 厚孙归,复命,语臧武仲曰:"卫君其必归乎! 有大叔仪以守,有母弟鱄以出。或抚其内,或营其外,能无归乎?"(左襄14)

(129) 子木又语王曰:"宜晋之伯也,有叔向以佐其卿,楚无以当之,不可与争。"(左襄27)

17.3.3.5 语＋对象

(130) 固问之,对曰:"其为大子也,师保奉之,以朝于婴齐而夕于侧也。不知其它。"公语范文子。(左成9)

(131) 薳启强闻之，见公。公语之，拜贺。（左昭 7）

(132) 子仲许之。南蒯语叔仲穆子，且告之故。（左昭 12）

(133) 子曰："语之而不惰者，其回也与。"（论语·子罕）

(134) 见张老而语之，张老曰也。（国语·晋语六）

(135) 今子闻而弃之，犹蒙耳也。吾语子何益，吾知逃也已。（国语·楚语下）

17.3.3.6 语＋内容

(136) 子曰："中人以上可以语上也，中人以下不可以语上也。"（论语·雍也）

17.3.3.7 相语

(137) 令夫工，群萃而州处，审其四时，辨其功苦，权节其用，论比协材，旦暮从事，施于四方，以饬其子弟，相语以事，相示以巧，相陈以功。（国语·齐语）

(138) 令夫商，群萃而州处，察其四时，而监其乡之资，以知其市之贾，负、任、担、荷，服牛、轺马，以周四方，以其所有，易其所无，市贱鬻贵，旦暮从事于此，以饬其子弟，相语以利，相示以赖，相陈以知贾。（国语·齐语）

17.4 告

17.4.1 告＋对象＋内容

(139) 出莱门而告之故。阚止知之，先待诸外。（左哀 6）

(140) 公语之故，且告之悔。（左隐元）

(141) 夫固谓君训众而好镇抚之，召诸司而劝之以令德，见莫敖而告诸天之不假易也。（左桓 13）

(142) 古之王者知命之不长，是以并建圣哲，树之风声，分之采物，着之话言，为之律度，陈之艺极，引之表仪，予之法制，告之训典，教之防利，委之常秩，道之礼则，使毋失其土宜，众隶赖之，而后即命。（左文 6）

(143) 王病之，告令尹改乘辕而北之，次于管以待之。（左宣 12）

(144) 所以告子孙无昭祸焉可也。（左襄 28）

(145) 问其行，告之故，哭而送之。（左昭 4）

(146) 杜泄见，告之饥渴，授之戈。（左昭 4）

17.4.2 告＋对象＋曰（内容）

(147) 楚子使唐狡与蔡鸠居告唐惠侯曰："不谷不德而贪，以遇大敌，不谷之罪也。然

楚不克，君之羞也。"(左宣 12)

(148) 王以巩伯宴，而私贿之，使相告之曰："非礼也，勿籍。"(左成 2)

(149) 里克将杀奚齐，先告荀息曰："三公子之徒将杀孺子，子将如何？"(国语·晋语二)

(150) 商臣闻之而未察，告其师潘崇曰："若之何而察之？"(左文元)

(151) 有为神农之言者许行，自楚之滕，踵门而告文公曰："远方之人闻君行仁政，愿受一廛而为氓。"(孟子·滕文公上)

(152) 王喜，告邵公曰："吾能弭谤矣，乃不敢言。"(国语·周语上)

(153) 饮酒出，史苏告大夫曰："有男戎必有女戎。若晋以男戎胜戎，而戎亦必以女戎胜晋，其若之何！"(国语·晋语一)

(154) 骊姬告优施曰："君既许我杀太子而立奚齐矣，吾难里克，奈何！"(国语·晋语二)

17.4.3 告(＋内容)＋于＋对象

(155) 乃止。冬，饥，臧孙辰告籴于齐，礼也。(左庄 28)

(156) 襄王恶大叔带之难，惧不立，不发丧，而告难于齐。(左僖 7)

(157) 宋人使乐婴齐告急于晋，晋侯欲救之。(左宣 15)

(158) 公说，乃拘宛春于卫，且私许复曹、卫，曹、卫告绝于楚。(左僖 28)

(159) 王使简师父告于晋，使左鄢父告于秦。(左僖 24)

(160) 且使遽告于郑。(左僖 33)

(161) 六月戊戌，取之，获孙昭子。卫人使告于陈，陈共公曰："更伐之，我辞之。"(左文元)

(162) 晋襄公既祥，使告于诸侯而伐卫，及南阳。(左文元)

17.4.4 告(＋对象)＋以＋内容

(163) 告之以文辞，董之以武师，虽齐不许，君庸多矣。(左昭 13)

(164) 使之出征，先以观之，故告之以离心，而示之以坚忍之权，则必恶其心而害其身矣。(国语·晋语一)

(165) 夫苟好善，则四海之内皆将轻千里而来告之以善。(孟子·告子下)

(166) 子路，人告之以有过，则喜。(孟子·公孙丑上)

(167) 告之以临民，教之以军旅，不共是惧，何故废乎？(左闵 2)

(168) 书曰"崔氏"，非其罪也，且告以族，不以名。(左宣 10)

17.4.5 以(＋内容)＋告(对象)

(169) 蚕妾在其上，以告姜氏，姜氏杀之。(左僖 23)

(170) 涛涂以告齐侯，许之。(左僖 4)

(171) 御人以告子元。子元曰："妇人不忘袭仇，我反忘之。"(左庄 28)

(172) 又使自郑召之，曰："尸可得也，必来逆之。"姬以告王，王问诸屈巫。(左成 2)

(173) 郑子皮使印段如楚，以适晋告，礼也。(左襄 31)

(174) 见卫在城上，号之乃下。问守备焉，以无备告，揖之乃登。(左襄 19)

(175) 将行，穆姜送公，而使逐二子，公以晋难告曰："请反而听命。"(左成 16)

(176) 苗贲皇在晋侯之侧，亦以王卒告。(左成 16)

(177) 王使以周公之难来告。(左成 12)

(178) 子路行，以告。(论语·微子)

(179) 陈氏追之，失道于弇中，适丰丘，丰丘人执之以告，杀诸郭关。(左哀 14)

(180) 初，公登城以望，见戎州，问之，以告。(左哀 17)

(181) 今吾子来，寡君谓吾子姑还，吾将使驲奔问诸晋而以告。(左襄 28)

17.4.6 告＋内容

(182) 未及期，卫人来告乱。(左隐 4)

(183) 宋人使来告命，公闻其入郛也，将救之，问于使者曰："师何及？"(左隐 5)

(184) 冬，京师来告饥，公为之请籴于宋、卫、齐、郑，礼也。(左隐 6)

(185) 凡诸侯同盟，于是称名，故薨则赴以名，告终称嗣也，以继好息民，谓之礼经。(左隐 7)

(186) 冬，齐侯使来告成三国。(左隐 8)

(187) 秋，郑人以王命来告伐宋。(左隐 9)

(188) 虽及灭国，灭不告败，胜不告克，不书于策。(左隐公 11)

(189) 女贽不过榛栗枣脩，以告虔也。(左庄 24)

17.4.7 告＋对象

(190) 楚子辞焉，入告夫人邓曼。(左桓 13)

(191) 宣姜与公子朔构急子，公使诸齐，使盗待诸莘，将杀之。寿子告之，使行。(左桓 16)

(192) 周公欲弑庄王而立王子克，辛伯告王，遂与王杀周公黑肩，王子克奔燕。(左桓 18)

(193) 不毂不德，得罪于母弟之宠子带，鄙在郑地氾，敢告叔父。(左僖 24)

(194) 登诸楼车，使呼宋而告之，遂致其君命。(左宣 15)

(195) 反惧，与之盟，而告王，退三十里。(左宣 15)

(196) 公曰："吾能改矣。"公告二子，二子请杀之，公弗禁，遂杀泄冶。(左宣 9)

17.4.8 告+曰(内容)

(197) 使臧文仲往,宿于重馆,重馆人告曰:“晋新得诸侯,必亲其共。不速行,将无及也。”(左僖31)

(198) 潘党望其尘,使骋而告曰:“晋师至矣!”(左宣12)

(199) 晋与鲁、卫,兄弟也,来告曰:“大国朝夕释憾于敝邑之地。”(左成2)

(200) 稽首而告曰:“小人怀璧,不可以越乡,纳此以请死也。”(左襄15)

(201) 乐王鲋侍坐于范宣子,或告曰:“栾氏至矣。”宣子惧。(左襄23)

(202) 臧孙如防,使来告曰:“纥非能害也,知不足也。非敢私请。”(左襄23)

(203) 鲁成备而后告曰:“不胜众。”师及齐师战于炊鼻。(左昭26)

(204) 或告曰无晋师,乃止。(左定13)

17.4.9 相告

(205) 今王鼓乐于此,百姓闻王钟鼓之声,管龠之音,举疾首蹙頞而相告曰:“吾王之好鼓乐,夫何使我至于此极也?父子不相见,兄弟妻子离散。”今王田猎于此,百姓闻王车马之音,见羽旄之美,举疾首蹙頞而相告曰:“吾王之好田猎,夫何使我至于此极也?父子不相见,兄弟妻子离散。”(孟子·梁惠王下)

(206) 今王鼓乐于此,百姓闻王钟鼓之声,管龠之音,举欣欣然有喜色而相告曰:“吾王庶几无疾病与,何以能鼓乐也?”今王田猎于此,百姓闻王车马之音,见羽旄之美,举欣欣然有喜色而相告曰:“吾王庶几无疾病与,何以能田猎也?”(孟子·梁惠王下)

17.4.10 “告”单用(宾语不出现)

(207) 八月,纪人伐夷。夷不告,故不书。(左隐元)

(208) 凡诸侯有命,告则书,不然则否。(左隐11)

(209) 于是齐人侵鲁疆,疆吏来告。(左桓17)

(210) 寡君有不令之臣达,构我敝邑于大国,既伏其罪矣。敢告。(左宣14)

(211) 近,不告而驰之。(左襄24)

(212) 以书使杜泄告于殡曰:“子固欲毁中军,既毁之矣,故告。”(左昭5)

(213) 舜不告而娶,为无后也。君子以为犹告也。(孟子·离娄上)

(214) 问其名,不告;请以见,不许。伯宗及绛,以告,而从之。(国语·晋语五)

(215) 明日徇于军,曰:“筋力不足以胜甲兵。志行不足以听命者归,莫告。”(国语·吴语)

18　之、适、如、奔、走

18.1　小引

18.1.1　同义词

著作		同义词	
段德森	简明古汉语同义词词典	奔、走、逸	之、适、如、赴、往、去
江必兴等	常用文言同义词辨析	适、之、如、往、赴	
王政白	古汉语同义词辨析	走、奔、亡	之、适、如、往、去、赴
张百栋，邵祖成	古汉语常见同义词辨析	之、如、适	奔、走
洪成玉，张桂珍	古汉语同义词辨析	之、适、如、往	趋、走、奔
周国光，李向农	文言文汇系列手册：同义词	行、步、趋、走、奔	之、适、如、往、赴、去
李佐丰	先秦汉语实词	之、适、如	行、走
沈锡荣	古汉语常用词类释	之、适、如、往	行、走、趋、步、奔

18.1.2　词义解析

段德森(1992)：奔、走、逸，动词，都表示快跑。“奔”，是因急事跑到一定的目的地。“走”，是迅速地跑，不一定有目的地。“逸”，是放纵地乱跑，特指马脱缰而跑。在程度上，“奔”是拼命地跑，“逸”是飞快地跑，“走”是一般地跑。

之、适、如、赴、往、去，动词，都表示往，到……去。“之、适、如”，都表示到某地去，有明确的目的地，常带宾语，没有什么区别，只是方言的不同。“赴”，本义是急走，引申为往、到……去，仍含有急迫的意思，有明确的目的地，可带宾语。“往”与“来”相对，只强调从某地出发，不管目的地，不带宾语，到了中古时期，可以带宾语，与“之、如、适”完全同义了。“去”，离开某地，中古时期才产生“往”“到……去”的意义，与“之、如、适”等相同。

18.2 之

18.2.1 命题义句法表现及论元结构

（1）子之武城，闻弦歌之声，夫子莞尔而笑曰：“割鸡焉用牛刀？”（论语·阳货）

（2）陈良之徒陈相与其弟辛，负耒耜而自宋之滕。（孟子·滕文公上）

（3）卒之东郭墦间之祭者，乞其余；不足，又顾而之他，此其为餍足之道也。（孟子·离娄下）

（4）宋牼将之楚，孟子遇于石丘，曰：“先生将何之？”（孟子·告子下）

（5）孟子之滕，馆于上宫。（孟子·尽心下）

（6）屋庐子曰：“季子不得之邹，储子得之平陆。”（孟子·告子下）

“之”的意思是“到某地去”，其论元结构为：

之：〈x（施事）[之]y（处所）〉

18.2.2 交际义造成的句法补偿

18.2.2.1 宾语前置

（7）子路不说，曰：“末之也已，何必公山氏之之也？”（论语·阳货）

（8）王坐于堂上，有牵牛而过堂下者，王见之，曰：“牛何之？”（孟子·梁惠王上）

（9）宋牼将之楚，孟子遇于石丘，曰：“先生将何之？”（孟子·告子下）

18.2.2.2 所之

（10）他日君出，则必命有司所之。今乘舆已驾矣，有司未知所之，敢请。（孟子·梁惠王下）

（11）其妻告其妾曰：“良人出，则必餍酒肉而后反；问其与饮食者，尽富贵也，而未尝有显者来，吾将瞯良人之所之也。”蚤起，施从良人之所之，遍国中无与立谈者。（孟子·离娄下）

18.3 适

18.3.1 命题义句法表现及论元结构

（12）成季以僖公适邾。（左闵2）

（13）文公为卫之多患也，先适齐。（左闵2）

(14) 我死,女必速行。无适小国,将不女容焉。(左僖 7)

(15) 子适卫,冉有仆,子曰:"庶矣哉!"(论语·子路)

(16) 大师挚适齐,亚饭干适楚,三饭缭适蔡,四饭缺适秦,鼓方叔入于河,播鼗武入于汉,少师阳、击磬襄入于海。(论语·微子)

(17) 虽使五尺之童适市,莫之或欺。(孟子·滕文公上)

(18) 天子适诸侯曰巡狩,诸侯朝于天子曰述职。(孟子·告子下)

(19) 宾孟适郊,见雄鸡自断其尾,问之,侍者曰:"惮其牺也。"(国语·周语下)

(20) 再拜稽首,受而载之。遂适齐。(国语·晋语四)

(21) 献子归,遍戒其所知曰:"人不可以不学。吾适鲁而名其二讳,为笑焉,唯不学也。人之有学也,犹木之有枝叶也,犹庇荫人,而况君子之学乎?"(国语·晋语九)

"适"的意思是"到某地去",其论元结构为:

适:〈x(施事)[适]y(处所)〉

18.3.2 交际义造成的句法补偿

18.3.2.1 宾语前置

(22) 二者不行,又重之以误人,而丧其君,有大罪三,将安适?(国语·晋语三)

(23) 若求安定,则如与之,以济所欲。且违上,何适而可?(左昭 13)

18.3.2.2 所适

(24) 吾闻诸叔向曰:"好恶不愆,民知所适,事无不济。"(左昭 15)

18.3.2.3 动词连用

(25) 其三帅者专行不获,听而无上,众谁适从?(左宣 12)

(26) 退而赋曰:"狐裘尨茸,一国三公,吾谁适从?"(左僖 5)

18.4 如

18.4.1 句法表现及论元结构

(27) 厚从州吁如陈,石碏使告于陈。(左隐 4)

(28) 公将如棠观鱼者,臧僖伯谏曰。(左隐 5)

(29) 公子翚如齐逆女。(左桓 3)

(30) 夏,公孙兹如牟,娶焉。(左僖 5)

(31) 及陈,陈灵公与孔宁、仪行父南冠以如夏氏,留宾不见。(国语·周语中)

(32) 庄公如齐观社。曹刿谏曰:“不可。”(国语·鲁语上)

(33) 文仲以鬯圭与玉如齐告籴。(国语·鲁语上)

(34) 自是齐、楚代讨于鲁,襄、昭皆如楚。(国语·鲁语下)

“如”的意思是“到某地去”,其论元结构为:

如:〈x(施事)[如]y(处所)〉

18.4.2 小结

“之、适、如”都表示“到某地去”,但在典籍中它们的使用情况却有很大不同。从我们调查的四部书来看,“之”只在《论语》和《孟子》中用,“如”只在《左传》和《国语》中用,“适”四部书都有。这个现象很有趣,值得注意。

18.5 奔

18.5.1 奔逃

(35) 有人而校,罪莫大焉,吾其奔也。(左僖23)

(36) 下臣不幸,属当戎行,无所逃隐,且惧奔辟而忝两君。(左成2)

(37) 曰:“苟君与吾父免矣,可若何?”乃奔,齐侯以为有礼。(左成2)

(38) 处一年,公子夷吾亦出奔,曰:“盍从吾兄窜于狄乎?”(国语·晋语二)

(39) 吴人入楚,昭王出奔,济于成臼,见蓝尹亹载其孥。(国语·楚语下)

18.5.2 奔溃

(40) 先者见获必务进,进而遇覆必速奔。(左隐9)

(41) 戎人之前遇覆者奔,祝聃逐之,衷戎师,前后击之,尽殪,戎师大奔。(左隐9)

(42) 陈、蔡奔,楚右师溃。(左僖28)

(43) 蔡、卫、陈皆奔,王卒乱。(左桓5)

(44) 陈乱,民莫有斗心。若先犯之,必奔,王卒顾之必乱。蔡、卫不枝,固将先奔。(左桓5)

(45) 右师奔,齐人从之,陈瓘、陈庄涉泗。(左哀11)

(46) 诸侯乖乱,楚必大奔。(左昭23)

“奔”是个不及物动词,没有方向性,其论元结构是:

奔:〈x(施事)[奔]〉

18.5.3 奔＋处所

(47) 五月辛丑，大叔出奔共。(左隐元)

(48) 郑共叔之乱，公孙滑出奔卫。(左隐元)

(49) 宋殇公之即位也，公子冯出奔郑，郑人欲纳之。(左隐4)

(50) 范宣子以公入于襄公之宫，栾盈不克，出奔曲沃，遂刺栾盈，灭栾氏。(国语·晋语八)

(51) 椒举奔郑，将遂奔晋。(国语·楚语上)

(52) 期年，乃有柏举之战，子常奔郑，昭王奔随。(国语·楚语下)

18.5.4 奔＋于＋处所

(53) 于是晋国之盗逃奔于秦。(左宣16)

"奔"的这种用法比较少。

18.5.5 来奔

(54) 乱作，管夷吾、召忽奉公子纠来奔。(左庄8)

(55) 陈人杀其大子御寇，陈公子完与颛孙奔齐，颛孙自齐来奔。(左庄22)

(56) 邾人灭须句，须句子来奔，因成风也。(左僖21)

(57) 秦后子来奔，赵文子见之，问曰："秦君道乎？"对曰："不识。"(国语·晋语八)

(58) 莒天子仆弑纪公，以其宝来奔。(国语·鲁语上)

(59) 小邾射以句绎来奔，曰："使季路要我，吾无盟矣。"(左哀14)

18.5.6 奔＋目的

(60) 今以君命奔齐之急，而受室以归，是以师昏也，民其谓我何？(左桓6)

(61) 奔死免父，孝也。度功而行，仁也。(左昭20)

(62) 吴人伐州来，楚薳越帅师及诸侯之师奔命救州来。(左昭23)

(63) 尔以谗慝贪惏事君而多杀不辜，余必使尔罢于奔命以死。(左成7)

(64) 郑公孙夏如晋奔丧，子蟜送葬。(左襄15)

(65) 公如齐奔丧。(左宣10)

"奔命"即"为命令而奔忙"，"奔丧"即"为丧而奔走"。"奔"的目的宾语还可以提前：

(66) 闻免父之命，不可以莫之奔也。亲戚为戮，不可以莫之报也。(左昭20)

18.6 走

18.6.1 疾跑

(67) 吏走问诸朝，师旷曰。(左襄 30)

(68) 使蔓成然走告子干、子皙曰。(左昭 13)

(69) 又有呼而走至者曰："众至矣!"二子皆自杀。(左昭 13)

(70) 伯石始生，子容之母走谒诸姑，曰："长叔姒生男。"(左昭 28)

(71) 将至，驷赤使周走呼曰："齐师至矣!"(左定 10)

18.6.2 逃跑

(72) 公孙阏与颍考叔争车，颍考叔挟辀以走，子都拔棘以逐之。(左隐 11)

(73) 乃徇曰："校者，吾仇也。"逾垣而走，披斩其袪，遂出奔翟。(左僖 5)

(74) 将奔狄，郤芮曰："后出同走，罪也，不如之梁，梁近秦而幸焉。"(左僖 6)

(75) 道远难通，望大难走，困往多悔。(国语・晋语二)

(76) 填然鼓之，兵刃既接，弃甲曳兵而走。(孟子・梁惠王上)

(77) 虢公梦在庙，有神人面白毛虎爪，执钺立于西阿，公惧而走。(国语・晋语二)

(78) 无会而归，越闻章矣，民惧而走，远无正就。(国语・吴语)

(79) 反，诛屦于徒人费，弗得，鞭之见血。走出，遇贼于门，劫而束之。(左庄 8)

(80) 公子歂犬、华仲前驱，叔孙将沐，闻君至，喜，捉发走出，前驱射而杀之。(左僖 28)

(81) 歂犬走出，公使杀之。(左僖 28)

(82) 郤至将登，金奏作于下，惊而走出。(左成 12)

18.6.3 走＋处所

(83) 若我出师，必惧而归。百濮离居，将各走其邑，谁暇谋人?(左文 16)

(84) 小国之事大国也，德则其人也，不德则其鹿也，铤而走险，急何能择?(左文 17)

(85) 赵旃弃车而走林，屈荡搏之，得其甲裳。(左宣 12)

(86) 齐侯驾，将走邮棠。(左襄 18)

(87) 民之归仁也，犹水之就下、兽之走圹也。(孟子・离娄上)

(88) 若从君而走患，则不如违君以避难。(国语・鲁语下)

(89) 乃走晋阳，晋师围而灌之，沉灶产蛙，民无叛意。(国语・晋语九)

(90) 夫狄近晋而不通，愚陋而多怨，走之易达。(国语・晋语二)

(91) 且夫偕出偕入难，聚居异情恶，不若走梁。(国语·晋语二)

(92) 困且多悔，不可以走望。(国语·晋语二)

"走+处所"的处所宾语还可以提前：

(93) 襄子出，曰："吾何走乎？"从者曰："长子近，且城厚完。"(国语·晋语九)

19 知、恶、患、图、说(悦)[①]

19.1 小引

这几个动词都属于心理动词(psychological verb),大体来讲可以分为两类:一类是"知"类动词也叫做认知动词(cognition verb),另一类叫情感动词(emotion verb)。心理动词的两个论元可以分别叫做感知者(experiencer)和感知物(experienced),其论元在不同的语言中可能用不同的格来表示。比如Van Valin(2004:26-28)的例子:

(1) Avar

Inssu-je	limer-Ø	bok'-ula.
Father-DAT	child-ABS	love-PRES

The father loves the child.

父亲喜欢孩子。

(2) Spanish

Te	gusta-Ø	la	músic-a	modern-a?
2sgDAT	like-3sgPRES	the. Fsg	music-Fsg	modern-Fsg

Do you like modern music?

你喜欢现代音乐吗?

(3) German

Ich	mag	den	Vorschlag.
1sgNOM	like-PRES	the. MsgACC	suggestion

I like the suggestion.

我喜欢这建议。

---

① 本章内容与作者已发表的论文《"老者安之"解》有关联,见参考文献[164]。

Avar语中Inssu(父亲)实现为与格,西班牙语也一样;汉语、英语和德语中相应的成分实现为主格。这是不同语言的差异,反映了这类动词不是典型的及物动词。古汉语中这类词一般都要携带宾语,所以我们放在这一章进行考察。

上面的“知、恶、患、图、说(悦)”分别代表了几类不同的词,比如,与“知”相近的有“识、悉、解、晓、喻(谕)”等,与“恶”相近的有“爱、喜、怜、怨”等,与“患”相近的有“忧、病、恐”等,与“图”相近的有“谋、计、虑、思”等,与“说(悦)”相近的有“喜”“乐”等。我们分别选取了每类中的一个进行考察。

19.2 知

19.2.1 命题义句法表现及论元结构

(4) 郑良佐如陈莅盟,辛巳,及陈侯盟,亦知陈之将乱也。(左隐7)

(5) 君子是以知息之将亡也。(左隐11)

(6) 是行也,祭仲知之,故称疾不往,人曰:“祭仲以知免。”(左桓18)

(7) 三进及溜,而后视之,曰:“吾知所过矣,将改之。”(左宣2)

(8) 燕人行成,曰:“敝邑知罪,敢不听命?先君之敝器请以谢罪。”(左昭7)

(9) 子曰:“吾十有五而志于学,三十而立,四十而不惑,五十而知天命,六十而耳顺,七十而从心所欲,不逾矩。”(论语·为政)

(10) 子曰:“温故而知新,可以为师矣。”(论语·为政)

(11) 管氏而知礼,孰不知礼?(论语·八佾)

(12) 王知夫苗乎?七八月之间旱,则苗槁矣。(孟子·梁惠王上)

(13) 曰:“何由知吾可也?”(孟子·梁惠王上)

(14) 权,然后知轻重;度,然后知长短。物皆然,心为甚。(孟子·梁惠王上)

(15) 吾非瞽、史,焉知天道?(国语·周语下)

(16) 归,鮑国谓之曰:“子何辞苦成叔之邑,欲信让耶,抑知其不可乎?”(国语·鲁语上)

(17) 不能深知君之心度,弃宠求广土而窜伏焉;小心狷介,不敢行也。(国语·晋语二)

(18) 夫长国者,唯知哀乐喜怒之节,是以导民。(国语·晋语二)

“知”为知道、了解的意思，其论元结构为：

知：〈x(感知者)[知]y(感知物)〉

19.2.2 交际义造成的句法补偿

19.2.2.1 宾语不出现(旧信息)

(19) 宋成未可知也，故又会于虚。(左桓12)

(20) 不获而龙，命可知也。(左闵2)

(21) 子张问：“十世可知也？”子曰：“殷因于夏礼，所损益可知也。周因于殷礼，所损益可知也。”(论语·为政)

(22) 子曰：“父母之年，不可不知也，一则以喜，一则以惧。”(论语·里仁)

(23) 王谓伶州鸠曰：“锺果和矣。”对曰：“未可知也。”(国语·周语下)

(24) 由是观之，则君子之所养，可知已矣。(孟子·滕文公下)

(25) 东略之不知，西则否矣。(左僖9)

(26) 且行千里，其谁不知？(左僖32)

(27) 左师曰：“谁为君夫人？余胡弗知？”(左襄26)

(28) 宴语之不怀，宠光之不宣，令德之不知，同福之不受，将何以在？(左昭12)

(29) 曰：“周公知其将畔而使之与？”曰：“不知也。”(孟子·公孙丑下)

(30) 舜往于田，则吾既得闻命矣；号泣于旻天，于父母，则吾不知也。(孟子·万章上)

(31) 今海鸟至，己不知而祀之，以为国典，难以为仁且智矣。(国语·鲁语上)

(32) 子曰：“可以为难矣，仁则吾不知也。”(论语·宪问)

(33) 公怒，乃止，辞使者曰：“君命寡人同恤社稷之难，今问诸使者，曰‘师未及国’，非寡人之所敢知也。”(左隐5)

(34) 夫道若大路然，岂难知哉？人病不求耳。(孟子·告子下)

19.2.2.2 宾语不出现(无指)

(35) 天之生斯民也，使先知觉后知，使先觉觉后觉。(孟子·万章下)

(36) 子曰：“君子不可小知而可大受也，小人不可大受而可小知也。”(论语·卫灵公)

(37) 无功而祀之，非仁也；不知而不能问，非智也。(国语·鲁语上)

(38) 子曰：“由，诲女知之乎！知之为知之，不知为不知，是知也。”(论语·为政)

19.2.2.3 所知

(39) 且君尝为晋君赐矣，许君焦、瑕，朝济而夕设版焉，君之所知也。(左僖30)

(40) 曰:"举尔所知。尔所不知,人其舍诸?"(论语·子路)

(41) 则此五者而受天之丰福,飨民之勋力,子孙丰厚,令闻不忘,是皆天子之所知也。(国语·周语下)

(42) 晋国,天下莫强焉,叟之所知也。(孟子·梁惠王上)

19.2.2.4 代词宾语前置

(43) 公使谓之曰:"尔何知? 中寿,尔墓之木拱矣。"(左僖 32)

(44) 国之存亡,天命也,童子何知焉?(国语·晋语六)

(45) 抑天实剥乱是,吾何知焉?(左昭 19)

(46) 子曰:"不患人之不己知,患不知人也。"(论语·学而)

(47) 岂若匹夫匹妇之为谅也,自经于沟渎而莫之知也?(论语·宪问)

(48) 与民其妾讪其良人,而相泣于中庭,而良人未之知也,施施从外来,骄其妻妾。(孟子·离娄下)

(49) 谓上不我知,黜而宜,乃知我矣。(左文 2)

(50) 居则曰:"不吾知也。"如或知尔,则何以哉?(论语·先进)

19.2.2.5 动词连用

(51) 对曰:"臣杀之,君勿与知。"(左襄 27)

(52) 莒之疆事,楚勿与知,诸侯无烦,不亦可乎?(左昭元)

(53) 南遗曰:"叔孙氏厚则季氏薄,彼实家乱,子勿与知不亦可乎?"(左昭 5)

(54) 尔无我叛,我无强贾,毋或丐夺。尔有利市宝贿,我勿与知。(左昭 16)

(55) 虽有后事,晋勿与知可也。(左昭 32)

"与知"的宾语没有出现,是因为已经成为话题或者是旧信息。

19.3 恶

19.3.1 命题义句法表现及论元结构

(56) 庄公寤生,惊姜氏,故名曰寤生,遂恶之。爱共叔段,欲立之。(左隐元)

(57) 不谷恶其无成德,是用宣之,以惩不一。(左成 13)

(58) 小人之事君子也,恶之不敢远,好之不敢近,敬以待命,敢有贰心乎?(左襄 26)

(59) 子贡问曰:"乡人皆好之,何如?"子曰:"未可也。""乡人皆恶之,何如?"子曰:"未可也。不如乡人之善者好之,其不善者恶之。"(论语·子路)

(60) 子贡曰:“君子亦有恶乎?”子曰:“有恶,恶称人之恶者,恶居下流而讪上者,恶勇而无礼者,恶果敢而窒者。”曰:“赐也亦有恶乎?”“恶徼以为知者,恶不孙以为勇者,恶讦以为直者。”(论语·阳货)

(61) 推恶恶之心,思与乡人立,其冠不正,望望然去之,若将浼焉。(孟子·公孙丑上)

(62) 昔吾闻君之好好而恶恶,乐乐而安安,是以能有常。(国语·晋语一)

(63) 吾见其貌而欲之,闻其言而恶之。(国语·晋语五)

“恶”为厌恶的意思,其论元结构为:

恶:〈x(感知者)[恶]y(内容)〉

19.3.2 交际义造成的句法补偿

19.3.2.1 被动

(64) 礼成而不反,无所归咎,恶于诸侯。请以彭生除之。(左桓 18)

(65) 虢公请器,王予之爵。郑伯由是始恶于王。(左庄 21)

(66) 商王帝辛,大恶于民。庶民不忍,欣戴武王,以致戎于商牧。(国语·周语上)

(67) 先君以是除乱克敌,而无恶于诸侯。(国语·楚语上)

19.3.2.2 宾语前置

(68) 秦伯曰:“其君是恶,其民何罪?”(左僖 13)

(69) 寡人其君是恶,其民何罪?(国语·晋语三)

19.3.2.3 同恶、相恶

(70) 楚有六间,不可失也。其二卿相恶,王卒以旧。(左成 16)

(71) 貙为少司马,多僚为御士,与貙相恶,乃谮诸公曰:“貙将纳亡人。”(左昭 21)

(72) 韩简子与中行文子相恶,魏襄子亦与范昭子相恶。(左定 13)

(73) 灵王杀隐大子,其子与君同恶,德君必甚,又使立之,不亦可乎?(左昭 21)

(74) 子干归,韩宣子问于叔向曰:“子干其济乎?”对曰:“难。”宣子曰:“同恶相求,如市贾焉,何难?”对曰:“无与同好,谁与同恶?”(左昭 13)

19.3.2.4 所恶

(75) 君子谓昭公知所恶矣。(左桓 17)

(76) 人以城来,吾独何好焉?赏所甚恶,若所好何?(左昭 15)

(77) 贫与贱,是人之所恶也。不以其道得之,不去也。(论语·里仁)

(78) 死亦我所恶,所恶有甚于死者,故患有所不辟也。(孟子·告子上)

(79) 夫天命有反,今越王句践恐惧而改其谋,舍其愆令,轻其征赋,施民所善,去民所恶,身自约也,裕其众庶,其民殷众,以多甲兵。(国语·吴语)

19.3.2.5 可恶

(80) 吾闻之,唯仁者可好也,可恶也,可高也,可下也。好之不逼,恶之不怨,高之不骄,下之不惧。不仁者则不然。人好之则逼,恶之则怨,高之则骄,下之则惧。(国语·楚语下)

19.4 患

19.4.1 命题义句法表现及论元结构

(81) 北戎侵郑,郑伯御之,患戎师,曰:"彼徒我车,惧其侵轶我也。"(左隐 9)

(82) 楚师背酅而舍,晋侯患之,听舆人之诵曰:"原田每每,舍其旧而新是谋。"(左僖 28)

(83) 宣子骤谏,公患之,使鉏麑贼之。(左宣 2)

(84) 为人子者患不孝,不患无所。(左襄 23)

(85) 子曰:"不患人之不己知,患不知人也。"(论语·学而)

(86) 子曰:"不患无位,患所以立。不患莫己知,求为可知也。"(论语·里仁)

(87) 子曰:"不患人之不己知,患其不能也。"(论语·宪问)

(88) 然吾闻之,为人子者,患不从,不患无名,为人臣者,患不勤,不患无禄。(国语·晋语一)

(89) 寡人闻古之贤君,不患其众之不足也,而患其志行之少耻也。(国语·越语上)

"患"为担忧的意思,其论元结构为:

患:〈x(感知者)[患]y(感知物)〉

19.4.2 交际义造成的句法补偿

19.4.2.1 宾语前置

(90) 侨闻君子长国家者非无贿之患,而无令名之难。(左襄 24)

(91) 侨闻为国非不能事大字小之难,无礼以定其位之患。(左昭 16)

19.4.2.2 宾语不出现(旧信息)

(92) 耻大国之士于中原,又杀其君以重之,子思报父之仇,臣思报君之仇。虽微秦国,天下孰弗患?(国语·晋语三)

19.4.2.3 所患

(93) 曰弭兵以召诸侯，而称兵以害我，吾庸多矣，非所患也。(左襄27)

19.4.2.4 何患

(一)何患＋于(乎)

(94) 君无违德，方国将至，何患于彗？(左昭26)

(95) 吾闻之也：君子不以其所以养人者害人。二三子何患乎无君？我将去之。(孟子·梁惠王下)

(96) 出，曰："二三子何患于丧乎？天下之无道也久矣，天将以夫子为木铎。"(论语·八佾)

(97) 君子敬而无失，与人恭而有礼，四海之内皆兄弟也。君子何患乎无兄弟也？(论语·颜渊)

"何患"义为担心什么，"何"是疑问代词宾语前置。"于"后的成分是担心的内容，"何患于彗"义为"对于彗星，担心什么呢"。"于"字短语之所以还要出现，是因为上文中出现得太早，经过一番论述之后，需要重新提一下这个话题，而宾语的位置又被"何"占据了，故而用于字短语引出。也就是说，"何"占据了宾语的位置，又和"患"的内容不同一，所以要用于字短语引出。

(二) 何患焉

(98) 对曰："君何患焉？若阙地及泉，隧而相见，其谁曰不然？"(左隐元)

(99) 偏躬无慝，兵要远灾，亲以无灾，又何患焉？(左闵2)

(100) 吴师来斯与之战，何患焉？且召之而至，又何求焉？(左哀8)

(101) 单子曰："君何患焉！晋将有乱，其君与三郤其当之乎！"(国语·周语下)

(三) 何患之有

(102) 礼之于政，如热之有濯也。濯以救热，何患之有？(左襄31)

(103) 若子之群吏处不辟污，出不逃难，其何患之有？(左昭元)

"何患"结合比较紧密，甚至可以成为一个名词性成分作宾语。

19.5 图

19.5.1 命题义句法表现及论元结构

(104) 厚从州吁如陈，石碏使告于陈曰："卫国褊小，老夫耄矣，无能为也。此二人者

实弑寡君,敢即图之。"(左隐 4)

(105) 若虚其请,是弃善人也。子其图之。(左成 16)

(106) 敢布腹心,君实图之。(左宣 12)

(107) 子重使谓子反曰:"初陨师徒者,而亦闻之矣。盍图之?"(左成 16)

(108) 子叔婴齐奉君命无私,谋国家不贰,图其身不忘其君。(左成 16)

(109) 庆封曰:"子姑退,吾图之。"(左襄 27)

(110) 韩宣子为政,不能图诸侯。(左襄 31)

(111) 今君王其图不谷,不谷请复会稽之和。(国语·越语下)

(112) 沐则心覆,心覆则图反,宜吾不得见也。(左僖 24)

"图"为图谋的意思,其论元结构为:

图:〈x(感知者)[图]y(感知物)〉

19.5.2 交际义造成的句法补偿

19.5.2.1 宾语前置

(113) 受命不迁为敬,敬顺所安为孝。弃命不敬,作令不孝,又何图焉?(国语·晋语一)

(114) 魏犨、颠颉怒曰:"劳之不图,报于何有?"(左僖 28)

(115)《夏书》有之曰:"一人三失,怨岂在明? 不见是图。"(国语·晋语九)

(116) 今王非越是图,而齐、鲁以为忧。(国语·吴语)

(117) 吾年既少,未有恒常,出则禽荒,入则酒荒。吾百姓之不图,唯舟与车。上天降祸于越,委制于吴。(国语·越语下)

19.5.2.2 宾语不出现(旧信息)

(118) 不如早为之所,无使滋蔓。蔓,难图也。(左隐元)

(119) 亡邓国者必此人也,若不早图,后君噬齐,其及图之乎?(左庄 6)

(120) 晋君少,不在诸侯,北方可图也。(左文 9)

(121) 居大国之间而从于强令,岂其罪也? 大国若弗图,无所逃命。(左文 17)

(122) 王唯信吴,故处诸蔡,二三子莫之如也而在其上,不亦难乎? 弗图必及于难。(左昭 15)

(123) 既不忠信,而留外寇,寇知其衅而归图焉。(国语·晋语二)

19.5.2.3 宾语不出现(无指)

(124) 郭偃闻之,曰:"不谋而谏者,冀芮也。不图而杀者,君也。不谋而谏,不忠。不

图而杀，不祥。(国语・晋语三)

(125) 荣成伯曰："远图者，忠也。"(左襄28)

(126) 深思而浅谋，迩身而远志，家臣而君图，有人矣哉！(左昭12)

(127) 初，伯乐与尹铎有怨，以其赏如伯乐氏，曰："子免吾死，敢不归禄。"辞曰："吾为主图，非为子也。"(国语・晋语九)

19.5.2.4 自图

(128) 王至矣，国人杀君司马，将来矣。君若早自图也，可以无辱。众怒如水火焉，不可为谋。(左昭13)

19.5.2.5 所图

(129) 夫二国士之所图，无不遂也。(国语・晋语二)

(130) 夫帅师，专行谋，誓军旅，君与国政之所图也，非大子之事也。(左闵2)

19.6 说(悦)

19.6.1 高兴(不及物)

19.6.1.1 命题义句法表现及论元结构

(131) 齐侯说，与之虎牢，执辕涛涂。(左僖4)

(132) 公说，使魏绛盟诸戎。(左襄4)

(133) 学而时习之，不亦说乎？(论语・公冶长)

(134) 公说，固止之，不可，厚赂之。(国语・晋语八)

(135) 宣子说，乃益和田而与之和。(国语・晋语八)

"说(悦)"义为"高兴"时是不及物动词。其论元结构为：

说(悦)：〈x(感知者)[说(悦)]〉

19.6.1.2 交际义造成的句法补偿——使动

(一) 说(悦)+宾语

(136) 子曰："君子易事而难说也。说之不以道，不说也。及其使人也，器之。小人难事而易说也。说之虽不以道，说也。及其使人也，求备焉。"(论语・子路)

(137) 守情说父，孝也。杀身以成志，仁也。(国语・晋语二)

(138) 不若予之，以说其众。众说，必咎于其君。(国语・晋语三)

(139) 且赏以悦众，众皆哭，焉作辕田。(国语・晋语三)

(140) 故为政者,每人而悦之,日亦不足矣。(孟子·离娄下)

(二) 使动宾语不出现(旧信息)

(141) 陈侯为卫请成于晋,执孔达以说。(左文 2)

(142) 苟利社稷,请以我说,罪我之由。(左宣 13)

(143) 齐人以庄公说,使隰鉏请成,庆封如师。(左襄 25)

(144) 遂奉王以追单子,及领,大盟而复,杀挚荒以说。(左昭 22)

(145) 信于友有道,事亲弗悦,弗信于友矣。悦亲有道,反身不诚,不悦于亲矣。(孟子·离娄上)

(三) 使动宾语不出现(话题化)

(146) 君子易事而难说也。说之不以道,不说也。(论语·子路)

(147) 小人难事而易说也。说之虽不以道,说也。(论语·子路)

(四) 说(悦)+于+对象

(148) 夏,郑杀申侯以说于齐,且用陈辕涛涂之谮也。(左僖 7)

(149) 公惧于晋,杀子丛以说焉,谓楚人曰:"不卒戍也。"(左僖 28)

(150) 欲除不忠者以说于越。(左哀 20)

(151) 欲弑公以说于晋,而不获间。(左襄 25)

(152) 孔子不悦于鲁卫,遭宋桓司马将要而杀之,微服而过宋。(孟子·万章上)

(153) 悦亲有道,反身不诚,不悦于亲矣。(孟子·离娄上)

(五) 相说(悦)

(154) 召大师曰:"为我作君臣相说之乐!"(孟子·梁惠王下)

(155) 未将事,王叔简公饮之酒,交酬好货皆厚,饮酒宴语相说也。(国语·周语中)

19.6.2 喜欢(及物)

19.6.2.1 命题义句法表现及论元结构

(156) 晋侯说之,夏,使大子居曲沃,重耳居蒲城,夷吾居屈。(左庄 28)

(157) 臣亟闻其言矣,说礼乐而敦《诗》《书》。《诗》《书》,义之府也。(左僖 27)

(158) 吴公子札来聘,见叔孙穆子,说之。(左公 29)

(159) 苟众不说其君之不报也,则有辞矣。不若予之,以说其众。(国语·晋语三)

(160) 陈良,楚产也,悦周公、仲尼之道,北学于中国。(孟子·滕文公上)

(161) 当今之时,万乘之国行仁政,民之悦之,犹解倒悬也。(孟子·公孙丑上)

(162) 平公说新声,师旷曰:"公室其将卑乎! 君之明兆于衰矣。"(国语·晋语八)

“说(悦)”义为“喜欢”时是及物动词。其论元结构为:

说(悦):〈x(感知者)[说(悦)]y(感知物)〉

“喜欢”义和“高兴”义是有联系的,从上面例(162)可知。其实“喜欢”就是因为某事某物而“高兴”。

19.6.2.2 交际义造成的句法补偿

(一)宾语不出现

(163)巽与之言能无说乎?绎之为贵。说而不绎,从而不改,吾末如之何也已矣。(论语·子罕)

(164)子曰:“回也非助我者也,于吾言无所不说。”(论语·先进)

(二)感知物+说(悦)+感知者——使动

(165)故理义之悦我心,犹刍豢之悦我口。(孟子·告子上)

(三)说(悦)者

(166)吾弟则爱之,秦人之弟则不爱也,是以我为悦者也,故谓之内。长楚人之长,亦长吾之长,是以长为悦者也,故谓之外也。

20 上古汉语谓词的类别及句法特征

20.1 及物动词

20.1.1 及物动词的确定

一般认为，及物动词和不及物动词的区别是能不能带宾语，能带宾语的是及物动词，不能带宾语的是不及物动词。但这个标准的问题是，及物动词在实际运用当中也可以不出现宾语，不及物动词也可以带宾语。

语义价(semantic valence)和句法价(syntactic valence)的不对称可以部分地解决这个问题。语义价是固定的，而句法价是在实际运用当中产生的相对于语义价的增价或者减价的情况。据此，我们可以认为，如果一个动词的语义价是二价或者以上，它就是一个及物动词。

但语义价是二价及其以上的动词是很多的，有的根本不是动词，比如“属于”“是”等。Givón 提出有的动词是典型的及物动词，有的动词是非典型的及物动词。典型及物动词有两个特征：一个施事主语和一个产生变化的受事宾语。如果违背这两个特征中的任何一个或者全部，动词就属于非典型的动词。用通俗的话讲就是，典型的及物动词，句子的主语必须是施事，动词必须具有动作性，而受事必须是受到影响的、发生变化的。

如何确定一个动词的语义价？

词汇语义学认为动词表达的是事件，事件需要参与者(participants)，不同的事件类型和不同的动词共同决定了事件参与者的数量和类型。一个及物动词表达的是一个动作行为事件(activity)，而且其中要有两个以上的参与者，比如 kill 的事件结构就是：

Kill：[x ACT〈kill〉 y]

如果从句子表达的意义来看，它不仅表达命题义，而且表达交际义。基本上表达命题义的句子是简单句，它所体现的就是动词的基本特征：携带几个论元、什么样的论元。比如 kill 出现最多的是肯定的、陈述的、简单的句子：

John killed the lion.

这个句子表达了一个命题，在这个命题当中，John 是施事，the lion 是受事，它们一个位于动词的前面，一个位于动词的后面。这个句子中 kill 的论元结构是：

Kill：〈x，y〉

于是，我们可以得出典型及物动词的特征：(1)表达命题义时必须携带两个及两个以上的论元；(2)动词有动作性，也就是说主语具有施事性；(3)宾语会因为动词的动作而受到影响、产生变化。非典型及物动词会部分地违背这些特征。

20.1.2 及物动词的句法表现

杨作玲(2009：177)分析了五个典型及物动词在先秦八部典籍中的句法表现，列为下表：

句法功用		围	斩	取	伐	诛	总计
受事宾语句		188	73	590	1101	114	2066
受事以旁格形式					1	3	4
旁格宾语表示范围				16		1	17
受事宾语有条件地省略	否定			47	10	14	71
	连动	4	5	44	10	25	88
	前加成分		2	7	4	3	16
无标记受动		7	9	7	3	19	45
有标记受动句		1			1		2
可V			1	7	10	6	24
定语		2					2
总计		202	90	718	1140	185	2335

这个表格反映出及物动词句法表现的三个方面的特点：

（一）先秦汉语典型及物动词最常出现的句子是受事宾语句，即 NP1＋V＋NP2；

（二）受事宾语不出现是有条件的，主要有连动结构、否定句、动词前有“能、欲、将”等能愿动词或副词，相同格式对举；NP2＋副词、助动词＋V；

（三）有标记受动句并不发达，无标记受动的出现是有条件的：排比句、虚拟状态句或完成事件。无标记受动的句法格式是：NP2＋V。

从我们调查的及物动词来看，表达命题义时动词的句法表现为 NP1＋V＋NP2，这是及物动词最基本的句法格式。及物动词其他的句法表现都与表达交际义有关，比如受事不出现、受动等等。关于影响及物动词句法表现的交际因素将在下一章进行详细讨论。有标记受动中的“见、受、获”等是动词，其后的成分具有体词性，整个句子其实是一个表示获得义的主动句，后来由于重新分析才具有了受动义。无标记的受动句表达的是被动的意义，虽然可以认为是表示状态或者完成，但那是被动表达的普遍意义。

所以，及物动词的句法特征可以认为有三个方面：

NP1＋V＋NP2：主动（NP1 为施事，NP2 为受事）

NP1＋V：主动（受事因语用因素不出现）

NP2＋V：被动

我们调查的动词绝大多数都属于及物动词，都具有上述及物动词的句法特征。比如“伐”，其句法表现如下：

（1）命子封帅车二百乘以伐京。（左隐元）

（2）今随侯惧而修政，楚不敢伐。（左桓 6）

（3）曰：“君伐，焉归？”（左昭 10）

另外，及物动词的受事还可以提前到动词前，而位于施事之后，表达一种语用意义，即宾语前置：NP1＋NP2＋V。比如：

（4）伯有之乱，以大国之事而未尔讨也。（左昭 2）

（5）尔贡苞茅不入，王祭不共，无以缩酒，寡人是征。昭王南征而不复，寡人是问。（左僖 4）

（6）凡从君出而可以入者，将唯子是听。（左定元）

（7）公使谓之曰：“尔何知？中寿，尔墓之木拱矣。”（左僖 32）

下面，我们将就及物动词的句法特征和其他类别动词的句法表现进行对比，以展示上古汉语动词句法特征的全貌。

20.2 非作格动词

20.2.1 不及物动词的类别及其特征

吕叔湘(1987)谈了“胜”和“败”的区别，二者的区别可以表示为：

(8) 中国队胜朝鲜队。　　X——动词——Y

(9) 中国队胜。　　X——动词

(10) 中国队败朝鲜队。　　X——动词——Y

(11) 朝鲜队败。　　Y——动词

吕先生认为“胜”和“败”是两类不同的动词，而且“胜”属于及物动词，因为很多及物动词都能进入(1)和(2)的句法格局，比如“吃”“喝”：

(12) 他要先吃饭后喝酒。

(13) 他要先吃后喝。

但“吃”“喝”与“胜”并不相同，“吃”“喝”的宾语没有出现是因为宾语无指或者说“吃”“喝”的宾语属于背景信息，从语用学的角度来看属于旧信息的范围，不用出现。而且宾语不出现时“吃”“喝”还是表示动作，而不表示状态或完成，句子不能加“了”：

(14) *他要先吃后喝了。

“胜”与此不同，其宾语不出现时不是因为宾语是旧信息，而且宾语不出现会造成整个句子表示一种状态或完成，可以加上“了”：

(15) 中国队胜了。

吕先生认为很多宾语不能省略的动词不能进入和“胜”一样的句法格局，原因正在于此：

(16) 他伸出两个指头。

(17) *他伸出。

其实“胜”是不及物动词，吕先生的统计显示“胜”的不及物用法要多于及物用法(超过总数的一半)，这正说明了“胜”的不及物动词的性质。

“胜”不出现宾语时，表示完成或者状态，此时句子的论元是动作的施事。

不论出现或者不出现宾语，主语和“胜”之间的关系都是施事。

“败”属于另外一种不及物动词，当不出现宾语时，主语位置上的论元是动词的受事；当出现宾语时，句子的主语是使事，而动词的受事出现在宾语位置上，此时整个句子表示使动。

Perlmutter(1978)提出了非宾格假说(unaccusative hypothesis)，将传统的不及物动词进一步分为非作格动词(unergative verb)和非宾格动词(unaccusative verb)两类，这两类动词的共同特征是都是一元动词，而且动词的唯一论元一般都实现为句子的主语。不同的是非作格动词的唯一论元是动词的深层施事成分，非宾格动词的唯一论元是动词的深层受事成分。Burzio(1986)进一步认为非作格动词所在的句子是一个深层无宾语结构，而非宾格动词所在的句子是一个深层无主语结构。也就是说，非作格动词的唯一论元是动词的外在论元(external argument)，而非宾格动词的唯一论元是动词的内在论元(internal argument)。

因此，“胜”属于非作格动词，而“败”属于非宾格动词。

20.2.2 非作格动词的句法特征

杨作玲(2009)分析了“胜、哭、坐、走、吠”几个非作格动词，并提出了非作格动词的几个特征：

(一) 最小成句是 NP＋V，NP 是动词的施事，即外在论元；

(二) 非作格动词的非必有论元可以实现为句法宾语，但不实现为旁格宾语；

(三) 一般没有使动句法结构，如果有，使动宾语限于有生名词；

(四) 可以作定语，相当于现在分词，表示“具有某种能力”或“伴随”“进行”义。

总体来看，非作格动词的句法特征是：

NP1＋V：主动(有完成、状态义)

NP1＋V＋NP2：NP2 不是动词的必有论元

上古汉语中的“奔、走、死”等动词属于典型的非作格动词。下面以“死”为例进行分析。

“死”的基本句法格局为 NP1＋V，比如：

(18) 又娶于陈，曰厉妫，生孝伯，早死。(左隐 3)

(19) 文王将死，与之璧，使行。(左僖 7)

(20) 今王死，其名未改，其众未败，何为还？(国语·鲁语下)

(21) 曾晳死，曾元养曾子，必有酒肉。(孟子·离娄上)

当“死”出现句法宾语时，此宾语不是动词的必有论元，而是表示原因或目的。表示原因的如：

(22) 建鼓整列，二臣死之，长幼必可知也。(左哀 13)

(23) 王怒曰：“大辱国！诘朝尔射，死艺。”(左成 16)

(24) 公曰：“臣也无罪，父子死余矣！”(左襄 27)

(25) 既里、丕死祸，公陨于韩。(国语·晋语三)

(26) 家仆徒曰：“有君不忌，有臣死刑，其闻贤于刑之。”(国语·晋语三)

表示目的的如：

(27) 建鼓整列，二臣死之，长幼必可知也。(左哀 13)

(28) 王怒曰：“大辱国！诘朝尔射，死艺。”(左成 16)

(29) 公曰：“臣也无罪，父子死余矣！”(左襄 27)

(30) 既里、丕死祸，公陨于韩。(国语·晋语三)

(31) 家仆徒曰：“有君不忌，有臣死刑，其闻贤于刑之。”(国语·晋语三)

(32) 叔仲曰：“死君命可也。”(左文 18)

(33) 君命，天也。若死天命，将谁仇？(左定 4)

(34) 庆郑曰：“郑也闻之曰：‘军败，死之；将止，死之。’”(国语·晋语三)

(35) 然子死晋国，子孙必得志于宋。(左定 6)

(36) 吾闻之：好内，女死之；好外，士死之。(国语·鲁语下)

(37) 不死伍乘，军之大刑也。(左昭 21)

例(37)里的“伍乘”甚至可以认为是处所了。

在“NP1＋胜＋NP2”中，NP2 并不是“胜”的必有论元，典籍中之所以出现很多次，是为了叙述一件事情，而且用于战争的叙述，有交战的双方。吕先生说的“中国队胜朝鲜队”也只是用于新闻标题，实际口语中这样说的很少。

20.3 非宾格动词

杨作玲(2009:178)提出了非宾格动词共有的句法特征：

（一）最常出现的句法结构为 NP＋V，NP 是 V 的内在论元，即受事；

（二）在句法结构上有使动交替形式，使动句中的宾语是自动句中的主语；

（三）作定语时具有“完成”或“被动”义；

（四）可以形成领主属宾结构。

可见，非宾格动词的典型句法特征是：

NP2＋V

NP1＋V＋NP2（使动）

可见，能不能用于自动和使动的交替是非作格动词和非宾格动词的最重要的句法差别。李佐丰（1983）分析了自动词的使动用法，他将上古汉语的自动词根据语义特点分为两类：一类表述主语可以自主发出的行为、动作，这类动词如果能带宾语，一般可以带关系宾语；另一类表述主语的状态、变化，在这种状态、变化中，主语通常是不自主的，这类动词如果带宾语，一般就是使动用法，它们通常不带关系宾语，需要说明处所、范围等，要用补语的形式。这里的前一类相当于非作格动词，后一类相当于非宾格动词。

在我们调查的动词当中，“说（悦）”属于典型的非宾格动词。“说（悦）”出现最多的句子是 NP2＋V，比如：

（38）公说，使魏绛盟诸戎。（左襄 4）

（39）学而时习之，不亦说乎？（论语・公冶长）

（40）公说，固止之，不可，厚赂之。（国语・晋语八）

“说（悦）”可以用于使动，句法格式为 NP1＋V＋NP2，比如：

（41）子曰：“君子易事而难说也。说之不以道，不说也。及其使人也，器之。小人难事而易说也。说之虽不以道，说也。及其使人也，求备焉。”（论语・子路）

（42）守情说父，孝也。杀身以成志，仁也。（国语・晋语二）

（43）不若予之，以说其众。众说，必咎于其君。（国语・晋语三）

（44）且赏以悦众，众皆哭，焉作辕田。（国语・晋语三）

（45）故为政者，每人而悦之，日亦不足矣。（孟子・离娄下）

20.4 形容词

形容词表示性质、特征，李佐丰（2003）将先秦汉语的形容词分为三种类型：性质形容词、形态形容词和事态形容词。形容词有几个方面的特点：

（一）形容词不带宾语，如果带宾语不能带直接宾语和间接宾语；

（二）形容词带宾语时要带意动宾语和使动宾语；

（三）形容词可以受程度副词修饰；

（四）形容词经常作定语。

其中，能带意动宾语和使动宾语应该是先秦汉语形容词的很重要的特征。但杨作玲（2009）谈到形容词的非宾格性时发现并不是所有的形容词都有相同的句法表现形式，也就是说，同为形容词，其非宾格性是有差异的。比如，“大/小”能用作使动和意动，而“好/恶”却基本不用于使动和意动，“美”亦可以用于使动和意动。

其实，名词、形容词和动词在时间稳定维度（time-stability scale）上有差异，Givón（1984：51-52）提出名词最具时间稳定性（most time-stable），比如“石头、树、狗、人”；而动词最不具有时间稳定性（least time-stable），比如“打、踢、唱、吃”；形容词处于名词和动词之间，而且和二者都有交叉：有的名词时间稳定性较差，比如 youth、adult 等虽然是名词，但很像形容词；有的动词时间稳定性较强，比如 sad、angry、happy 虽然是动词，但用起来却和形容词一样。所以有的语言中形容词和名词的用法接近，有的语言中形容词和动词的用法接近。[刘丹青（2008：1.2.2）]

上古汉语的形容词和动词接近，所以在用法上和不及物动词有交叉的地方，比如使动用法就是其中一个重要的方面。至于有的形容词比如上面说到的“好/恶”没有使动用法，可能是比较特殊的。从原则上来讲，形容词表示性质、状态，接近于不及物动词，那么它们的句法表现应该和不及物动词相近：

NP2＋adj.

NP1＋adj.＋NP2（使动、意动）

20.5 小结

20.5.1 上古汉语谓词的类别

上面对几类谓词的句法特征的分析可以列为下表：

<table>
<tr><th colspan="2"></th><th>常态</th><th colspan="2">变态</th></tr>
<tr><td colspan="2" rowspan="2">及物动词
（伐、斩、围）</td><td rowspan="2">NP1＋V＋NP2</td><td>NP2＋V
（受动、状态）</td><td rowspan="2">NP1＋V
（受事因语用
原因省略）</td></tr>
<tr><td>NP1＋NP2＋V
（焦点表达）</td></tr>
<tr><td rowspan="2">不及物动词</td><td>非作格动词
（胜、死、奔）</td><td>NP1＋V</td><td>NP1＋V＋NP2
（NP2 为非必有论元）</td><td></td></tr>
<tr><td>非宾格动词
（悦、怒、败）</td><td>NP2＋V</td><td>NP1＋V＋NP2
（使动）</td><td></td></tr>
<tr><td colspan="2">形容词
（大、小、美）</td><td>NP2＋adj</td><td>NP1＋adj＋NP2
（使动、意动）</td><td></td></tr>
</table>

可见，上古汉语的谓词从句法表现来看判然有别。谓词的句法表现与其语义类别有关，但在具体的语言或方言中可能因为各种原因会有一些差别。

20.5.2 作格动词和中性动词分类的不足

20.5.2.1 Cikoski 和大西克也的分类

在第 1 章里面我们将作格动词和中性动词的二分法用句法框架进行了描写：

（一）中性动词

【1】NP1＋V＋NP2/NP1＋V（宾语可以省略的及物动词，NP1 为施事）

秦子梁子以公旗辟于下道。（左传・庄公九年）

将焉辟之。（左传・僖公九年）

【2】NP1＋V（不及物动词，NP1 为施事）

晋昭公卒。（左传・昭公十六年）

【3】NP1＋V＋NP2（宾语不能省略的及物动词，NP1 为施事）

子谓子贡曰。

（二）作格动词

【4】NP1＋V＋NP2/NP2＋V（NP1 为使事，NP2 为施事，动词为不及物动词）

曰:君免乎?曰:君免矣。(左传·成公二年)

若从君惠而免之。(左传·僖公三十三年)

【5】NP1+V/NP1+V+NP2(带宾语时NP1为使事,NP2为施事,动词为不及物动词)

魏莹怒。(庄子·则阳)

若二子怒楚,楚人乘我,丧师无日矣。(左传·宣公十二年)

【6】NP1+V+NP2/NP2+V(NP1为施事,NP2为受事,动词为及物动词)

今不封蔡,蔡不封矣。(左传·成公二年)

根据上面对动词句法特征的描述,上述六类可以重新分类如下:

【1】、【3】、【6】为及物动词用法,受事不出现是因为语用原因,受事提前整个句子表达被动义或者状态。【2】属于非作格动词。【4】、【5】属于非宾格动词。

20.5.2.2 宋亚云的分类

宋亚云(2005)在上述作格动词和中性动词的基础上将上古汉语的动词分为以下的类别:

(一)及物动词

A粘宾动词:至于;犹;如;若;谓;曰;譬;譬如;似(像);言(意思是)。

B宾语可以有条件悬空的中性动词:秉、被;背;莅;裹;筑;帅;掩;乞;徼。

C宾语可自由悬空的中性动词:胜;克;卜;食;耕;鼓;驾;学;御;发。

D可反宾为主的中性动词:斩;剖;烹;劓;围;诛;杀;禽;戮;执。

(二)作格动词

E由反宾为主途径形成的作格动词:破;败;折;断;灭;裂;残;穿;覆;毁。

F由使动用法的途径形成的作格动词:出;归;起;正;困;苦;明;安;固;平。

(三)不及物动词

G有少量带宾用法的不及物动词和形容词:死;干;熟;拆;逸;饥;焦;落;陨;坠。

H无宾动词:崩;薨;殁;卒(死亡);饥;衰;枯;逝;旱。

现在看来,A类里面的词都不是严格意义上的动词,大部分可以认为是系词。B、D两类是及物动词,D类里的动词可以反宾为主是因为受事放在了动词前面,有被动或者状态义在其中,而且很多都用在对举的情形当中。C里面部分动词属于宾语无指的,或者叫做同源宾语,比如"食、卜、耕、鼓、驾、学、御"等,"胜""发"是非作格动词。G、H里面的动词大都是非作格动词。E、F里面的动词都是非宾格动词。

21 影响上古汉语及物动词句法多样性的因素①

21.1 命题义和交际义及其关系

Givón(1984)提出句子表达的都是二重意义，即命题语义(propositional semantics)和篇章语用义(discourse pragmatics)。基本上表达命题义的句子是简单句，语用义的表达会造成句子句法的补偿也就是变化。他列出的语用义比较宽泛，包括三个大的方面：

(i) Speaker's goals: the speech-act values(information, question, command, etc.) as well as other communicative and pragmatic goals of the speaker;

(ii) Interaction: the social relation between speaker and hearer, what they owe each other, what they know of each other's knowledge, goals, and predispositions;

(iii) Discourse context: what information was processed in the preceding discourse, what can be taken for granted, what is likely to be challenged, what is important vs. ancillary information, what is the foreground of new information as against what is background.

刘丹青(2008)在谈到影响句子当中动词和直接宾语排列顺序的因素时提到了几个方面：

(i) 名词论元和代词论元的区别；

① 本章内容基于作者已发表的文章《"攻乎异端"解》，见参考文献[167]。

(ii) 成分的长度和复杂度；

(iii) 指称意义(有定、无定、有指、无指、类指、全量、部分量)；

(iv) 句类(陈述、疑问、祈使、感叹)；

(v) 情态属性(肯定、否定、可能性、意愿性等)；

(vi) 动词的时体特征；

(vii) 话语篇章属性(问答体、叙述体等的不同)；

(viii) 信息结构(已知信息、新信息、焦点信息、具有篇章连续性的信息和偶现信息等)。

这些因素里，有的属于篇章语用因素，有的则不属于。不过这些影响动词句法表现的因素都是为了交际的目的，所以我们不妨称之为交际因素。

宋亚云(2005)在谈到及物动词当中的中性动词时，认为有些动词的宾语可以有条件省略，这样的动词被称为“宾语可以有条件省略的中性动词”，比如：秉、被、背、莅、裹、筑、帅、掩、乞、徼、攻等。宾语省略的条件共有七个方面：

(一) 否定的施事主语句；

(二) 连动式；

(三) 及物动词前后有“以”字介宾短语或“为”字介宾短语修饰；

(四) 及物动词前加“自、相、能、欲”；

(五) 对偶句、排比句；

(六) 受事宾语提前形成受事主语句；

(七) 动词作主宾语。

这些及物动词宾语可以省略的条件和上述刘丹青所谈到的条件很多是相同的，只是数量上少了一些。

宋亚云还谈到，有些动词的宾语除了有条件的省略外，还可以无条件省略，这样的动词被称为“宾语可自由悬空的中性动词”，比如：胜、克、卜、食、耕、鼓、驾、学、御、发等。如前所述，这些词当中有些不是及物动词，属于非作格动词。属于及物动词的如“食、耕、鼓、驾、学”等，宾语不出现是因为无指(non-referential)。这也属于交际因素。

杨作玲(2009)也认为典型及物动词的一般用法是受事宾语句,如果宾语不出现都是有条件的,比如连动结构,否定句,动词前有"能、欲、将"等能愿动词或副词,相同格式对举等等,这和宋亚云说的其实是一回事。

总体来讲,及物动词的基本句式是NP1+V+NP2,此时句子表达的基本是命题义。如果动词不出现在这样的句式当中,而是出现在诸如NP1+V或者NP2+V这样的句式中,此时的句子因为交际义的表达而发生了改变。我们需要寻找这些交际因素是什么,又会造成怎样的句法变形。

21.2 默认受事不出现

《国文法草创》谈到有的动词及物和不及物两属:

动字之中有兼具自动他动两性者,如"耕"字为自动字也,《孟子》"以铁耕乎?"是也。杨恽文"耕田置产",则为他动字矣。"孕"自动字也,《易》"孕妇不育",是也。《法苑珠林》"初建母孕建时",则为他动字矣。"娶"自动字也,《孟子》"舜不告而娶",是也。《诗》"娶妻如之何",则为他动字矣。"龀"自动字也,《说文》"女七月而生齿,七岁而龀",是也。《韩诗外传》"女子七月而生齿,七岁而龀齿",则为他动字矣。"勉"自动字也,《论语》"丧事不敢不勉",是也。《左传》"吾子勉之",则为他动字矣。此外尚多,不胜枚举。

"耕、孕、娶、龀"这几个动词的受事比较特殊,它们都是动词的默认论元(default argument),所以,在句子当中可以出现,也可以不出现。

在我们调查的动词里,与这些动词相近的有"乘、驾、御、鼓、歌",另外上古汉语中的"饮、食、衣、冠、枕"等词也是如此。

Givón(1984:105)将sing、dance等的宾语称为同源宾语(cognate objects),Rappaport and Levin(1998:115)将sweep的不出现的宾语称为原型宾语(prototypical object)。其实这些动词的受事如果不出现,人们就会按照它们最常携带的宾语来理解;如果出现了宾语,要么是比较特殊的宾语,要么是对举。比如上面《国文法草创》所举的例子,"耕"不出现宾语时,因为"耕"的宾语是默认宾语"田","耕田置产"中"田"要出现是因为"置"的宾语"产"出现了。“孕”不出现宾语，因为孕的是“子”，“孕建”要出现宾语，可能为了区别，因为母亲可能还孕育了别的孩子。“娶”的宾语“妻”要出现可能是因为孟子时代“取”的去声一读已经不能表示“娶妻”义了。“龀齿”要出现宾语是因为前面出现了“生齿”。

下面是上古汉语中同类动词的情况。

(1) 楚熊负羁囚知罃，知庄子以其族反之，厨武子御，下军之士多从之。(左宣 12)

(2) 自御而归，不能当道。(左襄 22)

(3) 樊迟御，子告之曰：“孟孙问孝于我，我对曰无违。”(论语·为政)

(4) 郑周父御佐车，宛茷为右，载齐侯以免。(左成 2)

(5) 使御广车而行，己皆乘乘车。(左襄 24)

(6) 赵夙御戎，毕万为右，以灭耿，灭霍，灭魏。(左闵元)

例(1)至(3)“御”的宾语不出现，宾语是默认论元“车”，例(4)至(6)宾语出现，宾语都是不寻常的受事，比如“佐车”“广车”“戎(车)”等。

(7) 公与之乘。【共乘兵车。《释文》：从，才用反。乘，绳证反。】战于长勺。(左庄 10)

(8) 齐侯陈诸侯之师，与屈完乘而观之。【乘，共载。《释文》：乘，绳证反。注同。】(左僖 4)

(9) 宣子说，与之乘，以言诸公而免之。【共载入见公。《释文》：乘，绳证反。】(左襄 21)

(10) 使御广车而行，己皆乘乘车。【乘车，安车。《释文》：下乘字，绳证反，注及下皆同。】(左襄 24)

(11) 良夫乘衷甸两牡，紫衣狐裘，至，袒裘，不释剑而食。(左哀 17)

(12) 卫懿公好鹤，鹤有乘轩者。(左闵 2)

(13) 齐侯与蔡姬乘舟于囿，荡公。(左僖 3)

(14) 步扬御戎，家仆徒为右，乘小驷，郑入也。(左僖 15)

(15) 左师展将以公乘马而归，公徒执之。【《释文》：乘，如字，骑马也。】(左昭 25)

(16) 乙卯，王乘左广以逐赵旃。(左宣 12)

(17) 子产在鄙闻之，惧弗及，乘遽而至。【遽，传驿。】(左昭 2)

(18) 使华寅乘贰车。(左昭 20)

(19) 楚子乘驲，会师于临品。(左文 16)

例(7)至(9)“乘”的宾语不出现因为“乘”的受事是普通的“车”。“乘”的宾语一旦出现，就是特殊的受事，比如“乘车”“衷甸”“轩”“舟”“马”“左广”“小驷”等。

“驾”的情况也一样：

(20) 乃驾以待。子上欲涉，大孙伯曰：“不可。”(左僖33)

(21) 荀偃令曰：“鸡鸣而驾，塞井夷灶，唯余马首是瞻。”(左襄14)

(22) 齐侯驾，将走邮棠。(左襄18)

(23) 齐侯欲与卫侯乘，与之宴而驾乘广，载甲焉，使告曰：“晋师至矣。”(左定13)

(24) 公父文伯至，命校人驾乘车。(左哀3)

(25) 召获驾乘车，行爵食炙，奉卫侯辄来奔。(左哀15)

“耕”的情况也相同：

(26) 春省耕而补不足，秋省敛而助不给。(孟子·梁惠王下)

(27) 乃见鱄设诸焉，而耕于鄙。(左昭20)

(28) 贤者与民并耕而食，饔飧而治。(孟子·滕文公上)

(29) 我竭力耕田，共为子职而已矣，父母之不我爱，于我何哉？(孟子·万章上)

(30) 王耕一墢，班三之，庶民终于千亩，其后稷省功，太史监之。(国语·周语上)

(31) 百亩之田，匹夫耕之，八口之家足以无饥矣。(孟子·尽心上)

“歌”亦然：

(32) 姜入于室，与崔子自侧户出，公拊楹而歌。(左襄25)

(33) 是夜也，赵简子梦童子羸而转以歌，旦占诸史墨。(左昭31)

(34) 子于是日哭，则不歌。(论语·述而)

(35) 工歌《文王》之三，又不拜。歌《鹿鸣》之三，三拜。(左襄4)

(36) 吾骤歌北风，又歌南风，南风不竞，多死声。(左襄18)

(37) 将战，公孙夏命其徒歌《虞殡》。(左哀11)

“饮”的情况大体相同：

(38) 夏，许悼公疟。五月戊辰，饮大子止之药卒。大子奔晋。(左昭19)

(39) 秋，周甘歜败戎于邥垂，乘其饮酒也。(左文17)

(40) 饭疏食，饮水，曲肱而枕之，乐亦在其中矣。不义而富且贵，于我如浮云。(论语·述而)

(41) 夫蚓，上食槁壤，下饮黄泉。(孟子·滕文公下)

(42) 公都子曰：“冬日则饮汤，夏日则饮水，然则饮食亦在外也？”(孟子·告子上)

(43) 设机而不倚，爵盈而不饮。(左昭 5)

(44) 其妻问所与饮食者，则尽富贵也。(孟子·离娄下)

(45) 季子曰："君子无所争，必也射乎！揖让而升，下而饮，其争也君子。"(论语·八佾)

与前面几个词不同的是，"饮"的受事"酒"经常出现，可能是因为"饮酒"并不是一个经常发生的事情，或者"酒"并不是"饮"的默认论元。正如现代汉语的"喝"和"吃"一样，"吃"的默认论元是"饭"，经常不出现，如果出现必然是非默认论元；"喝"则不同，如果不出现，人们不能一下子和"酒"联系在一起。古汉语的"食"和现代汉语的"吃"有可比性，受事不出现时是默认论元"饭"，出现宾语时都是非默认的论元：

(46) 齐侯曰："余姑翦灭此而朝食。"(左成 2)

(47) 良夫乘衷甸两牡，紫衣狐裘。至，袒裘，不释剑而食。(左哀 17)

(48) 食不语，寝不言。(论语·乡党)

(49) 其下，朝不食，夕不食，饥饿不能出门户。(孟子·告子下)

(50) 出因其资，入用其宠，饥食其粟，三施而无报，是以来也。(左僖 15)

(51) 彼实构吾二君，寡君若得而食之，不厌，君何辱讨焉？(左僖 33)

(52) 曾然则曾子何为食脍炙而不食羊枣？(孟子·尽心下)

(53) 臣闻齐人将食鲁之麦。以臣观之，将不能。(左文 17)

(54) 冬，十月，以宫甲围成王。王请食熊蹯而死。弗听。(左文元)

"衣""冠"的情况相同：

(55) "许子必织布而后衣乎？"曰："否！许子衣褐。"(孟子·滕文公上)

(56) "许子冠乎？"曰："冠。"曰："奚冠？"曰："冠素。"(孟子·滕文公上)

从语用信息的角度来讲，这些动词的默认论元都属于"背景信息"(background information)，这种信息为语言使用者所共有，是语言使用中广义的"旧信息"(old formation)。用语法化的术语来说，是一种语法化了的"旧信息"。

动词论元的默认与否与人们的生活经验相关。现代汉语可以说"你吃了吗"，人们可以毫不费力地理解，因为"吃"的内容"饭"语法化程度高；而"你喝了吗"理解起来却有困难，因为"喝"的受事"酒"语法化程度低。古代汉语的"食"和"饮"与此相同，"食"的受事不出现理解起来很容易，也经常不出现；但

"饮"宾语不出现理解起来就比较困难,所以"饮"的受事"酒"要经常出现。

21.3 宾语无指

有时宾语无指(non-referential),也就是说没有确定的所指,就不用出现。下面是一些用例:

(57) 是故天子讨而不伐,诸侯伐而不讨。(孟子·告子下)

(58) 君子谓是盟也信,谓晋于是役也,能以德攻。(左僖28)

(59) 孔子曰:"操则存,舍则亡;出入无时,莫知其乡。"(孟子·告子上)

(60) 子子曰:"君子矜而不争,群而不党。"(论语·卫灵公)

"征、伐、攻、操、争"的受事都没有出现,原因是受事都没有确定的所指,故而没有出现。

这些例子还有一个特点就是动词大多用在对举的情形中,因为对举时动词的理解才不会有困难,如果单独说一个动词而不出现受事,就会造成理解困难。

有的语言中宾语有指和无指时受事的格会不同,有的语言中无指宾语会并入(incorporation)动词。上古汉语虽然没有明确的句法形态,但无指宾语会不出现。看来,无指宾语会采用和有指宾语不同的编码方式是语言的共性。

21.4 上下文中的旧信息

21.4.1 前文出现过的信息

如果受事在上文中出现过,就成为了旧信息,动词的后面就不再出现宾语。我们调查的及物动词中,宾语不出现的情况很多与此有关。比如:

(61) 平国以礼不以乱,伐而不治,乱也。(左宣4)

(62) 今随侯惧而修政,楚不敢伐。(左桓6)

(63) 若其有罪,绞缢以戮,桐棺三尺,不设属辟,素车朴马,无入于兆,下卿之罚也。(左哀2)

(64) 荀吴之嬖人不肯即卒,斩以徇。(左昭元)

(65) 十二月戊午,秦军掩晋上军,赵穿追之,不及,反,怒曰:"裹粮坐甲,固敌是求。

敌至不击,将何俟焉?"(左文 12)

(66) 臣逼而不讨,不可谓刑。(左成 17)

(67) 殖绰伐茅氏,杀晋戍三百人。孙蒯追之,弗敢击。(左襄 26)

(68) 十二月戊午,秦军掩晋上军,赵穿追之,不及,反,怒曰:"裹粮坐甲,固敌是求。敌至不击,将何俟焉?"(左文 12)

(69) 荀吴之嬖人不肯即卒,斩以徇。(左昭元)

(70) 若其有罪,绞缢以戮,桐棺三尺,不设属辟,素车朴马,无入于兆,下卿之罚也。(左哀 2)

(71) 他日与之言政,说,遂有宠,谓之曰:"我尽逐陈氏而立女,若何?"对曰:"我远于陈氏矣,且其违者不过数人,何尽逐焉?"遂告陈氏。(左哀 14)

(72) 尔无我叛,我无强贾,毋或丐夺。(左昭 16)

21.4.2 上下文中明确的信息

有时受事不出现,但在上下文中是明确的,也不出现。比如:

(73) 桓公曰:"吾欲南伐,何主?"(国语・齐语)

(74) 中国不振旅,蛮夷入伐,而莫之或恤,无吊者也夫!(左成 7)

(75) 昭王南征而不复,寡人是问。(左僖 4)

(76) 南面而征,北夷怨;东面而征,西夷怨。(孟子・尽心下)

(77) 甲戌,津人得诸河上。阴不佞以温人南侵。拘得玉者,取其玉。(左昭 24)

(78) 先君有约言焉。若大国讨,我则死之。(左宣 12)

(79) 鱼石将止华元,鱼府曰:"右师反,必讨,是无桓氏也。"(左成 15)

(80) 寡君欲亲以为戮,若不生得以戮于群臣,犹未得请也。(国语・齐语)

(81) 危而不持,颠而不扶,则将焉用彼相矣?(论语・季氏)

"伐、征、侵"等词的前面都加了方位词,此时虽然受事没有出现,但受事的所指在语境中是清楚的。后面"讨、戮、持、扶"的对象即受事虽然在上下文中没有出现,但交际的双方都很清楚所指为谁。

很多动词都能用在"来+V"的格式中,而受事不出现。此时受事是很清楚的,即说话者自己,所以不用出现,这和"方位词+V"格式中受事不出现是一个道理。比如:

(82) 为取郠故,晋将以诸侯来讨。(左昭 13)

(83) 晋人以扈之盟来讨。(左文 8)

21.5 否定

(84) 臣逼而不讨,不可谓刑。(左成 17)

(85) 公曰:"然。今我不击,归必狃。一夫不可狃,而况国乎!"(国语·晋语三)

(86) 萧人囚熊相宜僚及公子丙,王曰:"勿杀,吾退。"萧人杀之。(左宣 12)

(87) 余弟死,而子来,是而子杀余之弟也。弗逐,余亦将杀之。(左襄 14)

(88) 先立乎其大者,则其小者不能夺也。(孟子·告子上)

(89) 孟懿子问孝,子曰:"无违。"(论语·为政)

(90) 非礼勿视,非礼勿听,非礼勿言,非礼勿动。(论语·颜渊)

(91) 弟子齐宿而后敢言,夫子卧而不听,请勿复敢见矣。(孟子·公孙丑下)

(92) 初,郑伯将以高渠弥为卿,昭公恶之,固谏,不听。(左桓 17)

(93) 余弟死,而子来,是而子杀余之弟也。弗逐,余亦将杀之。(左襄 14)

(94) 虞公许之,且请先伐虢。宫之奇谏,不听,遂起师。(左僖 2)

(95) 左右皆曰不可,勿听;诸大夫皆曰不可,勿听。(孟子·梁惠王下)

这些否定句当中,动词的受事不出现,是因为在上文已经出现过了,属于旧信息。这里受事没有出现其实与肯定否定没有太大的关系。宋亚云、杨作玲都将否定作为及物动词受事宾语不出现的原因是不恰当的。

21.6 受事话题化

21.6.1 可 V

及物动词的受事可以提前成为句子的话题,此时动词后不再出现宾语,而且也不用代词回指,比如:

(96) 夫子之设科也,往者不追,来者不拒。(孟子·尽心下)

(97) 年自七十以上,无不馈诒也,时加羞珍异。(左文 16)

(98) 右广鸡鸣而驾,日中而说。(左宣 12)

(99) 虽吾公室今亦季世也。戎马不驾,卿无军行,公乘无人,卒列无长。(左昭 3)

(100) 鲁平公将出,嬖人臧仓者请曰:"他日君出,则必命有司所之。今乘舆已驾矣,有司未知所之,敢请。"(孟子·梁惠王下)

(101) 晋君之无道莫不闻,公子重耳之仁莫不知。(国语·晋语三)

例(96)中"往者"是"追"的受事,"来者"是"拒"的受事,二者都提前作了句子的话题。例(97)中的"年自七十以上"是受事,提前作了话题,因为比较长有了停顿。其实例(98)中的话题后可能也有停顿,只是去古已远,我们无从得知。这样的例子很多。

上古汉语中用得比较多的是"可 V"这样的结构,用来构成话题提前的句子:

(102) 得沈同以其私问曰:"燕可伐与?"(孟子·公孙丑下)

(103) 往者不可谏,来者犹可追。(论语·微子)

(104) 弗敬弗休,悔其可追?(左哀 16)

(105) 晋人侵郑,以观其可攻与否。(左僖 30)

(106) 今有杀人者,或问之曰:"人可杀与?"则将应之曰:"可。"(孟子·公孙丑下)

(107) 鱄设诸曰:"王可弑也。母老子弱,是无若我何?"(左昭 27)

(108) 君有二臣,或可赏也,或可戮也。君王均之,群臣惧矣。(国语·楚语下)

(109) 苟有明信,涧溪沼沚之毛、蘋蘩薀藻之菜、筐筥锜釜之器、潢污行潦之水,可荐于鬼神,可羞于王公,而况君子结二国之信,行之以礼,又焉用质?(左隐 3)

(110) 子谓公冶长:"可妻也。虽在缧绁之中,非其罪也。"(论语·公冶长)

这些句子中的主语都是及物动词的受事,提前作了句子的话题。

话题是交际的出发点,可以作话题的成分是很多的,受事当然也不例外。受事充当话题时,处在句子的主语位置,此时主语和动词之间有了"受动"的意思,但整个句子并不能理解为受动。《马氏文通》中的"受动字"当中有一类是:"可""足"两字后动字,概有受动之意。这个看法不正确,没有看到受事充当话题的情形。蒲立本(2006)甚至认为可以根据"可 V"的格式来判断动词是否为及物动词,因为"可 V"表达被动义,而只有及物动词才有受动义。但从我们的分析来看,这个看法是不正确的。因为"可 V"并不都能按受动理解,比如:

(111) 是可忍,孰不可忍也?(论语·八佾)

这个句子中的"可忍"理解为被动就比较勉强。"是"和"孰"是句子的话题,整个句子要理解为"是,可忍,孰不可忍也"才恰当。看来,认为通过"可 V"来判断动词是不是及物动词并没有错,但认为"可 V"表示被动是有问题的。

21.6.2 能V、敢V、足V、克V、得V、难V

这几种格式和“可V”的情形是一样的,我们举一些例子:

(112) 天之所坏不可支也,众之所为不可奸也。(左定元)

(113) 今随侯惧而修政,楚不敢伐。(左桓6)

(114) 王使问礼于左师与子产。左师曰:“小国习之,大国用之,敢不荐闻?”(左昭4)

(115) 今君至于淫以生疾,将不能图恤社稷,祸孰大焉?主不能御,吾是以云也。(左昭元)

(116) 孟子曰:“周于利者凶年不能杀,周于德者邪世不能乱。”(孟子·尽心下)

(117) 司马叹曰:“必多僚也。吾有谗子而弗能杀,吾又不死。抑君有命,可若何?”(左昭21)

(118) 苟众所利,邻国所立,大夫其从之。重耳不敢违。(国语·晋语二)

(119) 然犹防川,大决所犯,伤人必多,吾不克救也。(左襄31)

(120) 王之所大欲,可得闻与?(孟子·梁惠王上)

(121) 众怒难犯,专欲难成,合二难以安国,危之道也。(左襄10)

从上面的例子可以看出,“上下文中的旧信息”和“话题”很难分清,因为二者大都不用回指,只在动词后留下一个语迹。但有时却要用一个代词回指[刘丹青(2008:263)],比如:

(122) 子曰:“夏礼吾能言之,杞不足征也。殷礼吾能言之,宋不足征也。”(论语·八佾)

但这里“言”的宾语“之”要出现,是因为“言”不但可以表示“说话”义,还可以表示“谈论”义,“言”的内容如果不出现,容易引起歧义。

总的来看,宋亚云、杨作玲认为的助动词、副词加在及物动词之上动词不出现宾语,原因是受事提前作了话题,故而不用出现。这也是一种语用因素。

21.7 被动表达

21.7.1 无标记被动

21.7.1.1 受事+V

(123) 曰:“君伐,焉归?”(左昭10)

(124) 王曰:“令尹之不能,尔所知也。国将讨焉,尔其居乎?”(左襄22)

(125) 八年,陈侯杀于夏氏。(国语·周语中)

(126) 十三年,晋侯弑,于翼东门葬,以车一乘。(国语·周语下)

(127) 三月,厉公弑。(国语·晋语六)

(128) 申之会,越大夫戮焉。(左昭 13)

(129) 为弧服者方戮在路,夫妇哀其夜号也,而取之以逸,逃于褒。(国语·郑语)

(130) 子南之母乱陈而亡之,使子南戮于诸侯。(国语·楚语上)

(131) 王乃命有司大徇于军,曰:"谓二三子归而不归,处而不处,进而不进,退而不退,左而不左,右而不右,身斩,妻子鬻。"(国语·吴语)

(132) 孟子曰:"君子之泽五世而斩,小人之泽五世而斩。"(孟子·离娄下)

(133) 荆尸而举,商农工贾不败其业,而卒乘辑睦,事不奸矣。(左宣 12)

(134) 抱关击柝者皆有常职以食于上。无常职而赐于上者,以为不恭也。(孟子·万章下)

(135) 三月,公如京师。宣伯欲赐,请先使,王以行人之礼礼焉。(左成 13)

(136) 其享覲之币薄而言谄,殆请之也,若请之,必欲赐也。(国语·周语中)

上面这些例子是从我们调查的动词里面找出来的,它们的共同特点是及物动词的受事或者双及物动词的与事提前作了话题,整个句子似乎有了被动的意思。但这些句子都不能认为是被动语态,因为动词本身没有形态变化,也没有其他的助动词进行辅助表达,比如"厉公弑"和"弑厉公"相比,只是词序不同,并没有其他任何手段进行辅助。所以这些句子只能认为是受事话题化,而不是被动语态,因为这些句子和一般的受事话题化形式上并没有什么不同,比如:

(137) 右广初驾,数及日中,左则受之,以至于昏。(左宣 12)

(138) 年自七十以上,无不馈诒也,时加羞珍异。(左文 16)

(139) 夫子之设科也,往者不追,来者不拒。(孟子·尽心下)

(140) 晋君之无道莫不闻,公子重耳之仁莫不知。(国语·晋语三)

而且和"可 V"这种受事话题句也没有太大的差别,比如:

(141) 天之所坏不可支也,众之所为不可奸也。(左定元)

三价及物动词是与事提前作话题,也不是被动,比如:

(142) 子曰:"食夫稻,衣夫锦,于女安乎?"【《释文》:食夫,上音嗣,下音符,下同。】(论语·阳货)

这句话正常的语序是“(他人)食(音嗣)(女)稻,(他人)衣(女)锦,于女安乎”,“食”“衣”是给予义的三价动词,与事提前作了话题后就变成了“(女)食夫稻(于人),(女)衣夫锦(于人)”。

“食夫稻”并不是正常的施受关系,因为如果自己“食稻”是无可厚非的,之所以不安是因为这里的“稻”是别人“食(音嗣)”的,所以“食”是给予义,不是“吃”。“食夫稻”意思是“被(别人)给稻米”,有被动的意思在里面。之所以有被动的理解是因为与事是话题,而且在上下文中没有出现。“衣夫锦”也是一样的,即“被(别人)给锦衣”的意思。整句话的意思是:

孔子说:“别人给你稻米吃,给你锦衣穿,对你来说心安吗?”

这些受事话题句都表示某种状态。

21.7.1.2 动词连用

(143) 暴其民甚则身弑国亡;不甚,则身危国削,名之曰“幽”“厉”。(孟子·离娄上)

(144) 鲁有夫人、庆父之乱,二君弑死,国绝无嗣。(国语·齐语)

(145) 对曰:“父戮子居,君焉用之?泄命重刑,臣亦不为。”(左襄22)

(146) 君所谓可而有否焉,臣献其否以成其可。君所谓否而有可焉,臣献其可以去其否,是以政平而不干,民无争心。(左昭20)

(147) 吾岂匏瓜也哉?焉能系而不食?(论语·阳货)

(148) 今也不然:师行而粮食;饥者弗食,劳者弗息。(孟子·梁惠王下)

动词连用可以是两个及物动词,也可以是一个及物动词和一个不及物动词连用。对及物动词来说是受事提前作话题,对不及物动词来说可以认为是主语。动词连用时句子的状态义更加明显。

21.7.1.3 **V+于+N**

(149) 抱关击柝者,皆有常职以食于上。(孟子·万章下)

(150) 子如通之,则梓匠轮舆皆得食于子。(孟子·滕文公下)

(151) 治于人者食人,治人者食于人,天下之通义也。(孟子·滕文公上)

(152) 入则孝,出则悌,守先王之道,以待后之学者,而不得食于子。(孟子·滕文公下)

“于”是一个全能介词,能引介几乎所有的名词性成分。上面几个句子中“于”引介的似乎都是施事,但相同的句法格式中“于”引介的大都是可以认为是处所的成分，下面是洪波先生《周秦汉语“被动语态”之检讨》(2009)中举的例子：

(153) 舜发于畎亩之中，傅说举于版筑之间，胶鬲举于鱼盐之中，管夷吾举于士，孙叔敖举于海，百里奚举于市。(孟子·告子下)

其实这些句子也是动词的受事提前作了话题，整个句子有被动理解和“于”并没有关系。

21.7.1.4 为 V

(154) 彼其父为戮于楚，其心又狷而不洁。(国语·楚语下)

(155) 其爱之也，桓、庄之族何罪，而以为戮？(左僖 5)

(156) “启宠纳侮，其此之谓矣。必以仲几为戮。”乃执仲几以归。(左定元)

(157) 从耳目之欲，以为父母戮，四不孝也。(孟子·离娄下)

(158) 国人欲告者来告，告孤不审，将为戮不利，及五日必审之，过五日，道将不行。(国语·吴语)

(159) 若为诸侯戮者，鲁诛尽矣，必不加师，请为戮也。(国语·晋语八)

这里的“为戮”有的人认为是被动，“为”表示被动。但古汉语中“为”是动词，“戮”应当是个名词，在这里是“为”的宾语，“为戮”表示一种状态。“戮”可以用在“以(之)为戮”的句式当中，也说明“戮”是个名词。前面说过，“戮”有示众的意思，是一种非常耻辱的事情，所以就成为一个专用名词：

(160) 夫司寇行戮，君为之不举，而况敢乐祸乎？(左庄 20)

(161) 君何辱讨焉？使归就戮于秦，以逞寡君之志，若何？(左僖 33)

(162) 执事不以衅鼓，使归即戮，君之惠也。(左成 3)

(163) 庆封唯逆命，是以在此，其肯从于戮乎？(左昭 4)

(164) 子谓南容：“邦有道不废，邦无道免于刑戮。”(论语·公冶长)

(165) 若弃鲁而苟固诸侯，群臣敢惮戮乎？(国语·鲁语下)

(166) 受君之罚，死戮。(国语·晋语三)

(167) 大夫对曰：“君镇抚群臣而大庇荫之，无乃不堪君训而陷于大戮，以烦刑、史，辱君之允令，敢不承业。”乃盟而入。(国语·晋语七)

(168) 劝之以高位重畜，备刑戮以辱其不励者，令各轻其死。(国语·吴语)

《马氏文通》在谈到“卫太子为江充所败”时说：

“败”，外动也，“江充”其起词，“所”字指“卫太子”，而为“败”之止词。故“江充所败”实为一读，今蒙“为”字以为断，犹云“卫太子为江充所败之人”，意与“卫太子败于江充”无异。如此，“江充所败”乃“为”之表词耳。

“太子为江充所败”中的“江充所败”是一个体词性结构，之所以要用“所字结构”而不直接说“太子为江充败”，就是因为“为……”中“为”后的成分本来是个体词性成分，当出现替代形式时也要保留原来的特征。“为”是个系词，其后的成分是体词性成分，“戮”就是一个有谓词性的体词。后来“为”后可以接一个关系从句，体词性的“所字结构”是很好的选择。

体词性的“之”字短语也可以进入这一句式，但不如“所”字用得多，如唐钰明(1987)所举的例子：

(169) 员不忍称疾辟易，以见王之亲为越之擒也。(国语·吴语)

上古汉语主谓之间的“之”是一个从句标记，这更能说明“为”后成分的体词性。

21.7.2 有标记被动

(170) 君子曰：“随之见伐，不量力也。”(左僖20)

(171) 盆成括见杀，门人问曰：“夫子何以知其将见杀?”(孟子·尽心下)

在我们调查的动词中只出现这两例。上面两例中除了“盆成括见杀”外，其他都是作句子成分，前一个作主语或者话题，后一个作“知”的宾语。

洪波、解惠全(1987)，姚振武(1999)，洪波(2009)都认为古汉语中表示被动的“见、被、获”等词都是表示“遭受”“获得”义的动词，其后的成分是一个指称化的谓词。“盆成括见杀”就是“盆成括遭到杀害”的意思，后来经过重新分析，“见”“被”等词被认为是表示被动的标记。比如：

(172) 民之主也，纵惑不疚，肆侈不违，流志而行，无所不疚，是以及亡而不获追鉴。(国语·晋语一)

21.7.3 小结

姚振武(1999)认为《马氏文通》所说的几种“受动”都不是被动，洪波先生(2009)进一步认为上古汉语中没有被动语态，这个看法是很正确的。从我们的调查分析来看，上古汉语无标记被动都和受事话题化有关，都不是真正的被动表达,更谈不上被动语态了。"为"字式是个系表结构。"见"字是个遭受义的动词。

唐钰明(1985)认为"见"字式是春秋战国之交新出现的表示被动的方式。这个看法有正确的一面,因为从我们的调查来看,只有两例;也有不正确的一面,因为"见"可能不表示被动。

上古汉语表达被动时大多和受事宾语话题化有关,这是通过"移位"的方式表达被动的意思。虽然没有如印欧语那样通过动词形态变化的手段来表示被动,但也表达了被动的意思,而且"移位"也是一种手段。说上古汉语"没有像印欧语一样的形态手段"来表达被动是可以的,但不能说上古汉语没有表达被动的手段,更不能认为上古汉语不能表达被动。

21.8 宾语前置

21.8.1 前人对宾语前置的认识

先秦汉语宾语前置的类型很多,有代词宾语前置、介词宾语前置、名词宾语前置等不同的种类,相关内容可以参看杨伯峻、何乐士(2001),洪波(2005)以及《古代汉语读本》。与及物动词相关的宾语前置有三种:否定句代词宾语前置、疑问代词宾语前置、有标记的普通体词宾语前置。

关于上古汉语宾语前置的现象,从《马氏文通》开始就描写得比较清楚了,后人只是做了一些进一步的细化工作。至于为什么会产生宾语前置的现象,诸家解释却参差不齐,争论颇多。主要有几个方面[参看石毓智、徐杰(2001)]:

(一) 遗留说。邢公畹(1983:140):"这类动词都是把动词放在它们的宾语之后的,所以我们看起来很别扭,但是照藏缅语族的语言看,这正是一种正常的语序。"俞敏(1981):"原始汉语跟藏语都保留汉藏母语的特点:止词在前,动字在后;中心词在前,修饰词在后。汉人入中土以后,也不知道为什么(受被征服的民族影响?),词序演变得颠倒过来了。只有在止词遇上强调的时候,老词序才保留下来。代字出现频率高,所以用代字的句子更保守。不光止词本身受这股保守力量影响,连它后面的修饰语(指名代字)也一块儿保存下来了。”

（二）强调说。上面俞敏先生的意思其实就是强调。丁邦新(2008：402)：“上古汉语里大多数的语句都是‘主-动-宾’的形式，有一两种宾语前置的情形，可以认为是一种加重语气，未必能把这种有条件限制的结构上推到远古汉语去。”

（三）重音转移说。冯胜利(1997:124)：“如果动词左边的位置是疑问代词宾语出现的位置，根据语言的一般规律来推论，汉语的疑问焦点在动词之左，其疑问重音也在动词之左，答复句的焦点重音也应与之相应。然而事实上答复句的焦点重音却在动词之右。对这种矛盾的合理解释是：在SOV向SVO转变中，疑问形式通过重音转移，从而使OV式的句法形式跟VO式的重音形式一致化。”冯胜利通过重音从动词前向动词后的转移来支持俞敏先生的遗留说或者叫语言融合说。

（四）焦点说。徐杰、李英哲(1993)认为先秦汉语宾语谓语动词后即SVO语序是一种无标记(unmarked)语序，宾语前移是一种焦点表示法。石毓智、徐杰(2001)也认为“先秦的特殊语序是一种语法手段。这一论断的前提是，包括疑问代词和人称代词在内，基本语序(default word order)皆为SVO。只有当表示某种特殊的语法意义时，才会变换语序”。而且“先秦汉语的特殊语序有两个显著的特点：一是动词之前的受事宾语只限于代词，二是它们只出现于疑问、否定和强调三种句法环境里。这三种现象共用一个焦点标记是人类语言的普遍现象，诸如英语、Quiche等语言都是如此。由此可见，先秦汉语的特殊语序最有可能是当时的一种语法规律。”

上述这几种看法其实可以分为两类：一类是遗留说或者语言融合说，一类是语用焦点说。有的学者同时有两种看法，如俞敏、冯胜利，另外洪波先生(2005：221-222)也兼有遗留说和语用说两方面的看法：“古代汉语的宾语前置，既有语用因素，也有其他因素。在其他因素当中，语言融合可能是一个值得考虑和重视的因素。”

这两种看法可能都有道理。古汉语中前置的宾语无疑属于被强调的成分即焦点，刘丹青(2008:230)谈到焦点的位置时说，在SOV型语言或者以

SOV为可选语序的语言当中，动词之前尤其是紧靠动词之前的位置，是放置焦点的专用位置。英语是典型的SVO型语言，其焦点成分比如疑问代词要放在句首。现代汉语的疑问代词一般放在动词后，要重读；如果放在动词前，则有了全量表达的意义，比如“我哪儿也不去”。上古汉语前置宾语的位置恰好都在动词之前，这说明上古汉语或者更早期的汉语即使不是单纯的SOV语序，起码SOV也是可选语序之一。而且，上古汉语的基本语序是SVO，出现个别的而且是成系统的SOV语序，不可能是独立产生的，而是更古老语序的遗留或者是语言融合的结果。所以，可以认为宾语前置是语用在起作用，但决不能否认上古汉语有混合语的成分在其中，在这一点上，石毓智显然错了。

下面我们从语用的角度来分别讨论与及物动词相关的三类宾语前置。

21.8.2 疑问代词宾语前置

据刘丹青(2008:223)：“对特指疑问句来说，那个体现疑问点的疑问代词是信息焦点。”对古汉语来说，疑问代词就是疑问句的焦点。对疑问句的疑问代词来说，一方面通过语序来体现焦点，另一方面它也要重读。上古汉语的疑问代词要置于动词之前，这是一条很强的语法规律，何乐士(1989)统计了《左传》的疑问代词宾语前置，发现受事疑问代词前置能达到99%。这个前置的疑问代词是否要重读呢？虽然我们没有语感，但一般来讲是要重读的，因为这是焦点的特性，不论采用什么语序都要重读，比如下面句子中的疑问代词就要重读：

(173) What did you do?

(174) 你干什么了？

下面是我们调查到的一些例子，这些例子的共同特点是前置的疑问代词都位于主语之后，动词之前。

(175) 子闻之，谓门弟子曰：“吾何执？执御乎？执射乎？吾执御矣。”(论语·子罕)

(176) “许子冠乎？”曰：“冠。”曰：“奚冠？”曰：“冠素。”(孟子·滕文公上)

(177) 对曰：“卜以决疑。不疑何卜？”(左桓11)

(178) 伯宗曰：“何闻？”曰：“梁山崩而以传召伯宗。”(国语·晋语五)

(179) 退而赋曰:“狐裘龙茸,一国三公,吾谁适从?”(左僖5)

(180) 王坐于堂上,有牵牛而过堂下者,王见之,曰:“牛何之?”(孟子·梁惠王上)

(181) 二者不行,又重之以误人,而丧其君,有大罪三,将安适?(国语·晋语三)

(182) 公使谓之曰:“尔何知?中寿,尔墓之木拱矣。”(左僖32)

(183) 受命不迁为敬,敬顺所安为孝。弃命不敬,作令不孝,又何图焉?(国语·晋语一)

21.8.3 否定句代词宾语前置

否定句代词宾语前置,代词也是位于动词之前,主语之后。比如:

(184) 伯有之乱,以大国之事而未尔讨也。(左昭2)

(185) 君曰:“余不女忍杀,宥女以远。”(左昭元)

(186) 遭世之乱,而莫之能御也。(国语·楚语下)

(187) 王曰:“善哉!吾未之闻也。反之可乎?”(左宣11)

(188) 居则曰:“不吾知也。”如或知尔,则何以哉?(论语·先进)

(189) 子曰:“不患人之不己知,患不知人也。”(论语·学而)

需要回答的有两个问题:一个是为什么否定句要前置,另一个是为什么代词宾语而不是名词宾语要前置。

石毓智、徐杰(2001)认为语序是上古汉语前置宾语表达焦点的唯一手段,而且是共同手段。但他们在解释否定句代词宾语前置时说,代词宾语之所以要前置,是因为代词相对于名词来讲是附着成分(clitic),“所谓的‘附着成分’是指语音形式弱化的词语,它们的出现必须依据一个重音词(host)。”比如现代法语的基本语序为SVO,但其所有的宾格代词必须移到动词之前、主语之后,即句子的“第二位置”。

这种说法有两个问题:一个是法语前置的是“所有的”宾格代词,而上古汉语前置的只是“否定句中的代词宾语”,这个差别是很大的;另一个问题是,上古汉语否定句中的代词宾语前置了,成为一个焦点成分,焦点成分又如何能够是“语音形式弱化”呢?看来,“附着成分”不能解决问题,移位也不是焦点表达的唯一手段。这一点,洪波先生(2004,2006)也有论述。

先看下面这两个例子:

(190) 不失其身而能事其亲者,吾闻之矣;失其身而能事其亲者,吾未之闻也。

(孟子·离娄上)

(191) 仲尼曰:"胡簋之事则尝学之矣,甲兵之事未之闻也。"(左哀11)

比较"吾闻之"和"吾未之闻",表面上看宾语前置是因为否定,但其实是重读成分的变化造成的。在"吾闻之"中,句子的焦点是自然焦点,位于句子的末尾,符合"尾重心"原则,此时"之"是句子的自然焦点,要重读;在否定的"吾未之闻"中,需要重读的是否定词"未",但"未"又不是焦点成分,需要将焦点成分"之"提前到动词之前紧随重读成分"未",这样"之"就位于动词之前了。此时的"之"可能并不重读,但置于重读成分之后,成为一个被凸显的成分。或者我们可以径直认为重读的是"未之"也未必不可。

上面例(188)也能说明这个问题:

(192) 居则曰:"不吾知也。"如或知尔,则何以哉?(论语·先进)

"不吾知"和"如或知尔"是两个句子,两个句子的焦点并无不同,都是代词,但"不吾知"中重读的是"不","如或知尔"中重读的是"尔"。看来,造成移位的原因是否定句焦点的表达。

那么为什么前置的是代词而不是名词?这也和焦点有关。当代词作动词的宾语时,它要么是上文中出现过的旧信息,有的甚至就是复指前面的话题,如上面的例(189)和(190);有的是上下文或语境中大家都清楚的对象,比如上面例(188)重读"吾""尔"等。此时要对句子进行否定,就是要强调代词宾语,也就是要凸显一个句子当中的旧信息,而重读的位置在否定词上,重读再加上移位会产生凸显的效果。比如下面的句子:

(193) 楚君之惠,未之敢忘,是以在此。(左僖28)

(194) 闻免父之命,不可以莫之奔也;亲戚为戮,不可以莫之报也。(左昭20)

而当句子的受事宾语是名词时,它是新信息,本身需要重读,放在句末比较符合常规焦点的表达。而且名词性成分一般都比较长,如果移位到动词前,连着有两个成分需要重读,会造成交际的费力,不符合语言交际的经济性要求。下面的例子中受事名词宾语都位于句末,符合表达的需要。

(195) 邓侯曰:"人将不食吾余。"(左庄6)

(196) 鲁不弃周礼,未可动也。君其务宁鲁难而亲之。(左闵元)

(197) 卫侯不去其旗,是以甚败。狄人囚史华龙滑与礼孔,以逐卫人。(左闵2)

(198) 君处北海，寡人处南海，唯是风马牛不相及也，不虞君之涉吾地也，何故？（左僖 4）

(199) 公曰："何如？"曰："不食新矣。"（左成 10）

(200) 小人有母，皆尝小人之食矣；未尝君之羹，请以遗之。（左隐元）

(201) 民未忘祸，王又兴之，其若文、武何？（左僖 4）

(202) 子犯曰："民未知义，未安其居。"（左僖 27）

(203) 栾枝曰："未报秦施，而伐其师，其为死君乎？"（左僖 33）

(204) 其大夫多求，莫匡其君。（左昭 4）

(205)《诗》曰："宗周既灭，靡所止戾。正大夫离居，莫知我肄。"其是之谓乎！（左昭 16）

总之，否定句代词宾语前置是为了凸显上下文或语境中的旧信息，使之成为焦点，同时也是语言经济性的表现，这一点从否定句名词性短语不前置可以看出来。与疑问代词宾语前置不同的是，疑问句代词宾语前置是凸显焦点，而否定句代词宾语宾语前置凸显的是对比焦点。

对比焦点成分要移位，也要重读。即使不是否定句，如果宾语是焦点，也是要发生位移的，而且可能也会重读，比如[例子转自丁邦新(2008:402)]：

(206) 民献有十夫，予翼。（尚书·大诰）

(207) 赫赫师氏，民具尔瞻。（诗·小雅·节南山）

(208) 尔贡苞茅不入，王祭不共，无以缩酒，寡人是征。昭王南征而不复，寡人是问。（左僖 4）

这几个例子都不是否定句，但也发生了移位，而且宾语也都是代词，目的是为了凸显对比焦点。

21.8.4 名词宾语前置

洪波先生(2006)提出上古汉语有三种表达焦点的手段：词汇手段、语序手段、句法手段。词汇手段如"唯(惟、维)""职""伊""繄"，其中"唯"是用的最为普遍，从甲骨文开始就有，"它可以加在任何一种称为句子焦点的成分之前，来凸显该焦点成分。""唯"后来可以和"寔、实、是、之"等格标记相配来凸显焦点成分，其中"之"是宾格标记，"寔""实"是主格标记，"是"则既可标记主

格,也可标记宾格[①]。如:

(209) 不知稼穑之艰难,不闻小人之劳,惟耽乐之从。(尚书·无逸)

(210) 无非无仪,唯酒食是议。(诗经·小雅·斯干)

(211) 是师也,唯子玉欲之,与王心违,故唯东宫与西广寔来。(国语·楚语上)

(212) 武侯唯晋实昌。(国语·晋语四)

另外,"为"也是一个焦点标记,比如:

(213) 里仁为美,择不处仁,焉得智?(论语·里仁)

所以"唯"可以和"为"共用来凸显焦点:

(214) 唯女子与小人为难养也。(论语·阳货)

语序手段包括:焦点成分置于句首(主谓倒置)、焦点成分置于句末(凸显状语)、移位之后加格标记("唯"与格标记、"为"的共用)。

句法手段包括:

(一) 句子焦点移位到句子谓语位置,将原句主谓之间加"之"使整个句子变成一个偏正短语充当句子主语,如:

(215) 子之不知鱼之乐全矣。(庄子·秋水)

(二) 将句子焦点移位到句子谓语位置上,将句子的其余部分用转指后缀"者"字兜起充当句子主语,如:

(216) 鲁仲连辞让者三。(战国策·赵策三)

(三) 采用反问形式,如:

(217) 有朋自远方来,不亦乐乎?(论语·学而)

(四) 采用不自足形式,如:

(218) 狂童之狂也且!(诗经·郑风·褰裳)

我们调查的例子当中有上面诸种手段中的一些,下面分别列举:

【1】"唯……是"式:

---

① 洪波先生认为上古汉语存在一套"兼指代词",包括"其、厥、是、时、实、寔、之、爰、焉"等词,这套代词和其他代词相比有不同的来源,它们之间的区别是"格位"的差异,其中"其(厥)"是属格代词,"之"是宾格代词,"是(时、实、寔)"是主格代词,"爰"是前置处所格代词,"焉"是后置处所格代词。参看《上古汉语指代词书面体系的再研究》《兼指代词语源考》《兼指代词的原始句法功能研究》等文章,均见洪波(1999)、(2010)。

(219) 民不见德，而唯戮是闻，其何后之有？（左僖 23）

(220) 凡从君出而可以入者，将唯子是听。（左定元）

(221) 吴犯间上国多矣，闻君亲讨焉，诸夏之人莫不欣喜，唯恐君志之不从，请入视之。（左哀 20）

【2】“惟……之为”式：

(222) 其一人专心致志，惟弈秋之为听。（孟子·告子上）

【3】“……是”式：

(223)《夏书》有之曰：“一人三失，怨岂在明？不见是图。”（国语·晋语九）

(224) 且吴社稷是卜，岂为一人？（左昭 5）

(225) 谚曰：“非宅是卜，唯邻是卜。”二三子先卜邻矣，违卜不祥。（左昭 3）

(226) 秦伯曰：“其君是恶，其民何罪？”（左僖 13）

(227) 寡人其君是恶，其民何罪？（国语·晋语三）

(228) 今王非越是图，而齐、鲁以为忧。（国语·吴语）

(229) 将民之与处而离之，将灾是备御而召之，则何以经国？（国语·周语下）

【4】“……之”式：

(230) 魏犨、颠颉怒曰：“劳之不图，报于何有？”（左僖 28）

(231) 侨闻君子长国家者非无贿之患，而无令名之难。（左襄 24）

(232) 侨闻为国非不能事大字小之难，无礼以定其位之患。（左昭 16）

(233) 吾百姓之不图，唯舟与车。（国语·越语下）

“是”“之”都是格标记，“是”可以标记主格，也可以标记宾格，“之”是宾格标记。上面【3】和【4】中的“是”“之”标记的都是宾格，因为我们调查的是及物动词，前置的都是受事宾语。

从上面的例子来看，“之”“是”不光是格标记，还可以用来凸显焦点成分。

21.8.5 小结

上古汉语宾语前置的种类繁多，但大体是有规律的。从我们的调查和分析来看，及物动词宾语前置大都和语用有关。疑问代词宾语本身就是句子的焦点，通过移位进行凸显。否定句代词宾语前置是因为否定句重读位置相对于肯定句的改变，而否定句凸显的是一种对比焦点。名词宾语前置都有“标记”，这些标记是各种焦点凸显手段的综合。

可见,上古汉语的宾语前置和语用焦点表达有关。而他们共同的位置——主语之后,动词之前——却可能和SOV的语序有关,这种语序可能来自语言接触。

21.9 自+动词

上古汉语的自指代词有“自”和“己”两个,刘丹青(2008:158-161)认为都属于反身代词,它们都能够充当句子的主语和宾语。其中“己”的使用是自由的,而“自”的使用是不自由的。也就是说“自”充当句子成分时位于动词之前,和动词具有“黏附性”,中间不能插入别的成分,不能和动词隔开,而“己”则没有这样的限制。这也是“自”能形成很多词化的形式比如“自杀”“自立”“自省”的原因,“己”就很少有类似的形式。这说明“自”更倾向于副词而不是代词。吕叔湘先生在《通过对比研究语法》一文中认为古汉语中的“自”是一个“兼有代词性的副词”,和事实比较接近。因为“自”和“相、互、共、同”等副词的句法表现是平行的,都位于动词前,而且“自”和“相”都发展出了代词用法。

在我们调查的动词中,“自”作受事成分时都位于动词之前,和动词的依附关系比较强,中间都不能有别的成分隔开。

(234) 国必自伐,而后人伐之。(孟子·离娄上)

(235) 先轸曰:“匹夫逞志于君而无讨,敢不自讨乎?”(左僖33)

(236) 又有呼而走至者曰:“众至矣!”二子皆自杀。(左昭13)

(237) 君子不欲多上人,况敢陵天子乎?苟自救也,社稷无陨,多矣。(左桓5)

(238) 孟子曰:“附之以韩魏之家,如其自视欿然,则过人远矣。”(孟子·尽心上)

(239) 君若早自图也,可以无辱。(左昭13)

21.10 相互义和共同义

21.10.1 相互义

有的词本身有相互义,比如英语的meet,可以说John meets Marry,此时可以将从此后面的论元提升到主语位置,即可以说John and Marry meet。

刘丹青(2008:438)认为这是一种减价的方式,并举了汉语的例子:

李清给了张红礼物+张红给了李清礼物>李清和张红交换了礼物。

表达相互义,古汉语要用副词"相",比如:

(240) 征者,上伐下也。敌国不相征也。(孟子·尽心下)

(241) 晋为盟主,诸侯或相侵也,则讨之,使归其地。(左襄 26)

(242) 羞者献体改服于门外,执羞者坐行而入,执铍者夹承之,及体,以相授也。(左昭 27)

(243) 仁义充塞,则率兽食人,人将相食。(孟子·滕文公下)

(244) 敝邑之众,夫妇男女,不遑启处,以相救也。(左襄 8)

(245) 今天诱其衷,使皆降心以相从也。(左僖 28)

"相"与"自"一样,位于动词之前,和动词的依附关系很强。刘丹青(2008:193)指出"相"虽然是副词,但和自指代词"自"有平行的句法表现:

(246) 我实纵欲而不能自克也。(左昭 10)

(247) 见贤思齐焉,见不贤而内自省也。(论语·里仁)

(248) 不及黄泉,无相见也!(左隐元)

(249) 性相近也,习相远也。(论语·阳货)

所以"相"和"自"一样都可以看作一个定位黏着代词或动词上的前附缀(proclitic)代词。汉语史上与"相"同义的词还有"互、厮、交"等,这些都是副词。"相"之所以被认为是代词,而且后来确实发展出代词用法,可能与它和"自"的平行的句法表现有关。

21.10.2 共同义

除了相互义之外,共同义也可以减价,上古汉语用副词"同""共"来表示。"同"和"相""自"的句法表现也是平行的:

(250) 灵王杀隐大子,其子与君同恶,德君必甚,又使立之,不亦可乎?(左昭 21)

(251) 子干归,韩宣子问于叔向曰:"子干其济乎?"对曰:"难。"宣子曰:"同恶相求,如市贾焉,何难?"对曰:"无与同好,谁与同恶?"(左昭 13)

"共"上古大多为"供给"义,用为共同义比较少,作副词用就更少了,不过"共"和"同、相、自"有着相同的句法表现:

(252) 子反不能决也,曰:"君若辱在寡君,寡君与其二三臣共听两君之所欲,成其可

知也。不然,侧不足以知二国之成。”(左成 4)

(253) 子曰:“可与共学,未可与适道;可与适道,未可与立;可与立,未可与权。”(论语·子罕)

21.11 时体意义的表达

21.11.1 从“攻乎异端”说起

(254) 子曰:“攻乎异端,斯害也已。”(论语·为政)

此句的解释历来众说纷纭[参看程树德(1990)],主要集中在两个方面,一个是“攻”到底是“攻击”还是“攻治”,另一个是“已”是动词还是语气词。但不论是“攻击”还是“攻治”,“异端”都是“攻”的受事而不是别的成分。而且“攻击”和“攻治”之间是有联系的,《说文》云:“攻,击也。”段注:“《考工记》‘攻木’‘攻皮’‘攻金’,注曰‘攻犹治也’,此引申之义。”也就是说这里的“乎”可能是一种语用成分,不单单是介词这么简单。

据我们考察,先秦典籍里“攻”当“攻击”和“攻治”讲时论元携带情况有不同:

攻击:攻+宾语;攻+于(乎)+宾语

攻治:攻+宾语

也就是说,只要有“于(乎)”出现,“攻”的意思就不可能是“攻治”,只能是“攻击”。那么“乎”表达的是什么意思呢?

关于介词“V+于+O”中的“于”的作用,董秀芳(2006)认为“于”后的 O 不是宾语而是附加成分。但从先秦古籍看,能出现在这种格式中的动词不在少数,而且像“攻”这样动作性很强的动词都能出现在这种格式中,所以并不能简单认为这种格式中的 O 不是宾语而是别的成分。

杨琳(1992)认为“V+于(乎)+O”中的“于(乎)”都是介词,有三种作用:协调音节、强调受事、舒缓语气,其中协调音节是最主要的作用。陈祥明(2000)也有类似的看法,他认为动宾之间的“于”是一个助词,其作用是用来垫衬一个音节,或者用来凑足语句的字数,或者舒缓语气,在韵文中表现尤为明显。“V+于+O”这种结构贯穿汉语史的始终,如果说后来的发展是为了凑足音节的话，那么认为这种格式在其初始阶段也是同样的作用就有些牵强了。杨琳先生就认为这个“于”也可以“强调受事”。

杉田泰史(1998)认为“V＋于＋O”这种格式表达的是一种体意义，如未完成体、起始体、不完全体、进行体、非现实体等，庶几近之。英语有些动词也有这样的用法，可以认为表示“尝试体”或者“部分体”：

《牛津高阶英汉双解词典》at：used to show that sb tries to do sth but does not succeed or complete it. 用以表示某人尽力做某事物却未做成或未做完：

(255) clutch at a rope 去抓绳索(尝试)

(256) guess at the meaning 猜测意思(尝试)

(257) She nibbled at a sandwich, ie ate only tiny portions. 她咬了几口三明治。(部分)

《朗文当代英语词典》at：used to say what someone tries to touch or keeps touching.

(258) I clutched at the rope but missed. (尝试)

(259) George was just picking at his food. (尝试)

(260) Sarah took another sip at her wine. (部分)

从“攻乎异端，斯害也已”这个句子来看，整个句子是个假设复句，“攻乎异端”是前一个分句，表示假设，可以认为是“非现实体”，用介词“乎”就在情理之中了。

21.11.2 未完成体的种类

杉田泰史(1998)参考了Comrie(1976)和Anderson(1977)谈到了几种未完成用法，转述如下：

(一) 不完整

英语：to read 读(书)——to read from 读(一段书)

(二) 尝试

英语：to chew 嚼——to chew on 咬

(三) 进行

德语：er las das Buch ——er las im Buch

英语：he read the book——he was reading the book(literally：he read in-the book)

(四) 将行、尝试

日语：Taroo(太郎)ga(主格)Jiroo(次郎)wo(宾格)nagutta(打了)

Taroo(太郎)ga(主格)Jiroo(次郎)ni(与格) naguri(打)-kakatta(开始)

汉语：太郎打了次郎——太郎正要打次郎

(五) 部分

Finnish：hän luki kirjan(accusative)—— hän luki kirjaa(partitive)

English：he read the book——he was reading the book

杉田泰史考察了《左传》中"及物动词＋于＋宾语"的用例，认为它们都有"未完成"这个共通特点，这种"于"的功能有几个方面：

(一) 试行体(conative aspect)：试图进行某种行为，行为的结果不一定实现，往往暗示失败。比如：

(261) 今一会而虐二国之君，又用诸淫昏之鬼。(左僖 19)——虐杀

(262) 初，公孙无知虐于雍廪。(左庄 8)九年春，雍廪杀无知。(左庄 9)——欲虐杀而未遂

(263) 楚子合诸侯于沈鹿。黄随不会。使薳章让黄。楚子伐随。(左桓 9)——责备

(264) 楚子使薳章让于邓，邓人弗受。(左桓 9)——责备而未果

(二) 起始体(inchoative aspect)：某种动作刚刚开始。比如：

(265) 卫定公恶孙林父。冬，孙林父出奔晋。(左成 7)——憎恶

(266) 郑子华之弟子臧出奔宋，好聚鹬冠。郑伯闻而恶之，使盗诱之。(左僖 24)——憎恶

(267) 郑伯之享王也，王以后之鞶鉴予之。虢公请器，王予之爵。郑伯由是始恶于王。(左庄 21)——开始憎恶

(268) 及文子卒，卫侯始恶于公叔戍，以其富也。(左定 13)——开始憎恶

(三) 进行体(progressive aspect)：动作正在进行，还没有结束。比如：

(269) 楚囊瓦为令尹，城郢。(左昭 23)——完成

(270) 今吴是惧而城于郢，守已小矣。(左昭 23)——进行

（四）非现实语气（“irrealis”modality）：此类用法属于语气，不属于时态；说话人认为动词所表示的内容不会实现，与现实相反；多用于反问、否定句。比如：

(271) 我闻忠善以损怨，不闻作威以防怨。（左襄 31）——会实现

(272) 虢射曰：“无损于怨，而厚于寇，不如勿与。”（左僖 14）——不会实现

Comrie（1976：25）对“体”的分类如下：

<table>
<tr><td colspan="3">Perfective</td></tr>
<tr><td rowspan="3">Imperfective</td><td colspan="2">Habitual</td></tr>
<tr><td rowspan="2">Continuous</td><td>Progressive</td></tr>
<tr><td>Nonprogressive</td></tr>
</table>

刘丹青（2008）将完成体和完整体相区别，认为非完整体同时和完成体、完整体相对，有很多类别。

（一）惯常体；（二）持续体（静态谓词的持续状态）；（三）进行体（动态动词的持续体）；（四）开始体（起始体）；（五）终结体；（六）反复体；（七）单变体（semelfactive）；（八）瞬间体（punctual）；（九）延续体（durative，时间上必然延续的情境）；（十）同时体。

这些体之间有时有交叉，而且和时（tense）、貌等范畴有交叉和重合的现象，不同的语言需要区别的体并不相同，采用的方式、手段也各异。

21.11.3 上古汉语“于”表达的意义

在我们调查的动词中，能出现于“V＋于＋受事”句式当中的及物动词，除了上面的“攻乎”出现一例外，还有“讨、听、从、袭”四个，它们携带的都是“于”，下面分别进行讨论。

21.11.3.1 讨＋于＋宾语

（一）将要发生的事

(273) 冬，楚子为陈夏氏乱故伐陈，谓陈人：“无动，将讨于少西氏。”（左宣 11）

(274) 清丘之盟，晋以卫之救陈也，讨焉。使人弗去，曰：“罪无所归，将加而师。”（左宣 13）

(275) 齐环怙恃其险，负其众庶，弃好背盟，陵虐神主。曾臣彪将率诸侯以讨焉，其官

臣偃实先后之。苟捷有功，无作神羞，官臣偃无敢复济。（左襄18）

（276）楚观起有宠于令尹子南，未益禄而有马数十乘。楚人患之，王将讨焉。（左襄22）

（277）请归之，间而以师讨焉。（左昭5）

（278）韩宣子问于叔向曰："楚其克乎？"对曰："克哉！蔡侯获罪于其君而不能其民，天将假手于楚以毙之，何故不克？然肸闻之，不信以幸，不可再也。楚王奉孙吴以讨于陈，曰：'将定而国。'陈人听命，而遂县之。"（左昭11）

（279）荀跞以晋侯之命唁公，且曰："寡君使跞以君命讨于意如，意如不敢逃死，君其入也。"（左昭31）

（280）梁婴父恶董安于，谓知文子曰："不杀安于，使终为政于赵氏，赵氏必得晋国。盍以其先发难也讨于赵氏？"文子使告于赵孟曰："范、中行氏虽信为乱，安于则发之，是安于与谋乱也。晋国有命，始祸者死。"（左定14）

（281）乃往，先造于越军，曰："吴犯间上国多矣，闻君亲讨焉，诸夏之人莫不欣喜，唯恐君志之不从，请入视之。"（左哀20）

（282）秦伯谓子桑："与诸乎？"对曰："重施而报，君将何求？重施而不报，其民必携。携而讨焉，无众必败。"（左僖13）

（283）文嬴请三帅，曰："彼实构吾二君，寡君若得而食之不厌，君何辱讨焉？使归就戮于秦，以逞寡君之志，若何？"（左僖33）

（284）不讨有罪，曰将待后，后有辞而讨焉，毋乃不可乎？（左宣15）

（285）齐侯侵我西鄙，谓诸侯不能也。遂伐曹，入其郛，讨其来朝也。季文子曰："齐侯其不免乎！己则无礼，而讨于有礼者，曰：'女何故行礼？'礼以顺天，天之道也。己则反天，而又以讨人，难以免矣。"（左文15）

（二）开始做某件事

（286）乃及楚平，使王子伯骈告于晋曰："君命敝邑：'修尔车赋，儆而师徒，以讨乱略。'蔡人不从，敝邑之人不敢宁处，悉索敝赋，以讨于蔡，获司马燮，献于邢丘。今楚来讨曰：'女何故称兵于蔡？'焚我郊保，冯陵我城郭。"（左襄8）

（287）遂作中军。自是齐、楚代讨于鲁，襄、昭皆如楚。（国语·鲁语下）

看来"于＋宾语"表达的是体（aspect）意义，一种是"将要发生的事情"即"将行体"，另一种是开始做的事情即起始体（inchoative）。

21.11.3.2 听+于+宾语

（一）开始做某件事情

(288) 内史过往，闻虢请命，反曰："虢必亡矣。虐而听于神。"(左庄 32)

(289) 吾闻之：国将兴，听于民。将亡，听于神。(左庄 32)

(290) 与夫人绣衣，曰："听于二子。"(左闵 2)

(291) 吾闻古之王者，政德既成，又听于民。(国语·晋语六)

(292) 子之来也，非欲安身也，为国家之利也，故不惮勤远而听于楚；非义楚也，畏其名与众也。(国语·鲁语下)

(293) 孔子曰："君薨，听于冢宰，歠粥，面深墨，即位而哭，百官有司莫敢不哀，先之也。"(孟子·滕文公上)

(294) 君薨，百官总己以听于冢宰三年。(论语·宪问)

(295) 君有施于晋君，晋君无施于其众。今旱而听于君，其天道也。(国语·晋语三)

（二）正在进行

(296) 中行氏以伐秦之役怨栾氏，而固与范氏和亲。知悼子少，而听于中行氏。(左襄 23)

(297) 晋虽无道，未可叛也。国大臣睦，而迩于我，诸侯听焉，未可以贰。(左成 4)

（三）作修饰语

(298) 二月，季文子以鞌之功立武宫，非礼也。听于人以救其难，不可以立武。(左成 6)

此例中的"听于人"修饰"救其难"，相当于现在分词，有进行体的意义。

"于"表示体(aspect)意义，前面几个是起始体，表示开始做某事。后面几个是进行体，表示正在进行。

21.11.3.3 从+于+宾语

（一）将要发生的事

(299) 椒举曰："臣闻无瑕者可以戮人。庆封唯逆命，是以在此，其肯从于戮乎？播于诸侯，焉用之？"(左昭 4)

(300) 公以晋诟语之，且曰："寡人辱社稷，其改卜嗣，寡人从焉。"(左定 8)

（二）作修饰语

（301）夏，叔仲惠伯会晋郤缺于承筐，谋诸侯之从于楚者。（左文 11）

（302）六月，同盟于新城，从于楚者服，且谋邾也。（左文 14）

（三）正在进行

（303）居大国之间，而从于强令，岂其罪也？（左文 17）

21.11.3.4 袭＋于＋宾语

（304）虢公梦在庙，有神人面白毛虎爪，执钺立于西阿，公惧而走。神曰："无走！帝命曰：'使晋袭于尔门。'"（国语・晋语二）

21.11.4 小结

"V＋于＋O"中的"于"表达是体意义：一种是将行体，一种是起始体，一种是进行体。杉田泰史说还有尝试体，这样的话"于"表达的体意义还是很丰富的。这些体意义都可以用非完成体或者非完整体来概括。

这个问题值得进一步研究。上古汉语中"于"的功能非常复杂，如果不能进行细致分辨，就很难得出可信的结论。

21.12 本章小结

及物动词正常的句法表现是 NP1＋V＋NP2，如果与此不符，比如出现 NP1＋V，NP2＋V，NP1＋NP2＋V 的情况，则是交际义造成的句法补偿。上面我们着重分析了造成句法补偿的因素，概括起来有以下几个方面。

（一）NP1＋V。受事不出现的原因有三个：一个是默认宾语（default object），通过我们的分析，其实它是一种背景信息，属于广义的旧信息；还有就是宾语无指；另一个是上下文中的旧信息。

（二）NP2＋V。一种情况是受事提前作了话题，故而位于动词之前，此时动词后没有代词回指。另一种情况是表达被动的意思，但这种被动表达并不是纯粹的句法或者形态手段。首先它和受事话题化形式上没有区别；其次，这种被动有表示状态的意思在里面；另外，动词本身没有任何形式上或者读音上的改变。

（三）NP1＋见＋V。这种句式中的 V 已经指称化成为一个体词性成分，

“见”是一个获得义或者遭受义的动词。

（四）NP1＋为＋V。这种句式中的V也是一个指称化的体词性成分，“为”是系词。

（五）NP1＋NP2＋V。这种句式表达的是焦点意义。疑问句中的疑问代词是焦点，要置于动词前；否定句中的代词宾语前置是由于否定句凸显对比焦点而重读成分不同造成的；名词宾语前置是通过特定词汇和标记以及移位来凸显焦点成分。

（六）NP1＋自/相/共＋V。

（七）NP1＋V＋于(乎)＋NP2。这种句式表达是体(aspect)意义。

22 余　　论

22.1　本研究的创新之处

贯穿本研究的一条基本思路是，动词的句法表现并不在一个层面上存在，而是隶属于两个层面：一个层面是动词所在的句子表达的命题义，另一个层面是句子在表达命题义基础上附带表达的交际义。虽然在具体的交际当中，只表达命题义而不表达交际义的句子是不存在的，但有些句子表达的意思接近于命题义，所以我们称之为"基本表达命题义的句子"。从这个角度来讲，表达命题义的句子和表达交际义的句子还是可以基本分开的。

句子表达的命题义是一个事件(event)，这个事件包括了动词以及与之相关的事件参与者(participants)，事件的内容是谁对谁做了什么，何时、何地、如何、为何。事件的参与者中，有的是动词语义蕴含的，是动词的论元(argument)，有的不是动词语义蕴含的，就不是动词的论元，而是加接语(adjunct)，比如时间、地点、原因等。不同的动词其语义蕴含的论元的数量和性质都是不同的。句子表达命题义时论元的数量和位置都是固定的(fixed)。

交际义会影响到句子中动词论元的数量和位置。比如语气(陈述、命令、感叹、疑问)、指称(定指、不定指等)、信息结构(新信息、旧信息、焦点信息)等等都会影响动词的句法表现。

区分了命题义和交际义之后，一个动词属于及物动词还是不及物动词或者形容词，会获得句法的支持，不再是简单地纠结于带不带宾语了。而且，动词的句法表现以及分类可以在更深的层次上进行。比如不及物动词可以再分为非作格动词(unergative verb)和非宾格动词(unaccusative verb)，它们也各有自己的句法特征，也能在命题义和交际义的范围内观察它们句法表现的多样性。

汉语动词及物不及物之分的争论由来已久，研究者也各有论述，比如王松茂(1983)就提到诸位前贤各自对及物不及物之分的看法：

（一）王力认为汉语动词不需分及物、不及物，因为“及物不及物的分别，在中国语法里，并不是很重要的。这种‘不重要性’就寄托在介词的缺乏上。动词之需要目的语与否，这是语言环境自然会决定了的，不烦语法家代为规定”。

（二）陆志韦认为汉语动词不易分及物、不及物。

（三）黄盛璋主张取消内外动的名称。“我们唯一鉴定的标准就是宾语，根据宾语的带不带，我们主张把动词三分，而不是二分。所谓三分：第一种是必须带宾语；第二种是可带可不带的；第三种是绝对不能带的。根据我们划分的结果，绝大部分动词都是可带可不带，必须带的跟不能带的都只占少数。”

（四）潘汞主张动词分内外动。“应该划分为一般要带宾语和一般不带宾语的两种”。划分动词的标准不外两个：一个是从意义出发，一个是看后面跟不跟宾语。

（五）付子东认为区分内、外动很有必要。

（六）赵元任提出区分及物、不及物动词，不是按照能否带宾语进行区分，而是按照带什么种类的宾语来区分。不及物动词只能带自身宾语，以及可以倒过来作“倒装主语”的宾语（如“下雨了”——“雨下了”）。反之，及物动词可以带任何宾语。

胡裕树、范晓(1996)中也有关于及物不及物之分的综述。

上述诸家看法，不论是认为及物不及物之分没有必要或无法分开，还是认为应该不止分为两类，都是只关注动词的宾语，也就是说动词后面不借助于介词出现体词性成分与否。它们共同的问题是，将动词的句法表现放在一个平面上进行考虑，而没有将命题义和交际义分开。

其实，在汉语研究中有的研究者已经注意到了命题义和交际义的不同，只是表述方式有所不同而已。

郭继懋(1999)从结构层面和语义层面对及物不及物动词的区别进行了

分别统计，结果是，“带结构宾语的频率不能用来说明及物不及物分类”，“在语义平面凭有无逻辑宾语的频率”可以将动词分为及物不及物两类。这里的语义平面就是命题义，而结构层面则是命题义和交际义的混合体。郭继懋说(1999:20-21)：范晓(1991)区分及物不及物时将范围限制在“主事主语句”，是为了保证所观察的表层结构直接反映述谓结构(predication)，从而能摆脱表层平面的宾语省略、移位等现象的干扰，看清楚问题。这里的述谓结构就是语义平面的概念，也就是说，当观察命题义时动词的及物不及物才能分开。

胡裕树、范晓(1995:第二章 贰)提出根据典型句式中动词带不带宾语来区分及物不及物，所谓典型句式即意义自足的主事主语句(即主事作主语的动词谓语句)。这样一来，及物动词和不及物动词的区别是：及物动词作谓语或谓语中心语构成主事主语句时，动词后边一般要带宾语，不带宾语是有条件的；不及物动词作谓语或谓语中心语构成主事主语句时，动词后边一般不带宾语，带宾语是有条件的。据此，现代汉语的动词可以有五种情况，而及物不及物是可以分开的：

(一) 必须带宾语的动词(及物动词)：姓、成为、当作、好比、属于、等于、限于、给以、显得、妄图等。

(二) 宾语是动词的强制性(必有)成分，但一定条件下可以不出现(语用表达的需要)，这些条件有：(1)“他的确谁也不认识”“我现在什么也不知道”。——遍指，宾语被强调。(2)“他把我的手推开”“关于这个问题我们将在后面讨论”。——宾语充当了其他成分。(3)动词的宾语隐含或借助于语境而省略。(4)“打是疼，骂是爱”。——动词作非谓语。这类动词也是及物动词

(三) 主事主语句中不带宾语(不及物动词)。

(四) 主事主语句中可带处所宾语(不及物动词)。“来上海”“去北京”“飞广州”。

(五) 带不带宾语意义不一样。带宾语时是及物动词，不带宾语时是不及物动词，意义不同。“她笑了”(不及物)，“她笑他蠢”(及物)。

动词作谓语或谓语中心语的主事主语句其实就是表达命题义的句子，在

这个层面上动词的及物不及物是可以分开的，而且判然有别。值得注意的是上面第(二)条中谈到及物动词宾语不出现是因为“语用”因素在起作用，这就是交际义造成的句法补偿。

可见，从动词的句法表现尤其是带不带宾语出发，将动词的句法表现放在一个平面上来观察动词的及物不及物，是无法将二者截然分开的，即使英语这样的主语宾语语法化程度很高的语言也不能因此得出很好的结论，比如 kick 是及物动词，但它不但可以带宾语(I kick the ball)，还可以不带宾语(what did you kick)，那么它到底是及物还是不及物呢？如果认为 I kick the ball 表达的是命题义，而 what did you kick 表达的是命题义和交际义的混合，而正是交际义造成了动词论元的移位，问题就解决了，kick 是个及物动词，这既符合语言实际，也符合我们的心理认知。

可见，句法是有层次的，要就动词的句法表现给动词分类，就必须考虑动词所在的句子所表达的语义层次，只有这样，才能更好地观察动词。交际是语言的主要功能，语言形式会发生变化，不论是共时的变化还是历时的变化，应该都和语用表达有关，或者都和句子功能的改变有关。

22.2 本研究的不足之处

22.2.1 涉及的典籍和调查的动词

本研究涉及的典籍只有四部：《左传》《论语》《孟子》《国语》，之所以选择这四部，是从时代、语言、风格方面考虑的。但无论如何，四部书相对于整个上古汉语文献来讲，也只是极小的一部分。但将整个上古汉语文献都考虑在内又有诸多不便之处。研究上古汉语恐怕都会遇到文献的选择问题，如果选择过多，会陷入材料的汪洋大海，过少比如专书研究，又会觉得材料不足。如果以后要继续研究这一问题，应当涉及更多的语料，但必须分清时代，或者说必须有一个大体的时代概念。

另外，我们调查的动词虽然有 80 多个，但相对于整个动词来讲还是很少的。现代汉语的动词据王俊毅(2001)有 4096 个，其中不及物动词 1012 个，及物动词 2460 个，及物不及物两属的 624 个。可见及物动词比不及物动词要多很多。上古汉语的动词如果不考虑历时因素的话，应该不比现代汉语的少，但可能由于文献的原因，保留的不是很多。据张猛(2003:24)，《左传》动词大约有2266个。按照及物动词多于不及物动词的情况来看，上古汉语的及物动词应该在1500个左右。我们调查的动词数量与此相比真是少之又少。在以后的研究中，应当涉及更多的动词。

22.2.2 三价及物动词

本文涉及了很多三价动词，包括第10章的给予类和赏赐类，第11章的贡献类和假借类，第17章的告语类。

当然古汉语的三价动词不止这些，时兵(2007)据廖振佑(1998)，再加上其他的类别，共列出上古汉语能进入双宾结构的动词26类：赏赐类、进献类、馈贻类、授予类、供给类、假贷类、祈求类、委任类、谓名类、遗传类、教诲类、告示类、问讯类、归还类、取得类、审度类、比譬类、鬻粜类、琢著类、报谢类、作为类、致使类、处所类、伴随类、原因类。不过，时兵在张伯江(1999)的基础上认为，能进入“SVO1O2”结构的动词，如果不涉及“所有权转换”或与之相关联的意义，就不是双及物动词。据此，时兵认为能进入双及物结构的动词有五类：一般给予类(与、授、许、分、投、弃、传、降、效、进)、信息传递类(告、示、问、请、闻、学)、冠名类(谓、谥)、夺取类(夺、取)、制作类(作、为)。但这个分类也有问题，因为“制作类”好像也不涉及所有权的转换。

与此相关的另一个问题是“夺取类”的动词是不是双宾语动词。第8章我们讨论“夺之牛”的时候已经分析过这个问题。我们的看法是“夺取类”动词不是三价动词，因为“之”和“牛”之间有所属关系。当然也有不同看法，见潘秋平(2010)的综述。主要有两种看法，一种认为“夺取类”动词是双宾语动词，一种认为不是。这是个值得深入考察的问题。

总之，双及物动词或者三价动词是古汉语研究或语法研究中的一个重点，需要深入研究，这是我们以后努力的方向。

22.3 语法研究的规律和例外

语言研究中经常会出现规律和例外的冲突，似乎每一条规律都有例外，有时会让人无所适从，而且这也是语言学研究经常遭人诟病的原因之一。人们会认为语言学研究解决不了实际问题，即使解决了，也是部分地解决。于是有人说，科学研究是对真理的追求，真理只能无限接近而不能到达。但这不过是托辞罢了。

19 世纪的语言学家能自信且自豪地提出“语音规律无例外”的著名论断，而且研究语音的人们都奉之为圭臬。为什么研究语法的人就没有勇气提出“语法规律无例外”呢？从逻辑上来讲，语音是语言的一部分，说语音规律无例外，我们可以部分地推出语言的其他部分的规律也可能是无例外的。起码我们应该有这样一种想法，而且我们的研究无论出发点如何，也是朝着这个目标迈进的。人们从各个角度来研究语法，对语法的认识也不断深入。从结构到功能到类型到认知，从句法到语义到语用，从表层深层到词汇语义学再到构式语法，可谓穷其所能了。当一种理论遇到困难时，人们马上会从新的角度来寻求更好的解决方案，但人们似乎很少停下脚步思考一下到底哪儿出了问题，只是为了争论孰是孰非而研究语言，有时未免操之过急或过犹不及。

我们面对和生活的世界是有规律的，说这话反对的人估计不多。有些规律没有发现是因为我们的观察或认识不够，并不是规律不存在或者有例外。严学宭在《古汉语复声母论文集·序》里说：“科学研究贵在求真和创新。出新见，一要有新的观点，二要有新的方法，三要有新的材料。新的材料，不少是源自例外。规律常有例外，不忽视这些异常现象，重视例外，分析例外，解释例外，往往就是科学研究的开端。有正确的理论、观点作指导，运用科学的方法做工作，例外现象的研究，就会开辟科学研究的新领域，总结出例外蕴蓄的规律，就求得了新的真理。”可见例外的研究有多么重要。

事物无非两个方面：形式和功能。而形式的类别永远少于功能的类别，于是形式和功能之间永远是不对称的，越是复杂的事物越是如此。语言当然也不例外。语言的功能是交际，交际的类别是多种多样的，语言是我们生活中功能最多的工具，言语行为（speech act）如果从广义上来说可以等同于交际（communication）。交际的内容是意义，而意义的类别是无限多的，人可以通过语言表达无限多的意思。语言的形式就是语音以及语音代表的词汇,而这形式只能通过线性的方式进行排列。将语音和线性排列组合起来,语言形式的表现方式太有限了:语音单位的变化和语音单位的顺序。这样我们得到了两个极其不相称的集合:无限的意义和有限的手段。这就会造成一个手段可能承载很多功能,比如 John killed the lion 不但承载了一个命题,而且还承载了陈述、肯定、过去时、有定的受事等这些功能。而其中的一个功能发生变化,形式上就不可能不发生变化,于是就出现了 John kill a lion、John is killing the lion、John did not kill the lion、the lion was killed by John……,而每一次形式上的变化都会部分对应功能(意义)的改变。命题义和交际义的区分正是基于这些考虑。John kill the lion 是逻辑上的命题,是生成语法的深层结构,是认识上的原型,是构式语法的构式——人们可以有各种各样的认识,这些都没有错。问题是如何解释那些与此相比显得不同的现象。从语言的功能来看,凡是与表达命题义的句子相比形式上有变化的句子,都是为了在命题义基础上表达一些额外的交际义。

从这个角度来看,我们也可以像 19 世纪的语言学家们一样自信且自豪地说:"语法规律无例外!"或者可以更进一步说"语言规律无例外"也未尝不可。

参考文献

（一）工具书部分

[1] 陈克炯.左传详解词典[M].郑州:中州古籍出版社,2004.

[2] 陈慰.英汉语言学词汇[M].北京:商务印书馆,1998.

[3] 戴维·克里斯特尔.现代语言学词典[M].4版.沈家煊,译.北京:商务印书馆,2000.

[4] 段德森.简明古汉语同义词词典[M].太原:山西教育出版社,1992.

[5] 哈杜默德·布斯曼.语言学词典[M].陈慧英,等编译.北京:商务印书馆,2007.

[6] 洪成玉,张桂珍.古汉语同义词辨析[M].杭州:浙江教育出版社,1987.

[7] 黄金贵.古汉语同义词辨释论[M].上海:上海古籍出版社,2002.

[8] 江必兴,等.常用文言同义词辨析[M].长沙:湖南人民出版社,1987.

[9] 马文熙,张圭璧.古汉语知识详解词典[M].北京:中华书局,1996.

[10] 孟琮,等.动词用法词典[M].上海:上海辞书出版社,1987.

[11] 戚雨村,等.语言学百科词典[M].上海:上海辞书出版社,1993.

[12] 沈锡荣.古汉语常用词类释[M].上海:学林出版社,1992.

[13] 王政白.古汉语同义词辨析[M].合肥:黄山书社,1992.

[14] 解惠全,崔永琳,郑天一.古书虚词通解[M].北京:中华书局,2008.

[15] 杨剑桥.古汉语知识宝典[M].上海:复旦大学出版社,2003.

[16] 张百栋,邵祖成.古汉语常见同义词辨析[M].广州:中山大学出版社,1988.

[17] 郑奠,麦梅翘.古汉语语法资料汇编[M].北京:中华书局,1964.

[18] 中国社会科学院语言研究所古代汉语研究室.古代汉语虚词词典[M].北京:商务印书馆,1992.

[19] 周国光,李向农.文言文汇系列手册:同义词[M].合肥:安徽教育出版社,1989.

[20] David Crystal. A Dictionary of Linguistics and Phonetics[M]. 6th Edition. Oxford Blackwell Publishing Company,2008.

[21] Hadumod Bussmann. Routledge Dictionary of Language and Linguistics[M]. London: Routledge,1996.

[22] Jack C. Richards and Richard Schmidt. Longman Dictionary of Language Teaching and Applied Linguistics[M]. London: Pearson Education Limited,2002.

(二)古籍部分

[1] 陈彭年,等. 宋本广韵[M]. 北京:中国书店影印张氏泽存堂本,1982.

[2] 陈鼓应. 庄子今注今译[M]. 北京:中华书局,2001.

[3] 程树德. 论语集释[M]. 北京:中华书局,1990.

[4] 杜预. 春秋经传集解[M]//四部丛刊初编. 北京:商务印书馆,1934.

[5] 段玉裁. 说文解字注[M]. 上海:上海古籍出版社,1981.

[6] 郭庆藩. 庄子集释[M]. 北京:中华书局,1997.

[7] 黄焯. 经典释文汇校[M]. 北京:中华书局,2006.

[8] 贾昌朝. 群经音辨[M]//四部丛刊续编. 北京:商务印书馆,1934.

[9] 陆德明. 经典释文[M]//四部丛刊初编. 北京:商务印书馆,1934.

[10] 阮元. 十三经注疏[M]. 北京:中华书局:1980.

[11] 上海师范大学古籍整理组. 国语[M]. 上海:上海古籍出版社,1978.

[12] 沈玉成. 左传译文[M]. 北京:中华书局,1981.

[13] 邬国义. 国语译注[M]. 上海:上海古籍出版社,1994.

[14] 徐元诰. 国语集解[M]. 北京:中华书局,2002.

[15] 许慎. 说文解字(附检字)[M]. 北京:中华书局,1963.

[16] 颜之推. 颜氏家训集解[M]. 王利器,集解. 北京:中华书局,1993.

[17] 杨伯峻. 论语译注[M]. 北京:中华书局,1980.

[18] 杨伯峻. 孟子译注[M]. 北京:中华书局,1960.

[19] 杨伯峻. 春秋左传注[M]. 北京:中华书局,1981.

[20] 袁仁林.虚字说[M].解惠全,注.北京:中华书局,2004.
[21] 张清常,王延栋.战国策笺注[M].天津:南开大学出版社,1993.

(三)专著部分

[1] 伯纳德·科姆里.语言共性和语言类型[M].沈家煊,译.北京:华夏出版社,1989.
[2] 陈保亚.20世纪中国语言学方法论[M].济南:山东教育出版社,1999.
[3] 陈承泽.国文法草创[M].北京:商务印书馆,1982.
[4] 程湘清,等.实用古代汉语[M].北京:北京出版社,1991.
[5] 崔立斌.《孟子》词类研究[M].开封:河南大学出版社,2004.
[6] 邓思颖.形式汉语句法学[M].上海:上海教育出版社,2010.
[7] 丁邦新.中国语言学论文集[M].北京:商务印书馆,1997.
[8] 方光焘.方光焘语言学论文集[M].北京:商务印书馆,1997.
[9] 菲尔墨 C J."格"辨[M].胡明扬,译.北京:商务印书馆,2002.
[10] 冯胜利.汉语的韵律、词法与句法[M].北京:北京大学出版社,1997.
[11] 冯胜利.汉语韵律语法研究[M].北京:北京大学出版社,2005.
[12] 高名凯.汉语语法论[M].北京:科学出版社,1957.
[13] 高明乐.题元角色的句法实现[M].北京:中国社会科学出版社,2004.
[14] 高思曼,何乐士.第一届国际先秦汉语语法研讨会论文集[M].长沙:岳麓书社,1994.
[15] Goldberg,Adele E.构式:论元结构的构式语法研究[M].吴海波,译.北京:北京大学出版社,2007.
[16] 管燮初.《左传》句法研究[M].合肥:安徽教育出版社,1994.
[17] 郭继懋.汉语句法论集[M].天津:天津人民出版社,2000.
[18] 郭锐.现代汉语词类研究[M].北京:商务印书馆,2002.
[19] 郭万青.《国语》动词管窥[M].成都:四川大学出版社,2008.
[20] 郭锡良.古汉语语法论集[M].北京:语文出版社,1998.
[21] 何乐士.左传虚词研究[M].北京:商务印书馆,1989.

[22] 何乐士.古汉语语法研究论文集[M].北京:商务印书馆,2000.
[23] 何兆熊.新编语用学概要[M].上海:上海外语教育出版社,2000.
[24] 洪波.坚果集——汉台语锥指[M].天津:南开大学出版社,1999.
[25] 洪波.立体化古代汉语教程[M].北京:高等教育出版社,2005.
[26] 洪波.汉语历史语法研究[M].北京:商务印书馆,2010.
[27] 洪成玉.汉语语法散论及其他[M].北京:中华书局,2009.
[28] 侯精一,施关淦.《马氏文通》与汉语语法学[M].北京:商务印书馆,2000.
[29] 胡明扬.词类问题考察续集[M].北京:北京语言大学出版社,2004.
[30] 胡裕树,范晓.动词研究[M].开封:河南大学出版社,1995.
[31] 胡裕树,范晓.动词研究综述[M].太原:山西高校联合出版社,1996.
[32] 黄坤尧.经典释文动词异读新探[M].台北:学生书局,1992.
[33] 黄坤尧.音义阐微[M].上海:上海古籍出版社,1997.
[34] 贾彦德.汉语语义学[M].北京:北京大学出版社,1999.
[35] 蒋绍愚.古汉语词汇纲要[M].北京:北京大学出版社,1989.
[36] 蒋绍愚.汉语词汇语法史论文集[M].北京:商务印书馆,2000.
[37] 杰弗里 N 利奇.语义学[M].李瑞华,等译.上海:上海外语教育出版社,1987.
[38] 金理新.上古汉语形态研究[M].合肥:黄山书社,2006.
[39] 黎锦熙.新著国语文法[M].北京:商务印书馆,1992.
[40] 李方桂.上古音研究[M].北京:商务印书馆,1980.
[41] 李福印.语义学概论[M].北京:北京大学出版社,2006.
[42] 李佐丰.文言实词[M].北京:语文出版社,1994.
[43] 李佐丰.先秦汉语实词[M].北京:北京广播学院出版社,2003.
[44] 李佐丰.古代汉语语法学[M].北京:商务印书馆,2004.
[45] 李佐丰.上古汉语语法研究——李佐丰自选集[M].北京:北京广播学院出版社,2004.
[46] 刘丹青.语序类型学与介词理论[M].北京:商务印书馆,2004.

[47] 刘丹青.语言学前沿与汉语研究[M].上海:上海教育出版社,2003.
[48] 刘丹青.语法调查研究手册[M].上海:上海教育出版社,2008.
[49] 刘景农.汉语文言语法[M].北京:中华书局,1994.
[50] 刘叔新.汉语描写词汇学[M].北京:商务印书馆,1990.
[51] 刘正光.语言非范畴化——语言范畴化理论的重要组成部分[M].上海:上海外语教育出版社,2006.
[52] 陆俭明.面临新世纪挑战的现代汉语语法研究[M].济南:山东教育出版社,2000.
[53] 吕叔湘.中国文法要略[M].北京:商务印书馆,1982.
[54] 吕叔湘.汉语语法分析问题[M].北京:商务印书馆,1979.
[55] 吕叔湘.汉语语法论文集(增订本)[M].北京:商务印书馆,1984.
[56] 吕叔湘,等.语法研究入门[M].北京:商务印书馆,1999.
[57] 马建忠.马氏文通[M].北京:商务印书馆,1983.
[58] 马建忠.《马氏文通》读本[M]. 吕叔湘,王海棻,编.上海:上海教育出版社,1986.
[59] 马庆株.汉语动词和动词性结构[M].北京:北京语言学院出版社,1992.
[60] 马庆株.汉语语义语法范畴问题[M].北京:北京语言文化大学出版社,1998.
[61] 马庆株.汉语动词和动词性结构 · 一编[M].北京:北京大学出版社,2005.
[62] 马庆株.汉语动词和动词性结构 · 二编[M].北京:北京大学出版社,2007.
[63] 马学良.汉藏语概论[M].北京:民族出版社,2003.
[64] 梅祖麟.梅祖麟语言学论文集[M].北京:商务印书馆,2000.
[65] 南开大学中文系古代汉语教研室.古代汉语读本(修订本)[M].天津:南开大学出版社,2001.
[66] 蒲立本.古汉语语法纲要[M]. 孙景涛,译.北京:语文出版社,2006.
[67] 潘悟云.汉语历史音韵学[M].上海:上海教育出版社,2000.

[68] 潘悟云.著名中青年语言学家自选集·潘悟云卷[M].合肥:安徽教育出版社,2002.
[69] 潘玉坤.西周金文语序研究[M].上海:华东师范大学出版社,2005.
[70] 桥本万太郎.语言地理类型学[M].余志鸿,译.北京:北京大学出版社,1985.
[71] 萨丕尔.语言论[M].北京:商务印书馆,1997.
[72] 沙加尔.上古汉语词根[M].龚群虎,译.上海:上海教育出版社,2004.
[73] 邵霭吉.《马氏文通》句法理论研究[M].北京:中国社会科学出版社,2005.
[74] 沈家煊.不对称和标记论[M].南昌:江西教育出版社,1999.
[75] 沈家煊,吴福祥,马贝加.语法化与语法研究(二)[M].北京:商务印书馆,2005.
[76] 沈家煊,吴福祥,李宗江.语法化与语法研究(三)[M].北京:商务印书馆,2007.
[77] 沈阳,冯胜利.当代语言学理论和汉语研究[M].北京:商务印书馆,2008.
[78] 沈阳,郑定欧.现代汉语配价语法研究[M].北京:北京大学出版社,1995.
[79] 沈阳.配价理论与汉语语法研究[M].北京:语文出版社,2000.
[80] 沈园.句法—语义界面研究[M].上海:上海教育出版社,2007.
[81] 施向东.汉语和藏语同源体系的比较研究[M].北京:华语教学出版社,2000.
[82] 施向东.音史寻幽——施向东自选集[M].天津:南开大学出版社,2009.
[83] 时兵.上古汉语双及物结构研究[M].合肥:安徽大学出版社,2007.
[84] 石毓智.语法化的动因与机制[M].北京:北京大学出版社,2006.
[85] 石毓智,李讷.汉语语法化的历程——形态句法发展的动因和机制[M].北京:北京大学出版社,2001.
[86] 史存直.文言语法[M].北京:中华书局,2005.

[87] 史有为.从语义信息到类型比较[M].北京:北京语言文化大学出版社,2001.
[88] 宋绍年,等.汉语史论文集[M].武汉:武汉出版社,2002.
[89] 孙良明.中国古代语法学探究[M].北京:商务印书馆,2002.
[90] 孙玄常.宾语和补语[M].上海:上海教育出版社,1984.
[91] 孙雍长.转注论(增补本)[M].北京:语文出版社,2010.
[92] 孙玉文.汉语变调构词研究(增订本)[M].北京:商务印书馆,2007.
[93] 太田辰夫.中国语历史文法(修订本)[M].蒋绍愚,徐昌华,译.北京:北京大学出版社,2003.
[94] 唐钰明.著名中青年语言学家自选集·唐钰明卷[M].合肥:安徽教育出版社,2002.
[95] 唐作藩.汉语史学习与研究[M].北京:商务印书馆,2001.
[96] 汪维辉.东汉—隋常用词演变研究[M].南京:南京大学出版社,2000.
[97] 王力.汉语史稿[M].北京:中华书局,1980.
[98] 王力.中国语法理论[M]//王力.王力文集(第一卷).济南:山东教育出版社,1984.
[99] 王力.汉语语法史[M]//王力.王力文集(第十一卷).济南:山东教育出版社,1990.
[100] 王力.王力语言学论文集[C].北京:商务印书馆,2003.
[101] 王茂松.汉语语法研究参考资料[M].北京:中国社会科学出版社,1983.
[102] 王寅.认知语言学探索[M].重庆:重庆出版社,2005.
[103] 吴安其.历史语言学[M].上海:上海教育出版社,2006.
[104] 吴福祥,洪波.语法化与语法研究(一)[M].北京:商务印书馆,2003.
[105] 吴福祥.汉语语法化研究[M].北京:商务印书馆,2005.
[106] 吴福祥,崔希亮.语法化与语法研究(四)[M].北京:商务印书馆,2009.
[107] 邢公畹.语言论集[M].北京:商务印书馆,1983.
[108] 邢公畹.邢公畹语言学论文集[M].北京:商务印书馆,2000.

[109] 徐烈炯，刘丹青. 话题的结构与功能（增订本）[M]. 上海：上海教育出版社，2007.
[110] 徐烈炯，刘丹青. 话题与焦点新论[M]. 上海：上海教育出版社，2003.
[111] 徐通锵. 历史语言学[M]. 北京：商务印书馆，1991.
[112] 徐通锵. 语言论[M]. 长春：东北师范大学出版社，1997.
[113] 杨伯峻，何乐士. 古汉语语法及其发展（修订本）[M]. 北京：语文出版社，2001.
[114] 杨成凯. 汉语语法理论研究[M]. 沈阳：辽宁教育出版社，1996.
[115] 杨树达. 高等国文法[M]. 北京：商务印书馆，1984.
[116] 杨树达. 古书疑义举例续补[M]//俞樾等，古书疑义举例五种，北京：中华书局，2005.
[117] 姚振武.《晏子春秋》词类研究[M]. 开封：河南大学出版社，2005.
[118] 殷国光.《吕氏春秋》词类研究[M]. 北京：华夏出版社，1997.
[119] 影山太郎. 动词语义学——语言与认知的接点[M]. 于康，张勤，王占华，译. 北京：中央广播电视大学出版社，2001.
[120] 俞敏. 中国语文学论文选[M]. 日本东京：光生馆，1984.
[121] 俞敏. 经传释词札记[M]. 长沙：湖南教育出版社，1987.
[122] 俞敏. 俞敏语言学论文集[M]. 哈尔滨：黑龙江人民出版社，1989.
[123] 俞敏. 俞敏语言学论文二集[M]. 北京：北京师范大学出版社，1992.
[124] 俞敏. 俞敏语言学论文集[M]. 北京：商务印书馆，1999.
[125] 袁毓林. 汉语动词的配价研究[M]. 南昌：江西教育出版社，1998.
[126] 袁毓林，郭锐. 现代汉语配价语法研究（第二辑）[M]. 北京：北京大学出版社，1998.
[127] 袁毓林. 汉语配价语法研究[M]. 北京：商务印书馆，2010.
[128] 张博. 汉语同族词的系统性与验证方法[M]. 北京：商务印书馆，2003.
[129] 张伯江，方梅. 汉语功能语法研究[M]. 南昌：江西教育出版社，1996.
[130] 张猛.《左传》谓语动词研究[M]. 北京：语文出版社，2003.
[131] 张清常. 张清常语言学论文集[M]. 北京：商务印书馆，1993.

[132] 张文国,张能甫.古汉语语法学[M].成都:巴蜀书社,2003.
[133] 张诒三.词语搭配变化研究——以隋前若干动词与名词的搭配变化为例[M].济南:齐鲁书社,2005.
[134] 张玉金.甲骨文语法学[M].上海:学林出版社,2001.
[135] 张玉金.西周汉语语法研究[M].北京:商务印书馆,2004.
[136] 赵秉璇,竺家宁.古汉语复声母论文集[M].北京:北京语言文化大学出版社,1998.
[137] 赵艳芳.认知语言学概论[M].上海:上海外语教育出版社,2001.
[138] 赵元任.汉语口语语法[M].北京:商务印书馆,1979.
[139] 郑张尚芳.上古音系[M].2版.上海:上海教育出版社,2003.
[140] 志村良治.中国中世语法史研究[M].江蓝生,白维国,译.北京:中华书局,1995.
[141] 中国社会科学院语言研究所古代汉语研究室.古汉语研究论文集[M].北京:北京出版社,1982.
[142] 中国社会科学院语言研究所现代汉语研究室.句型和动词[M].北京:语文出版社,1987.
[143] 周法高.中国古代语法·称代编[M].台北:中央研究院历史语言研究所专刊39,1959.
[144] 周法高.中国古代语法·造句编上[M].台北:中央研究院历史语言研究所专刊39,1961.
[145] 周法高.中国古代语法·构词编[M].台北:中央研究院历史语言研究所专刊39,1962.
[146] 周文德.《孟子》同义词研究[M].成都:巴蜀书社,2002.
[147] 周祖谟.问学集[M].北京:中华书局,1966.
[148] 朱德熙.语法讲义[M].北京:商务印书馆,1980.
[149] Bernd Heine et al. Grammaticalization—A Conceptual Framework [M]. Chicago: The University of Chicago Press, 1991.
[150] Luigi Burzio. Italian Syntax: A Government-Binding Approach[M].

Dordrecht:Reidel,1986.

[151] Bernard Comrie. Aspect [M]. Cambridge: Cambridge University Press,1976.

[152] W Croft,Alan Cruse. Congnitive Linguistics[M]. 北京:北京大学出版社,2006.

[153] Tamly Givón. On Understanding Grammar [M]. London: Academi Press,1979.

[154] Tamly Givón. Syntax:A Functional-Typological Introduction(Volume I)[M]. Amsterdam &Philadelphia:John Benjamins Publishing Company,1984.

[155] Tamly Givón. Syntax:A Functional-Typologica lIntroduction(Volume II) [M]. Amsterdam & Philadelphia: John Benjamins Publishing Company,1990.

[156] B Heine,T Kuteva. World Lexicon of Grammaticalization[M]. Cambridge:Cambridge University Press,2002.

[157] B Levin. English Verb Classes and Alternations:A Preliminary Inverstigation[M]. Chicago: University of Chicago Press,1993.

[158] B Levin,M Rappaport Hovav. Unaccusativity:At the Syntax-Lexical Interface[M]. Cambridge MA:The MIT Press,1995.

[159] B Levin, M Rappaport Hovav. Argument Realization [M]. Cambridge:Cambridge University Press,2005.

[160] Stephen C Levinson. Pragmatics[M]. Cambridge:Cambridge University Press,1983.

[161] Paul J Hopper,Elizabeth C Traugott. Grammaticalization[M]. 2nd edition. Cambridge:Cambridge University Press,2003.

[162] Axel Schuessler. ABC Etymological Dictionary of Old Chinese[M]. Library of Congress Cataloging-in-Publication data,University of Hawaii Press,2007.

[163] Stuart N Wolfenden. Outlines of Tibeto-Burman Linguistic Morphology[M]. The Royal Asiatic Society, 1929.

[164] Van Valin, Robert D. An Introduction to Syntax[M]. Cambridge: Cambridge University Press, 2004.

[165] Van Valin, Robert D, Randy J LaPolla. Syntax: Structure, Meaning and Function[M]. Cambridge : Cambridge University Press, 1997.

（四）论文部分

[1] 毕秀杰.《诗经》"到达"义动词研究[D]. 长春：吉林大学，2007.

[2] 陈祥明. 先秦至六朝汉语中"于"的一种用法辨析[J]. 大理师专学报，2000(4).

[3] 程工. 评《题元原型角色与论元选择》[J]. 国外语言学，1995(3).

[4] 大西克也. 施受同辞刍议——《史记》中的"中性动词"和"作格动词"[C]//高岛嫌一，蒋绍愚. 意义与形式——古代汉语语法论文集，Lincom Europa，2004.

[5] 邓思颖. 作格化和汉语被动句[J]. 中国语文，2004(4).

[6] 董秀芳. 古汉语动名之间"于/於"的功能再认识[J]. 古汉语研究，2006(2).

[7] 方光焘. 关于古代汉语被动句基本形式的几个疑问[J]. 中古语文，1961(10-11).

[8] 范晓. 及物动词和不及物动词的区分及其再分类[J]. 中国语言学报，1991(4).

[9] 范晓. 动词的"价"分类[C]//中国语文杂志社. 语法研究与探索(五)，北京：商务印书馆，1991.

[10] 范晓. 说语义成分[J]. 汉语学习，2003(1).

[11] 冯胜利. 轻动词移位与古今汉语的动宾关系[J]. 语言科学，2005(1).

[12] 冯英，曾晓渝. 汉语藏缅语"致使"义表达方式的历史层次及类型学意义[J]. 西南师范大学学报，2004(1).

[13] 冯蒸.试论藏文韵尾对于藏语方言声调演变的影响——兼论藏语声调的起源与发展[J].西藏民族学院学报,1984(2).

[14] 冯蒸.《切韵》祭泰夬废四韵带辅音韵尾说[J].湖南师大社会科学学报,1989(6).

[15] 冯蒸.汉藏语比较语言学重要论著述评与初步研究[J].汉字文化,2009(1).

[16] 高小方.论古代汉语中"非支配关系的动宾结构"[J].古汉语研究,2000(2).

[17] 顾阳.论元结构理论介绍[J].国外语言学,1994(1).

[18] 郭继懋.用统计方法从语义平面看及物动词与不及物动词的区别[C]//刘叔新.语言研究论丛(第8辑).天津:南开大学出版社,1999.

[19] 海柳文.《韩非子》单音节动词配价研究[J].语言研究,2003(9).

[20] 海柳文.《孟子》表性状词语谓词性功能的配价考察[J].中央民族大学学报,2004(4).

[21] 海柳文.《孟子》动词"为"的配价研究[J].广西民族学院学报,2004(9).

[22] 何乐士.《史记》语法特点研究[C]//程湘清.两汉汉语研究.济南:山东教育出版社,1992.

[23] 洪波,解惠全.古代汉语表示被动的"被"和"见"[J].天津师范大学学报,1987(5).

[24] 洪波.论平行虚化[C]//四川大学汉语史研究所.汉语史研究集刊(第二辑).成都:巴蜀书社,2000.

[25] 洪波.先秦判断句的几个问题[J].南开学报,2000(5).

[26] 洪波,曹小云.《汉语语法化的历程》商兑[J].语言研究,2004(3).

[27] 洪波."给"字的语法化[C]//南开语言学刊——纪念邢公畹先生九十华诞专号.天津:南开大学出版社,2004.

[28] 洪波.上古汉语的焦点表达[C]//商务印书馆编辑部.21世纪的中国语言学(二).北京:商务印书馆,2006.

[29] 洪波.周秦汉语被动语态之检讨[C]//中国社会科学院语言研究所《历

史语言学研究》编辑部. 历史语言学(第二辑). 北京:商务印书馆,2009.
[30] 洪波. 上古汉语 *-s 后缀的指派旁格功能[J]. 民族语文,2009(4).
[31] 洪波,杨作玲. 先秦汉语"见"类动词的清浊交替及其来源[J]. 民族语文,2010(1).
[32] 洪诚. 论古汉语的被动式[J]. 南京大学学报,1958(1).
[33] 黄锦章. 移动动词与上古汉语的类型学特征[J]. 华东师范大学学报,2008(1).
[34] 黄正德. 汉语动词的题元结构与其句法表现[J]. 语言科学,2007(4).
[35] 江荻. 现代藏语动词的句法语义分类及相关句法句式[J]. 中文信息学报,2006(1).
[36] 江蓝生. 语法化程度的语音表现[C]//江蓝生. 近代汉语探源. 北京:商务印书馆,2000.
[37] 蒋绍愚. 打击义动词的词义分析[J]. 中国语文,2007(5).
[38] 金理新. 汉藏语完成体后缀 *-s[J]. 民族语文,2005(2).
[39] 金理新. 受格动词后缀 *-s[J]. 温州师范学院学报(哲学社会科学版),2005(3).
[40] 柯蔚南. 藏语动词的形态变化[C]//中国社会科学院民族研究所语言室. 民族语文研究情报资料集(第三辑). 北京:中国社会科学院民族研究所语言室,1984.
[41] 李临定. 动词的宾语和结构的宾语[J]. 语言教学与研究,1984(3).
[42] 李永. 上古汉语动词配价分化的语义基础和句法机制[J]. 贵州师范大学学报,2003(1).
[43] 李云龙. 反映在上古汉语同族词内的使动与名物化前缀 * s-研究[D]. 天津:南开大学,2001.
[44] 李宗长. "攻乎异端,斯害也已"小考[J]. 文献,1997(3).
[45] 李佐丰. 先秦的不及物动词和及物动词[J]. 中国语文,1994(4).
[46] 李佐丰. 先秦汉语的自动词及其使动用法[C]//北京大学汉语语言学研究中心《语言学论丛》编委会. 语言学论丛(第十辑),北京:商务印书

馆,1983.

[47] 刘承慧.先秦汉语“受事主语句”相关问题研究[J].行政院国家科学委员会专题研究计划,2004.

[48] 刘承慧.先秦汉语的受事主语句和被动句[J].语言暨语言学,2006(4).

[49] 刘承慧.先秦动词类型及词性转化——从Croft“因果链”假设谈起[C]//北京大学汉语语言学研究中心《语言学论丛》编委会.语言学论丛(第三十四辑).北京:商务印书馆,2006.

[50] 刘丹青.汉语给予类双及物结构的类型学考察[J].中国语文,2001(5).

[51] 刘道峰.《史记》动词系统研究[D].武汉:华中师范大学,2008.

[52] 刘坚,曹广顺,吴福祥.论诱发汉语词汇语法化的若干因素[J].中国语文,1995(3).

[53] 刘探宙.一元非作格动词带宾语现象[J].中国语文,2009(2).

[54] 刘正光,崔刚.语法原型与及物性[J].外语与外语教学,2005(1).

[55] 陆俭明.现代汉语不及物动词之管见[C]//中国语文杂志社.语法研究和探索(五),北京:语文出版社,1991.

[56] 陆俭明.句法语义接口问题[J].外国语,2006(3).

[57] 陆钦佞,洪波.上古汉语形态研究的回顾与展望[J].南开语言学刊,2008(1).

[58] 罗素娟.探讨中文动词的动貌与动词分类[J].远东学报,2004,12(2).

[59] 吕叔湘.通过对比研究语法[J].语言教学与研究,1977(2).

[60] 吕叔湘.漫谈语法研究[J].中国语文,1978(1).

[61] 吕叔湘.说“胜”和“败”[J].中国语文,1987(1).

[62] 吕叔湘.句型和动词学术讨论会开幕词[C]//现代汉语研究室.句型和动词.北京:语文出版社,1987.

[63] 苗启川.近20年古汉语词类问题研究刍议[J].四川师范大学学报(社会科学版),1997(4).

[64] 麦耘.潘悟云上古汉语复辅音声母研究述评[J].南开语言学刊,2003(1).

[65] 梅祖麟. 内部构拟汉语三例[J]. 中国语文，1988(3).

[66] 梅祖麟. 四声别义中的时间层次[J]. 中国语文，1980(6).

[67] 梅祖麟. 上古汉语 * s-前级的构词功用[C]//中研院第二届国际汉学会议论文集·语言与文字组. 台北中央研究院，1989.

[68] 梅祖麟. 上古汉语动词浊清别义的来源——再论原始汉藏语 * S-前缀的使动化构词功用[J]. 民族语文，2008 (3).

[69] 牛顺心. 汉语中致使范畴的结构类型研究[D]. 上海：上海师范大学，2004.

[70] 潘悟云. 谐声现象的重新解释[J]. 温州师范学院学报，1987(4).

[71] 潘悟云. 上古汉语使动词的屈折形式[J]. 温州师范学院学报，1991(2).

[72] 屈承熹. "及物性"及其在汉语中的增减机制[C]//戴昭铭，陆镜光. 语言学问题集刊. 长春：吉林人民出版社，2001.

[73] 申小龙. 汉语动词的分类角度[J]. 语言教学与研究，1986(1).

[74] 沈家煊. 句式和配价[J]. 中国语文，2000(4).

[75] 石毓智，徐杰. 汉语史上疑问形式的类型学转变及其机制——焦点标记"是"的产生及其影响[J]. 中国语文，2001(5).

[76] 宋亚云. 从《左传》的"见""闻""伐"看上古汉语的被动构词和使动构词[C]//北京大学汉语语言学研究中心《语言学论丛》编委会. 语言学论丛(第 32 辑). 北京：商务印书馆，2006.

[77] 宋亚云. 汉语作格动词的历史演变及相关问题研究[D]. 北京：北京大学，2005.

[78] 宋峥.《左传》中使令动词词义特点对其句法结构和功能的影响[D]. 石家庄：河北师范大学，2007.

[79] 孙玉文. 从"闻""见"的音变构词看上古汉语有被动构词[J]. 湖北大学学报(哲学社会科学版)，2004(5).

[80] 唐文斌.《史记》单音节动词研究[D]. 乌鲁木齐：新疆大学，2008.

[81] 唐钰明. 论上古汉语被动式的起源[J]. 学术研究，1985(5).

[82] 唐钰明. 论先秦汉语被动式的发展[J]. 中国语文，1985(4).

[83] 唐钰明.汉魏六朝被动式略论[J].中国语文,1987(3).
[84] 唐钰明.唐至清的“被”字句[J].中国语文 1988(6).
[85] 陶红印.从“吃”看动词论元结构的动态特征[J].语言研究,2000(3).
[86] 王葆华.动词的语义及论元配置——句法语义接口研究[D].上海:复旦大学,2003.
[87] 王葆华.动词的词汇意义与论元表达之关系[J].汉语学报,2006(1).
[88] 王惠.从及物性系统看现代汉语的句式[C]//北京大学汉语语言学研究中心《语言学论丛》编委会.语言学论丛(第十九辑).北京:商务印书馆,1997.
[89] 王宁.先秦汉语实词的词汇意义与语法分类[C]//高思曼.第一届国际先秦汉语语法研讨会论文集.长沙:岳麓书社,1994.
[90] 王伟丽.汉语配价语法研究的新动向[J].汉语学习,2000(3).
[91] 王月婷.古汉语中定语动词的读音问题[J].古汉语研究,2009(1).
[92] 王振来.被动表述对自主动词和非自主动词的选择[J].汉语学习,2004(6).
[93] 王志军.及物性的典型研究[J].外国语,2004(4).
[94] 温颖.试谈动词的及物、不及物与相关施事、受事名词的划界问题[C]//现代汉语研究室.句型和动词.北京:语文出版社,1987.
[95] 巫雪如.从认知语义学的角度看上古汉语的“作格动词”[J].清华中文学报,2008(2).
[96] 吴安其.与亲属语相近的上古汉语的使动形态[J].民族语文,1996(6).
[97] 吴安其.上古汉语的韵尾和声调的起源[J].民族语文,2001(2).
[98] 吴为章.单向动词及其句型[J].中国语文,1982(5).
[99] 吴为章.动词的“向”札记[J].中国语文,1993(3).
[100] 吴为章.“动词中心”说及其深远影响[J].语言研究,1994(1).
[101] 吴为章.近十年现代汉语动词研究特点概述[J].汉语学习,1994(2).
[102] 向光忠.古文献施受句谓语体词间之“于”考[J].徐州师范大学学报(哲学社会科学版),2000(1).

[103] 解惠全.谈实词的虚化[C]//刘叔新.语言研究论丛(第四辑).天津:南开大学出版社,1987.

[104] 解惠全,洪波."于""於"介词用法考[C]//刘叔新.语言研究论丛(第五辑).天津:南开大学出版社,1988.

[105] 谢质彬.论古汉语不及物动词带宾语——兼论及物动词与不及物动词的区别[J].河北大学学报,1982(3).

[106] 谢质彬.古代汉语反宾为主的句法及外动词的被动用法[J].古汉语研究,1996(2).

[107] 谢质彬.上古汉语中的几种特殊宾语[J].古汉语研究,2004(3).

[108] 邢福义.现代汉语语法问题的两个"三角"研究[J].语言教学与研究,1991(3).

[109] 邢公畹.诗经"中"字倒置问题[C]//中国人民大学文学院《语言论集》编辑部.语言论集.北京:商务印书馆,1983.

[110] 徐春红.《左传》告谕类动词词义特点和结构功能研究[D].石家庄:河北师范大学,2007.

[111] 徐杰,李英哲.焦点和两个非线性语法范畴:"否定""疑问" [J].中国语文,1993(2).

[112] 徐杰."及物性"特征与相关的四类动词[J].语言研究,2001(3).

[113] 徐烈炯,沈阳.题元理论与汉语配价问题[J].当代语言学,1998(3).

[114] 姚振武.先秦汉语受事主语句系统[J].中国语文,1999(1).

[115] 杨琳.论"V 于(乎)O"结构[J].烟台大学学报(哲社版),1992(2).

[116] 杨素英.从非宾格动词现象看语义与句法结构之间的关系[J].当代语言学,1999(1).

[117] 杨作玲.上古汉语非宾格动词研究[D].天津:南开大学,2009.

[118] 姚庆宝.《左传》及物动词作使动用考察[D].广州:华南师范大学,2002.

[119] 弋丹阳.《左传》单音节谓语动词的配价结构浅析[D].西安:陕西师范大学,2005.

[120] 殷国光.关于“《庄子》动词配价研究”的若干问题[J].古汉语研究,2003(4).
[121] 殷国光,华建光.《庄子》二价双向“处置”类动词及其相关句式的考察[J].古汉语研究,2008(2).
[122] 殷国光,华建光.《庄子》动词配价研究[J].中国语文,2008(5).
[123] 尹戴忠.汉语动词配价研究综述[J].韶关学院学报,2007(2).
[124] 余大光.“赐”与“献”“取”和“予”正反同辞[J].黔南民族师专学报,1996(1).
[125] 俞敏.古汉语的句子[J].中国语文,1957(7).
[126] 俞敏.倒句探源[J].语言研究,1981(1).
[127] 俞敏.东汉以前的姜语和西羌语[J].民族语文,1991(1).
[128] 俞敏.古汉语派生新词的模式[C]//俞敏.俞敏语言学论文集.北京:商务印书馆,1999.
[129] 俞敏.古汉语的“所”字[C]//俞敏.俞敏语言学论文集.北京:商务印书馆,1999.
[130] 袁本良.先秦汉语的动性句和静性句[J].古汉语研究,2004(4).
[131] 袁毓林.准双向动词的研究[C]//袁毓林.现代汉语祈使句研究.北京:北京大学出版社,1993.
[132] 袁毓林.一套汉语动词论元角色的语法指标[J].世界汉语教学,2003(3).
[133] 张伯江.现代汉语的双及物构式[J].中国语文,1999(2).
[134] 张伯江.词类活用的功能解释[J].中国语文,1994(5).
[135] 张丽丽,陈克健,黄居仁.汉语动词词汇语意分析:表达模式与研究方法[J].Computational Linguistics and Chinese Language Processing,2000,5(1):1-18.
[136] 张茂发.《睡虎地秦墓竹简》动词配价研究[D].重庆:西南大学,2008.
[137] 张清常.上古汉语的 SOV 语序及定语后置[J].语言教学与研究,1989(1).

[138] 钟发远.《论语》动词研究[D].重庆:西南师范大学,2003.

[139] 周法高.语音区别词类说[C]//中研院历史语言研究所集刊分类汇编·语言文字编,1953.

[140] 周国光,张国宪.汉语的配价语法理论研究[J].语文建设,1994(9).

[141] 周祖谟.四声别义释例[C]//周祖谟.问学集.北京:中华书局,1966.

[142] 周祖谟.古音有上去二声说[C]//周祖谟.周祖谟学术论著自选集.北京:北京师范大学出版社,1993.

[143] 周祖谟.四声别义创始之时代[C]//周祖谟.文字音韵训诂论集.北京:北京大学出版社,2000.

[144] 朱德熙."的"字结构和判断句[J].中国语文,1978(1)(2).

[145] 朱德熙.自指和转指[J].方言,1983(1).

[146] 朱芳毅.《说文解字》心理动词语义网络研究[D].桂林:广西师范大学,2008.

[147] 邹立志,白聪.论古今汉语词类活用的不同本质[J].语言研究,2009(2).

[148] 左淑珍.《论语译注》指疑[J].晋中学院学报,2005(6).

[149] John S Cikoski. An Outline Sketch of Sentence Structures and Word Classes in Classical Chinese-Three Essays on Classical Chinese Grammar I[J]. Computational Analysis of Asian & African Languages , 1978(8).

[150] John S Cikoski. An Analysis of Some Idioms Commonly Called 'Passive' In Classical Chinese[J]. Computational Analysis of Asian & African Language, 1978(9).

[151] G B Downer. Derivation by Tone-Change in Classical Chinese[J]. Bulletin of the School of Oriental and African Studies, 1959 (22): 258-290.

[152] Giulia M L Bencini, Adele E Goldberg. The Contribution of Argument Structure Constructions to Sentence Meaning[J]. Journal of Memory

and Language,2000(43).

[153] Hopper P,Thompson S A. Transitivity in grammar and discourse[J]. Language,1980(56).

[154] LaPolla Randy J. Topicalization and the Question of Lexical Passives in Chinese[J]. Third Annual Conference of Chinese Linguistics,Ohio State University,May13-14,1988.

[155] Randy J LaPolla. "Overview of Sino-Tibetan Morphosyntax"[C]// Thurgood, Graham & Randy J. LaPolla, eds. The Sino-Tibetan Languages. London: Routledge Language Family Series,2003:22 - 42.

[156] B Levin M Rappaport Hovav. Wiping the slate clean:a lexical semantic exploration[C]// Levin,B. & Pinke,S. (eds.),Lexical and conceptual semantics. Cambridge, MA:Blackwell,1991.

[157] B Levin M Rappaport Hovav (to appear) . Lexical Conceptual Structure[C]//K. von Heusinger, C. Maienborn, and P. Portner, eds. , Semantics: An International Handbook of Natural Language Meaning, Mouton de Gruyter, Berlin.

[158] B Levin. Lexical Semantics and Syntactic Structure[C]//Shalom Lappin,ed. The handbook of Contemporary Semantic Theory. Oxford: Blackwell,1996.

[159] B Levin M Rappaport Hovav. Lexical Semantics and Syntactic Structure[C]//Lappin, Shalon (ed.), The Handbook of Contemporary Semantic Theory. Blackwell Publishing,1997.

[160] Liu Cheng-hui. Transitivity and Verb Classification in Pre-Qin Chinese[J]. Sun Yat-sen Journal of Humanities,1994(II).

[161] David Perlmutter. Impersonal passives and the unaccusative hypothesis[C]// J. Jaeger et al. (eds.), Proceedings of the 4th annual meeting of the Berkeley Linguistics Society, 157-189. BLS: Berkeley, Ca. 1978.

[162] M Rappaport Hovav,B Levin. Building Verb Meanings[C]//Butt,M & Geuder,W. (eds). The Projection of Arguments:Lexical and Compositional Factors. pp,99-134. Stanford: CSLI,1998.

(五) 作者已发表论文

[163] 高迎泽.施受同辞辨[J].燕山大学学报(哲学社会科学版),2010(1):34-38.

[164] 高迎泽."老者安之"解[J].语文知识,2010(4):73-74.

[165] 高迎泽,洪波.前修未密,后出转精——《古书虚词通解》评介[J]. 南开语言学刊,2011(1):173-179.

[166] 高迎泽,张瑾. 从"观""视""听"看上古汉语动词去声别义的方向性功能[J]. 山西大同大学学报(社会科学版),2013(4):48-51.

[167] 高迎泽,张瑾. "攻乎异端"解[J]. 齐齐哈尔大学学报(哲学社会科学版),2013(5):99-102.

[168] 张瑾,刘邦凡,魏玮. 论因明、印度逻辑与佛教逻辑之关系[J]. 重庆理工大学学报(社会科学版),2011(8):99-102.

[169] 张瑾,高迎泽. 命题、语用与上古汉语动词的分类[J]. 燕山大学学报(哲学社会科学版),2012(1):101-104.

后　　记

呈现在大家面前的这本书是笔者博士学位论文《上古汉语及物动词研究——语义、句法语用和形态》的一部分，这次出版进行了一些修改。

本书主要围绕以下几个问题展开：(1)动词及物不及物的分别到底由什么因素决定；(2)句子意义的层次性及其对动词句法表现的制约机制；(3)及物动词词义、句子命题义与论元结构之间的关系；(4)广义语用因素对及物动词句法表现的影响。因为研究中涉及语义、句法、语用等诸多方面的理论和实践，故而名之曰《上古汉语及物动词的多维度研究》。

与上古汉语及物动词相关的问题有很多，本书只是在调查的基础上对最基本的问题作初步的研究，基本结论是：句子的意义是命题义和交际义的结合，根据句子表达命题义时的句法表现可以判断其属于及物动词或者不及物动词，此时动词的论元结构（携带几个论元、什么样的论元）是由动词本身的语义决定的，动词的语义本身是一个理想认知模型（ICM）；交际义可以影响动词的论元结构。这个结论可以应用于现代汉语甚至其他语言的谓词分析。

当然，很多问题还有待于进一步深入研究和探索。兹举数例：

首先，这是一个不全面的研究。上古汉语的谓词（包括及物动词、不及物动词、形容词）数量很多，据说有数千个，但本书只调查了不足 100 个。从取样的角度来看还差强人意，但从语言研究的角度来讲，却是应该把所有的动词都调查一遍才有发言权的。相信假以时日，这个工作应该能够有一个比较好的结果。

其次，本书调查的动词，一般只涉及动词的一个义项，这也是不全面的。上古汉语由于其单音节性，致使很多词都有多个义项，有时这些义项间有可见的相关性，有时却不一定有。理想的标准是应当研究每个动词的所有义项，但这个工作需要的时间和精力是难以想象的。希望在不久的将来能在这方面有所突破。

再次，本书虽然试图对词类活用有一些裨益，但从整体来看，这个问题解决得并不理想。传统所谓词类活用虽然并不是一个合适的表述，但至少抓住了问题的关键。词类活用涉及很多词类，有体词，有谓词，还有虚词。一般来讲，词的语法属性变化后，其词义也会发生变化，而且其论元结构也会有相应的改变。如果能够用本研究的结论进行深入细致的描写，相信能给上古汉语语法的学习和研究提供必要的帮助。

另外，上古汉语动词的被动用法也是一个问题。被动可以认为是一个语义范畴，不同的语言可能采用不同的手段，可以是词汇的，句法的，也可以是形态的。上古汉语的被动范畴应该放在语言类型学的大视角下来进行观照，不应该只局限于汉语或者汉藏语。本研究虽然涉及了被动，但大多是对前人表述的梳理，真正有高度和广度的比较却没有。此乃学力所致，俟日后再行研究。

最后，还有一个比较重要的问题。上古汉语中有大量的音变现象，传统称为“清浊别义”和“四声别义”(或“去声别义”)。这两类音变在现代汉语中有零星保留。如果从语言发展的角度来看的话，可以比较肯定地推断，上古汉语时期音变现象应该是比较普遍的。从《经典释文》等材料来看，这两类音变都会导致一个词词义和句法搭配的变化，而且音变和语法的各个方面都有关系。研究上古汉语语法，如果不涉及音变，很多问题就无法搞清楚。在博士论文中，我研究了部分动词的句法表现与音变之间的对应关系，有了一些初步的结论。但由于尚不成熟，此次出版时都删去了，留待以后研究充分以后再呈现给大家。删去，并不代表不重要，只是研究得不充分而已。

洪波先生是笔者的导师，从博士论文的选题、写作到最后的答辩，先生都给与了充分的帮助和指导；先生从学习、生活和工作诸方面所给与的帮助让我们感受到前所未有的温暖。这次出书，我怀着忐忑的心情请先生赐序，他不顾毕业答辩的繁忙通读了书稿，提出了一些需要修改的问题。先生在《序》里对我进行了鼓励，但更多的是鞭策。先生的话每每让我汗流浃背，他的鞭策是我前进的动力。这里再次送上我们对先生深深的感谢和祝福。

本书的内容分工如下：1～9 章、20～22 章，高迎泽撰；10～19 章，张瑾撰。最后由高迎泽统稿。

感谢燕山大学出版社社长陈玉老师，正是有了她的帮助，此书才得以顺利出版。同时感谢燕山大学出版社的孙志强、柯亚莉两位编辑，他们的细心和耐心让我由衷地佩服，他们专业性的付出使得这本书少了很多不必要的错误和问题。

这是一个变革的时代，如果不断回头看，就会发现其速度之快，有时竟到了令人咋舌的程度。十年前的梦想是追赶和超越时代，十年后的现在则希望不要被这个时代落下或者淘汰。而这，可能是这本书之所以要出版的最大的原因。

俞樾在《古书疑义举例·序》中说："夫周、秦、两汉，至于今远矣。执今人寻行数墨之文法，而以读周、秦、两汉之书，譬犹执山野之夫，而与言甘泉、建章之巨丽也。夫自大小篆而隶书，而真书。自竹简而缣素，而纸，其为变屡矣。执今日传刻之书，而以为是古人之真本，譬犹闻人言笋可食，归而煮其箦也。"先儒皓首穷经，孜孜矻矻，尚觉经义难解。至清末民国，西学骤来，学术乃有大兴之势。时至今日，玉之既缺，他山之石又复何用？

然而我尚在选石捡玉的路上，就已经很知足了。是的，很知足了。

高迎泽

2016 年夏